POR AQUI PASSOU FRANCISCO

350 km entre Alverne, Gubbio, Assis e Rieti

Angela Maria Seracchioli

Sergio Maduro
tradução

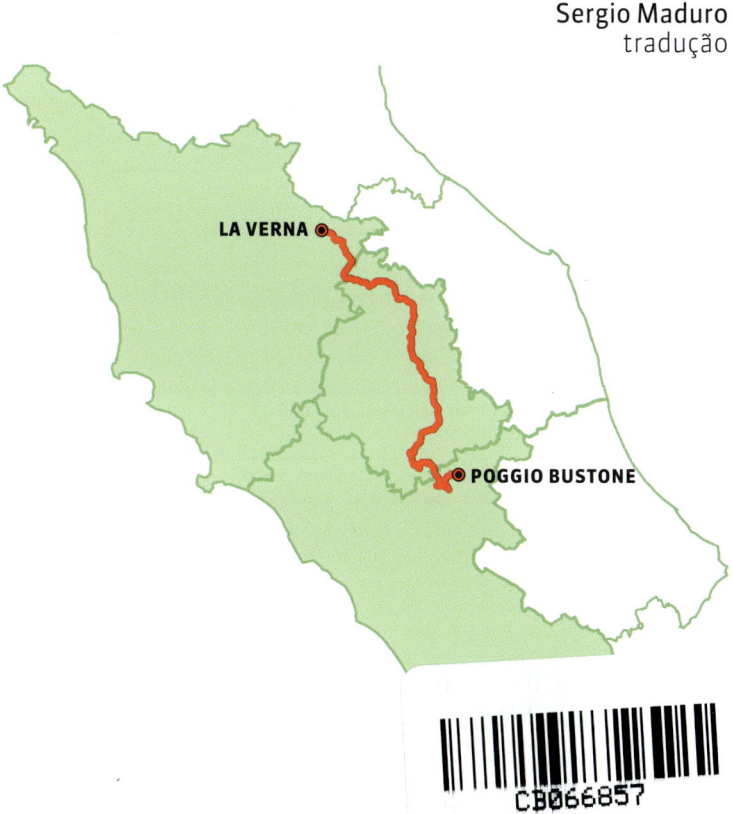

martins fontes
selo martins

© 2016 Martins Editora Livraria Ltda., São Paulo, para a presente edição.
© 2004, 2015 Angela Maria Seracchioli.
Esta obra foi originalmente publicada em italiano sob o título
Di qui passò Francesco por Terre di mezzo Editore.
via Calatafimi 10, Milano, Italy, libri.terre.it

Publisher *Evandro Mendonça Martins Fontes*
Coordenação editorial *Vanessa Faleck*
Produção editorial *Susana Leal*
Preparação *Lucas Torrisi*
Revisão *Renata Sangeon*
Julio de Mattos
Diagramação *Douglas Yoshida*

Dados Internacionais de Catalogação na Publicação (CIP)
(Câmara Brasileira do Livro, SP, Brasil)

Seracchioli, Angela Maria
Por aqui passou Francisco: 350 Km entre Alverne, Gubbio, Assis e Rieti /
Angela Maria Seracchioli; Sergio Maduro, tradução. – São Paulo:
Martins Fontes – selo Martins, 2016.

Título original: Di qui passò Francesco: 350 chilometri a piedi tra La Verna,
Gubbio, Assisi – fino a Rieti
ISBN: 978-85-8063-303-0

1. Aventuras e aventureiros 2. Franciscanos 3. Peregrinos e peregrinações – Itália 4. Viagens – Narrativas pessoais I. Título.

16-07805 CDD-914.5

Índices para catálogo sistemático:
1. Itália: Peregrinação franciscana: Descrição e viagens 914.5

Todos os direitos desta edição reservados à
Martins Editora Livraria Ltda.
Av. Dr. Arnaldo, 2076
01255-000 São Paulo SP Brasil
Tel.: (11) 3116 0000
info@emartinsfontes.com.br
www.emartinsfontes.com.br

Sumário

Peregrinos e forasteiros para sempre ... 6
Bom caminho, gente boa! ... 8
Guia rápido ... 10
Atravessando o coração verde da Itália ... 12
Para quem tem necessidades diferentes e tempo disponível ... 16

Antes de partir ... 19
Informações gerais ... 20
A credencial e o *testimonium* ... 26

O percurso ... 29
Alverne ... 30
1. De Alverne a Pieve Santo Stefano ... 37
2. De Pieve Santo Stefano até passo di Viamaggio ... 45
3. De passo di Viamaggio a Sansepolcro ... 51
4. De Sansepolcro a Città di Castello ... 60
5. De Città di Castello a Pietralunga ... 68
6. De Pietralunga a Gubbio ... 75
7. De Gubbio a Biscina ... 84
8. De Biscina a Assis ... 91
9. De Assis a Spello ... 105
10. De Spello a Trevi ... 113
11. De Trevi a Spoleto ... 123
12. De Spoleto a Romita di Cesi ... 136
13. De Romita di Cesi a Collescipoli ... 142
14. De Collescipoli a Stroncone ... 147
15. De Stroncone ao santuário de Greccio ... 153
16. Do santuário de Greccio a Rieti ... 162
17. De Rieti a Poggio Bustone ... 175

De bicicleta – de Alverne a Poggio Bustone por trilhas e estradas asfaltadas ... 187
1. De Alverne ao passo di Viamaggio ... 188
2. Do passo di Viamaggio a Città di Castello ... 189
3. De Città di Castello a Gubbio ... 190
4. De Gubbio a Santa Maria degli Angeli (Assis) ... 191
5. De Santa Maria degli Angeli a Romita di Cesi ... 192
6. De Romita di Cesi a Stroncone ... 195
7. De Stroncone a Poggio Bustone ... 197

A bicicleta: informações práticas ... 199
Bibliografia ... 203

Peregrinos e forasteiros para sempre

> *"E como peregrinos e forasteiros neste mundo, servindo ao Senhor em pobreza e humildade [...]"*
>
> (Regra Bulada, Capítulo VI, 3)

> *"O que é um passo? É o possível diante de tudo."*
>
> (Padre G. M. Polidoro)

Poucos meses haviam se passado desde o meu Caminho de Santiago, solitário e invernal; era 2002. "Francisco estava comigo na Espanha, caminhou comigo, agora quero caminhar por seus lugares..." Esse pensamento me fez colocar a mochila nas costas na primavera seguinte e partir, assim, sozinha, sem mapas ou placas de sinalização, apenas seguindo os "vestígios" das fontes franciscanas, sobre um caminho que não existia. Perdendo-me e tornando a me encontrar, inventando minha caminhada a cada dia, descobrindo os rastros do velho Amigo sobre os caminhos e no coração.

Mais tarde, por coincidência divina, por aquelas encruzilhadas da vida que nos fazem voltar às raízes, veio o encontro com uma editora animada e compromissada, Terre di Mezzo, e a proposta: "Poderíamos escrever um guia do meu caminho". Assim, começando quase como uma aposta e passando pela fé deles em quem nunca havia escrito guias, mas era, de fato, uma peregrina, veio à luz a edição italiana de *Por aqui passou Francisco* em maio de 2004. Logo os peregrinos adotaram esse novo percurso, passando por cenários antigos, cheios do perfume do amigo Francisco.

Agora, para todos os efeitos, é um caminho reconhecido também internacionalmente, e dezenas de milhares de peregrinos de todo o mundo já o percorreram, pois é uma oportunidade para todos aqueles que se sentem chamados, talvez sem saber a razão, para aqueles que sentem que existe uma maneira simples e natural de se reapropriar de seu próprio ser mais íntimo e mais verdadeiro, que o tumulto e a loucura da vida diária escondem. Um caminho para voltar àquele lugar secreto que Francisco descobriu sozinho e que o ritmo dos passos, o silêncio dessa natureza ainda tão encantada, podem fazer reflorescer.

Nove anos, cinco edições do guia em italiano, três em alemão; é a materialização de "um sonho de criança" que, sem grandes investimentos, cria algo que permanece e produz Beleza. Assim o Caminho se consolidou como uma trilha iluminada, palmilhada e percorrida por pessoas de todas as idades, de todas as condições sociais, adeptos de uma crença específica ou não, sempre, de alguma maneira, buscadores vindos do mundo todo.

Angela enquanto marca o caminho.

Hoje, o Caminho segue adiante, terminando na Grotta di San Michele, no monte Sant'Angelo, em Gargano. Mais uma vez, os meus passos peregrinos encontraram confiança na virtude do projeto e, em 2011, nasceu o guia *Con le ali ai piedi* [Com as asas nos pés], e agora os peregrinos de Francisco partem do Monte Alverne, de Francisco e do arcanjo Miguel e, em 900 km, chegam à *Grotta di Dio* [Gruta de Deus], custodiada pelo arcanjo.

E então eu – antes peregrina inconsciente deste sonho – e os frades de Francisco, juntamente com diversos agentes sociais, com donos de albergues, com todas as pessoas que no caminho, com "gestos insignificantes e monumentais", cruzam esses rios de vidas, pudemos abrir as portas e os braços a quem passa ao nosso lado, a quem para por um instante e depois segue adiante. Frei Bernardino della Romita di Cesi, com o seu sincero modo de se exprimir, me dizia: "Quanto perdem os que não acolhem os peregrinos...!". Sim, o que perdem os que se fecham dentro dos próprios muros e não escutam sua fragilidade, não compreendem sua solidez ilusória. Porque perceber a grandeza desse fluxo de gente tão diferente e única é compreender a lei da vida que é o ser "peregrino e forasteiro" e que é o fundamento do homem novo que Francisco tão bem encarna.

Assim, obrigada, peregrinos, por lembrar a todos nós esse "segredo de Polichinelo", tão fácil de ser esquecido. Agradeço a todos aqueles que, ao longo dos anos, ajudaram a criar e, agora, a manter eficiente e iluminado este Caminho. Somos todos pedrinhas de um mosaico, infinitamente grandes e infinitamente pequenas, que compõem um todo muito belo e digno de ser vivido.

Um agradecimento particular a Oriano que, cuidando carinhosamente do site do Caminho, faz um serviço impagável para todos os peregrinos. Obrigada a todos aqueles que "passaram as férias" numa pousada que não mais existe, prontos a fazer o mesmo naquela que virá a existir... Prontos novamente a me ajudar, a hospedar com entusiasmo os peregrinos que baterão em uma nova porta. Obrigada, sobretudo, aos Frades Menores de Alverne, que acolheram com grande gentileza os peregrinos de partida.

Obrigada!

Bom caminho, gente boa!

> *"Nós somos os peregrinos, a nossa ligação é um longo caminho, uma viagem da terra ao céu."*
>
> *(De uma carta de Vincent van Gogh ao irmão Theo)*

São muitas as maneiras para se chegar à essência e à simplicidade da relação consigo mesmo e com os outros: para mim, a melhor maneira é caminhar, partir com uma mochila nas costas contendo toda a minha vida, reduzir as exigências ao mínimo, estar aberta ao que encontro pelo caminho, viver o presente.

Assim, um dia me vi, como tantos outros, partindo para Santiago de Compostela, na Espanha, e, a pé, ao longo daquela rota milenar, me voltou à mente Francisco, o amigo de sempre, sempre "a caminho", a sua "perfeita alegria", a recomendação de viver como "peregrinos, como estrangeiros neste mundo"...

Francisco caminhava para Santiago comigo! Como todo mundo, voltei da Espanha transformada; entre mim e minha vida anterior havia o *Caminho*, o ter-se descoberto peregrina e estrangeira até em minha própria terra, ou melhor, ter reconhecido e aceitado isso plenamente. Não restava senão partir para a Úmbria para agradecer ao velho amigo, o meu companheiro de viagem, da única maneira que um peregrino sabe fazer: caminhando.

Assim nasceu o meu "Caminho de Francisco", e, à medida que atravessava aqueles lugares maravilhosos que testemunharam a sua história, ocorria-me comparar esse percurso com o espanhol e suas estrelas – São Tiago e São Francisco; assim, voltava a me lembrar dos muitos peregrinos de todo o mundo que encontrei na Espanha: queria que estivessem ali comigo, queria apresentar-lhes o coração da Itália e o coração de seu coração, o velho Amigo.

Francisco está no DNA dos italianos tanto quanto Tiago está no dos espanhóis. Talvez até mais, porque era um "italiano", antes que a Itália tivesse sido inventada, condensando em si todas as características que nos vieram a ser atribuídas: extrovertido, criativo, poeta, alegre, viajante, contador de histórias, capaz de "grandes voos solitários" e, ao mesmo tempo, alguém que ama partilhar. Os que creem e os que não creem, todos o respeitam ou, pelo menos, o conhecem. Ele é "o sol" de que Dante fala, o homenzinho feioso e de saúde frágil, tão distante dos "santinhos" que a mídia nos ofertou, é o homem medieval por excelência e, ao mesmo tempo, "o homem novo", cuja vida atravessa os séculos.

As histórias que conhecemos dele têm a perfeição e a delicadeza um pouco ingênua de uma Idade Média em miniatura. Sua relação com a natureza, sua ideia de paz, sua maneira de seguir o Evangelho ao pé da letra acompanhado de uma alegria infantil parecem, à primeira vista, simples e plenamente inseridas em um mundo feito de castelos, cavaleiros, damas e trovadores. Depois, se adentramos sua vida, "caminhando" com ele por cidades e aldeias, nos damos conta de que sua simplicidade é a dos gigantes, dos grandes homens, e, então, a historinha ingênua de seus florilégios se torna um afresco bem maior e complexo do que os de Giotto, porque é o afresco da própria vida, da nossa vida de mulheres e de homens que ele interpreta e vive de um modo novo, direto, sem obrigação, com rigor, mas também com muito afeto e compaixão pela nossa fragilidade, traçando um caminho talvez mais necessário ao mundo de hoje do que ao de então.

A Igreja lhe deu o título de santo e assim o chama, mas Francisco seria um gigante mesmo sem esse título. Sua mensagem de vida contém palavras para todos, fiéis ou não. Um outro epíteto seu é Patrono da Ecologia; há muitos anos (1986), em sua Assis, em um dia verdadeiramente especial, todas as religiões do mundo se encontraram, e é para Assis que a Marcha da Paz se dirige todos os anos.

Por qualquer ângulo que se olhe para a sua figura, ele, que se considerava um nada, tem palavras que ainda nos falam, a oito séculos de distância.

Eu creio que valha a pena andar para descobri-las, e talvez o modo mais simples e direto de nos aproximarmos dele é percorrendo fisicamente os seus cenários, utilizando "o cavalo de São Francisco", que não mudou, ao longo dos séculos, que viaja na velocidade dos passos e sente o frio e a fome como seus. Então, talvez, as palavras do *Cântico* se tornarão mais claras, a gratidão esposará a alegria perfeita, e o homem real que existe em nós poderá abrir passagem.

Há quem conteste: o Caminho de Santiago possui uma história de mil anos, o itinerário; as cidades são um tipo de consequência, os próprios espanhóis sabem quem é um peregrino, estão acostumados a encontrar um; entre os italianos, não entendemos bem se se trata de um andarilho ou de um peregrino "de verdade", o qual, com frequência, é visto com suspeita, até mesmo por organizações ou por quem, por vocação, deveria estar pronto para acolhê-lo... Mas este guia não quer criar, a partir do nada, uma alternativa para uma das "grandes peregrinações", mas caminhar com o mesmo espírito de peregrino em meio a uma natureza muito bonita, parando em lugares carregados de história e espiritualidade, seguindo um percurso que não pode ser cronológico, mas nos leva a locais em que aconteceram os episódios fundamentais da vida do "peregrino perfeito".

Como peregrina, desejo de todo o coração àqueles que querem seguir os passos deste guia que estejam abertos a tudo o que se apresentar ao longo do caminho.

A saudação dos antigos peregrinos era *Ultreya! Suseya!* ("Sempre avante! Sempre ao alto!"); parafraseando Francisco – e na esperança de agregar um elemento caloroso e afetuoso que o caracterizava e que tanto amo –, desejo-lhes: Bom caminho, gente boa!

Angela Maria, peregrina

Guia rápido

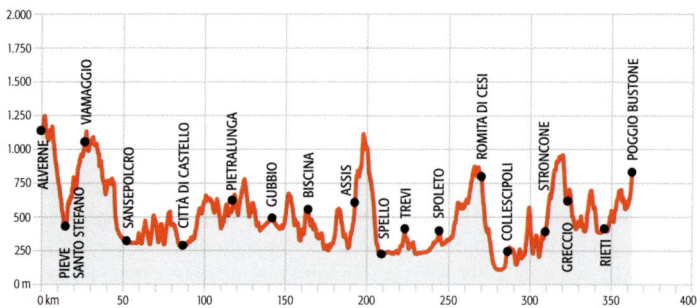

DISTÂNCIA TOTAL
363 KM

TERRENO

TEMPERATURA E CHUVAS
Pode-se percorrer o caminho o ano todo. Primavera e outono são as estações ideais. Durante o inverno, pode haver neve nas primeiras etapas, ao passo que, no restante do caminho, será como em toda a Itália central: não faz muito frio nem chove muito. No verão, o clima pode ser agradável nas etapas iniciais, quente e abafado na região de *valle spoletana* (o vale na região de Spoleto) e mais ameno nos trechos montanhosos.

As etapas

Este guia está subdividido em dezessete etapas diárias, pensadas para um caminhante que percorra em média 4 km por hora e ame fazer pausas ao longo do percurso. Essa subdivisão não é rígida. Muitas das etapas propostas podem ser fracionadas, graças ao nascimento de novos pontos de hospedagem, apresentados em cada etapa.

Caminho a pé | KM
1	Alverne → Pieve Santo Stefano	15,2
2	Pieve Santo Stefano → Passo di Viamaggio	11,0
3	Passo di Viamaggio → Sansepolcro	25,0
4	Sansepolcro → Città di Castello	35,0
5	Città di Castello → Pietralunga	29,8
6	Pietralunga → Gubbio	26,4
7	Gubbio → Biscina	22,2
8	Biscina → Assis	26,5
9	Assis → Spello	16,3
10	Spello → Trevi	16,4
11	Trevi → Spoleto	19,1
12	Spoleto → Romita di Cesi	28,0
13	Romita di Cesi → Collescipoli	15,6
14	Collescipoli → Stroncone	24,2
15	Stroncole → Santuário de Greccio	11,8
16	Santuário de Greccio → Rieti	23,4
17	Rieti → Poggio Bustone	17,5

Caminho em bicicleta | KM
1	Alverne → Passo di Viamaggio	31,0
2	Passo di Viamaggio → Città di Castello	52,0
3	Città di Castello → Gubbio	50,0
4	Gubbio → Santa Maria degli Angeli (Assis)	61,0
5	Santa Maria degli Angeli (Assis) → Romita di Cesi	78,0
6	Romita di Cesi → Stroncone	54,0
7	Stroncone → Poggio Bustone	61,0

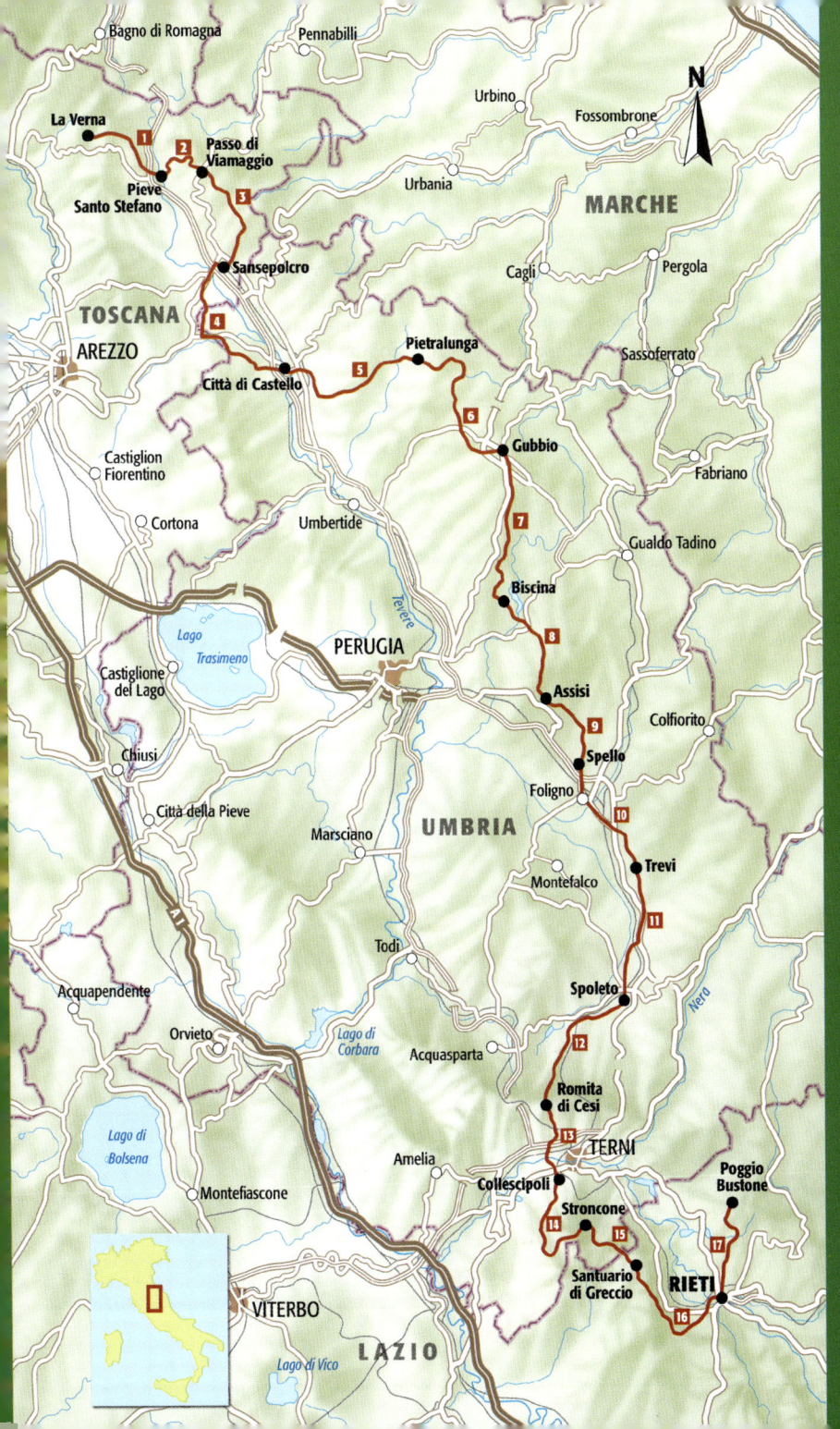

Atravessando o coração verde da Itália

Bosques centenários, pequenos vales escondidos, ermidas selvagens... Tudo o que se encontra pelo Caminho não serve apenas de cenário para uma viagem: está impregnado da história de Francisco e dá voz à sua mensagem de paz.

→ **Rumo a Cerbaiolo**
Com a mística Alverne na retaguarda, o bosque acolhe você em meio a uma sinfonia íntima de tons verdes, apenas um som, os passos e o canto dos pássaros.

↓ **Gubbio**
Uma pérola da Úmbria. A pequena e pujante cidade onde cada esquina narra os séculos que passaram por ela.

↑ **Pedra do lado de fora da Igreja de San Damiano (Assis)**
A voz de Francisco se desdobrou num canto, e toda a natureza ficou envolvida

↑ **Entre Gubbio e Assis**
O olho vagueia em direção ao horizonte distante. Assis aguarda o peregrino, envolvida por verdes colinas.

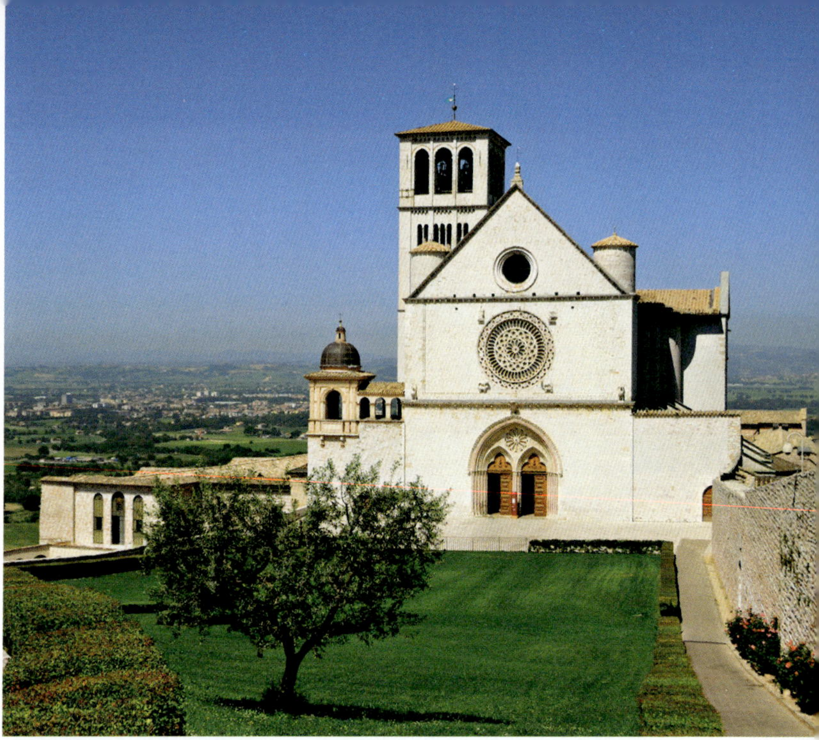

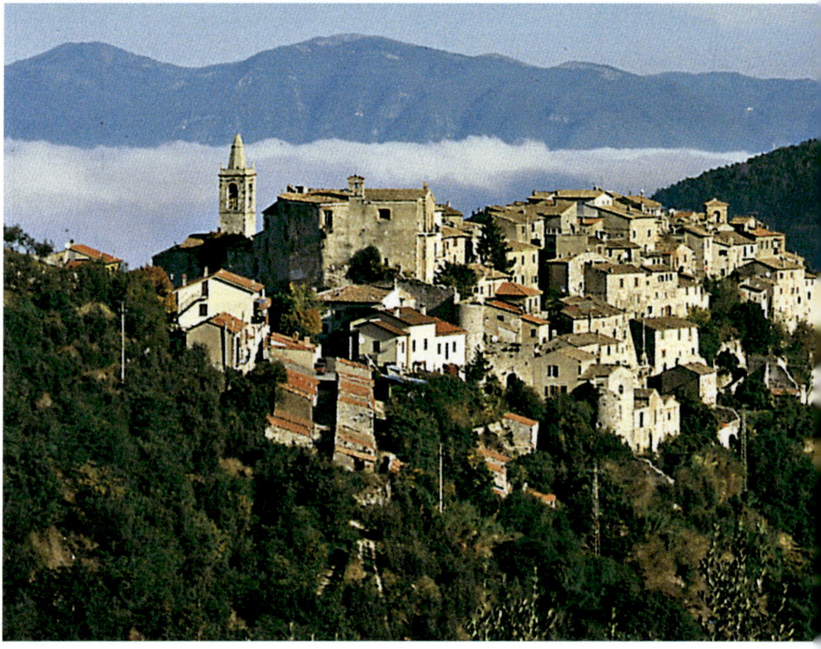

ATRAVESSANDO O CORAÇÃO VERDE DA ITÁLIA

← **Assis**
Basílica Superior de São Francisco. Chegar até lá em cima e vê-la sobre a grande planície... Uma emoção para sempre!

↓ **Sobre o Subásio**
É difícil partir deste lugar mágico, de onde parece ser possível voar até o infinito... Mas o peregrino só faz uma pausa, não fica muito, segue adiante!

← **Stroncone**
Um ninho de casas na montanha. Ruazinhas antigas, escadarias estreitas, pouco distante da parte industrial de Terni. Mas aqui o tempo parou.

↑ **Poggio Bustone**
Sobre a montanha, a pequena gruta de Francisco envolvida pela capelinha.

Para quem tem necessidades diferentes e tempo disponível

Um caminho tem sentido – e é, de fato, um Caminho – quando percorrido na sua inteireza, saboreando-se a particularidade de cada etapa e a lenta aproximação do objetivo. Mas quem tem pouco tempo ou viaja com crianças pode também ter um gostinho, em percursos com menos dias.

Para quem tem uma semana

1 Chegar a Assis e partir

Para quem não pode fazer o Caminho inteiro de uma só vez, o ideal é percorrer primeiro o trecho entre Alverne e Assis.
Quando tiver tempo de novo, retome o Caminho a partir de lá para chegar a Poggio Bustone, dando-se de presente, assim, duas saídas muito especiais.
Um conselho: ainda que tenha menos dias do que os necessários para chegar a Assis, escolha sempre Alverne como ponto de partida. É o lugar de intimidade com Deus de Francisco: imerso na floresta, prepare o coração para o caminho. Vá a Città di Castello e, depois, siga de ônibus para Gubbio (cortando uma parte do Caminho, mas só por questões de tempo). Assim, você terá um jeito de visitar a bela cidade para, depois, mergulhar de novo na natureza da Úmbria, rica em paisagens e silêncios. Chega-se, então, a Assis, onde começou e terminou a vida de Francisco (ao menos aqui, sobre a Terra...).
O Caminho fica melhor na primavera e no início do verão: o perfume das giestas o deixará desconcertado. Se programar percorrer o primeiro trecho do Caminho em maio, lembre-se de que, todo dia 15 de maio, em Gubbio, tem a fantástica *Corsa dei Ceri* [Corrida dos Círios], uma imperdível homenagem ao patrono da cidade, Santo Ubaldo! Ou então, se for caminhar no outono, quando as cores iluminam as montanhas, meu conselho é estar em Assis (como ponto de partida ou de chegada) nos dias 3 e 4 de outubro, quando se festeja São Francisco: ou seja, "estar no lugar certo na hora certa".

Com crianças

2 A pequenos passos da cidade do lobo: de Gubbio a Assis

São duas etapas do guia, percorridas em quatro dias, para as crianças provarem essa experiência, sem obrigá-las a marchas forçadas (existem acomodações ao longo do percurso que permitem dividir as etapas propostas pelo guia). Lembre-se sempre de que, se fizer o caminho no verão, é preciso levar muita água e sair sempre cedo, parando nas sombras, nas horas de sol mais forte. Recentemente vem circulando um ônibus Assis-Gubbio, mas apenas em dias festivos e pré-festivos, então voltar para pegar o carro em Gubbio significará toda uma manhã para ir de trem até Perugia, para, assim, chegar a Gubbio de ônibus. Ou então ir de trem até Foligno e, de lá, pegar outro trem para Fossato di Vico e um ônibus para Gubbio.

Com crianças

3 Entre bosques, campos e animais: três dias sobre os Montes Martani

1º dia: Spoleto – Macerino: Percorre-se de ônibus a primeira parte do trecho até San Giovanni di Baiano, para depois caminhar por ruazinhas até o belo vilarejo de Macerino, onde se podem encontrar ótimas acomodações com brinquedos e piscina.
2º dia: Macerino – Romita di Cesi: Um trecho curto em meio a bosques, por trilhas com subidas e descidas. O restante da jornada é no belo retiro franciscano.
O lugar vai agradar muito as crianças: tem muitos animais, gramados, bosque e não tem luz elétrica... Uma aventura!

3º dia: Curta descida pelo bosque até a pequena aldeia de Cesi, depois, em ônibus, até a estação ferroviária de Terni.

Para quem tem mais dias

4 Caminhar e contemplar

Fazer o caminho mais devagar, quem sabe dividindo as etapas (as muitas opções de hospedagem permitem isso), dando-se de presente duas noites em alguns lugares que merecem uma parada mais longa: Alverne, para melhor degustar sua intensa espiritualidade, o bosque e os recantos solitários; Gubbio, uma cidade extraordinária, que merece ser visitada com atenção; Assis, para desfrutar o silêncio de San Damiano e a intimidade da tumba de Francisco; Spoleto, para contemplar a bela cidade e subir o bosque sagrado de Monteluco, com seu encantador conventinho franciscano; e Romita di Cesi, um lugar tão franciscano que é difícil partir de lá!

Permita-se, então, parar onde o coração mandar... E existem muitíssimos outros lugares onde o coração vai querer ficar.

Com os amigos de quatro patas

Ao longo dos anos, muitos e muitos viajantes começaram a levar seus "cães peregrinos" para o caminho, e vários e vários alojamentos estão dispostos a recebê-los. Antes de ir, é preciso programar bem o percurso, lembrando que os animais, por andarem de um lado para o outro, fazem etapas mais longas do que as nossas, e que, durante o verão, os trechos de asfalto podem queimar quem não usa sapatos! Programe as etapas e, então, ligue para os alojamentos, avisando com antecedência de sua chegada com o peludo.

Quando pedir a credencial de peregrino, coloque também o nome dele ou dela junto ao seu: eles também são peregrinos e estarão registrados em seu documento.

ANTES DE PARTIR

Informações gerais

Quando partir
A região, as trilhas e as estradas deste percurso podem ser percorridas durante todo o ano; obviamente, as dificuldades aumentam no inverno, porque, especialmente nas primeiras etapas, pode-se encontrar neve. Outro problema ligado às estações frias é o da hospedagem. Muitos locais, especialmente aqueles dentro de conventos, não aceitam hóspedes durante o inverno por problemas relacionados ao custo de calefação.

Diante dessa premissa, o conselho é projetar esta longa caminhada para a meia-estação. A primavera na Úmbria é magnífica, as flores inundam os campos e, em maio, o perfume das floradas das oliveiras é imperdível. Obviamente, também é o momento de maior afluência de turistas em lugares como Assis e Gubbio; no começo de maio, em Assis, acontece a festa do Calendimaggio e, no dia 15, em Gubbio, tem lugar a corrida dos círios, festas imperdíveis; mas se preferir a quietude, ela ainda está garantida nas trilhas realmente pouco frequentadas. O verão é quente nessas regiões, e a água, então, não é tão abundante. O outono é outro momento mágico; em novembro, a variedade de vegetação que recobre as colinas se tinge de cores belíssimas, mas os dias são curtos, pode-se ter chuva e, às vezes, nevoeiro.

Variação do Caminho original
Por muitos anos, Cerbaiolo foi um farol de espiritualidade e acolhia de braços abertos quem quer que ali procurasse alívio para o corpo e para a alma, independentemente de sua religião – ou ausência de religião –, devido ao profundo respeito que Chiara tinha pela "busca de todos" – e quem a conheceu se lembra bem disso.

Depois que ela se foi, o Eremo de Cerbaiolo não mais oferece hospedagem, o que não é razão para o Caminho, e não apenas ele, descartar esse lugar do Espírito. A esperança é a última que morre, e tem quem não se renda a essa derrota, mas, por ora, o Caminho deve ser fracionado em etapas diferentes das originais, razão pela qual a primeira etapa

A mochila
Se você é um novato, lembre-se da máxima "Tudo é dispensável" e da segunda lei: "Tudo pesa!". Arrumar a mochila é quase uma arte, que se aperfeiçoa a cada partida, pondo as costas à prova, uma e outra vez, quanto à capacidade de resistir, sem ser reduzido à condição de uma besta de carga. Sugerimos arrumar a mochila e, depois, desarrumá-la, enfileirar todo o seu conteúdo e começar a eliminar coisas. Apesar disso, ao longo do caminho, o peregrino vai descobrir muitas "inutilidades"! A bagagem depende, obviamente, da estação em que se faz o caminho; imaginando que se deseja sair na meia-estação, a lista abaixo é indispensável.

Mochila grande (65/45 litros): se o peregrino for adquirir uma, deve dar especial atenção à maneira como foram confeccionadas as alças, a barrigueira e a alça peitoral. Uma mochila bem balanceada faz a diferença, e a barrigueira ajuda a distribuir o peso pelo quadril, aliviando muito o esforço exigido dos ombros.

Para as mulheres, existem no comércio mochilas específicas, mais curtas, com a barrigueira projetada para distribuir o máximo de peso sobre os quadris. Isso pode fazer toda a diferença numa trilha!

Capa de mochila: não pesa quase nada e salva o conteúdo da mochila sob a chuva, porque não existe mochila que garanta uma impermeabilidade perfeita. A capa de chuva é um "algo mais" quando se tem uma capa específica para a mochila, mas tem quem a ame muito.

INFORMAÇÕES GERAIS

Rumo a Montecasale.

sugerida é **Alverne – Pieve Santo Stefano** e a segunda será **Pieve Santo Stefano – Passo di Viamaggio**, com a opção de seguir até Montagna, para quem quiser seguir adiante: é possível fazer isso! Perdoem-me os peregrinos por essa mudança, ainda que seja completamente independente de minha vontade e, decerto, não seria a vontade de Chiara, que quis que o Caminho tivesse uma etapa em Cerbaiolo e, mesmo doente e idosa, jamais fechou a porta aos peregrinos.

Como se preparar

Diferentemente do Caminho de Santiago, este é um percurso que se dá predominantemente em trilhas, mas não apresenta dificuldades em particular ou perigos. Não existem subidas realmente árduas, mas mesmo aquelas mais suaves, com o transcorrer dos dias, vão-se acumulando sobre os ombros e as pernas. As trilhas são fáceis, mas, às vezes, longas; os trechos de completa solidão, que constituem a beleza deste caminho, podem desencorajar quem não está habituado a caminhar no silêncio e pouco frequentou os Apeninos. Além disso, deve-se ter em mente que se caminha por dezessete dias com uma mochila nas costas (que dificilmente pesará menos de 10 kg), e, para quem não está acostumado, essa pode ser a maior dificuldade. Para aqueles que nunca ensaiaram um longo percurso, é bom treinar antes de ir, caminhando com a mochila nas costas e experimentando diversos tipos de calçados – jamais novos –, para testar a si mesmo e ver se está em condição de fazer o Caminho, e também para entender como arrumar a própria bagagem.

Apetrechos

Saco de dormir: leve e, se possível, que não faça volume.
O **lençol tipo saco**, definitivamente, é o preferido, quando se faz o Caminho no verão, porque é leve, pouco volumoso e facilmente lavável. Ao dispensar o uso de lençol, em muitas paradas o peregrino vai conseguir um desconto e, de todo modo, sempre poderá usar os cobertores disponíveis. No entanto, quando as pernas estiverem cansadas, dormir em um espaço restrito como o de um saco de dormir não permite se esticar como queira.
Pijama: pode-se vestir o agasalho esportivo usado para os momentos de repouso.
***Nécessaire* e farmácia:** a menor, com o mínimo de coisas dentro! O sabão de Marselha serve para tomar banho e lavar roupa. Tesoura, agulha e linha (para tratar eventuais bolhas!), curativos adesivos e antisséptico. Experimente

INFORMAÇÕES GERAIS

O Tau amarelo, o sinal confiável do caminho.

o *tea tree oil*, ou óleo de melaleuca, um óleo extraído de uma planta australiana que pode ser encontrado em lojas de produtos medicinais naturais: é um excelente desinfetante, cicatrizante e com ele se pode fazer também inalação, em caso de resfriado, ou gargarejos. Aspirina, tomada à noite, quando todos os músculos estão cansados, tem o poder de relaxá-los; é ver para crer!

Creme para os músculos: os à base de arnica e de garra-do-diabo (*Harpagophytum procumbens*) são ótimos.

Protetor solar: indispensável, mesmo na primavera!

Agasalho: leve e, se possível, em *gore-tex*.

Calças: dois pares leves, melhor se forem de *teflon*, facilmente laváveis; secam rapidamente e pesam menos do que as de algodão.

Camisetas: duas, no máximo três, sempre melhor as de material respirável; custam um pouco mais do que as de algodão, mas mantêm o corpo sempre seco e secam rapidamente.

Fleece: leve, também para as noites mais frescas.

Macacão: pode também virar pijama; não é indispensável, mas é bom trocar de roupa quando se chega ao fim da etapa, vestindo algo só para o descanso.

Roupas íntimas: poucas; o peregrino é alguém que faz da lavagem de roupa à noite uma espécie de ritual. Três pares de calcinhas/cuecas e duas regatas são mais que suficientes.

Calçados: se o peregrino prefere caminhar com os tornozelos protegidos, sugerimos botas, leves mas altas; porém, também existem no comércio calçados para caminhadas leves, baixos e com o solado igual ao de botas. Trata-se de uma escolha totalmente pessoal e convém fazer testes antes de sair em viagem. Quando faz calor, pode-se pensar também em caminhar com sandálias de *trekking*, mas sempre com meias, uma vez que o suor, combinado com a poeira, é um "ingrediente" especial para provocar bolhas. Levar dois pares de calçados é um peso a mais, mas, revezando-os, tanto os pés quanto os tornozelos agradecem.

Meias: três pares, daquelas meias com tecido transpirante; secam depressa e são macias, um auxílio contra as bolhas.

Chinelos: de borracha leve, para tomar banho e deixar os pés respirarem a cada etapa.

Boné ou chapéu: indispensáveis sob o sol escaldante!

Cantil: teste aqueles que se colocam na mochila e do qual saem um "canudinho". As vantagens desse tipo de cantil são muitas:

o líquido permanece fresco, não é necessário tirar a mochila para beber e aquele pequeno gole que se pode dar caminhando não deixa o peregrino desidratar, distribuindo, ao longo da jornada, a quantidade de líquidos que devem ser consumidos. Entre os muitíssimos modelos disponíveis no comércio, preste atenção ao "canudo", para que tenha uma espécie de válvula; do contrário, em pouco tempo começará a vazar!

Acessórios
Óculos de sol.
Lanterna: do tipo frontal, que serve também para ler na cama.
Prendedor de roupa ou alfinetes de segurança: dois ou três bastam, servem para pendurar a roupa lavada do lado de fora da mochila.
Diário: se tiver vontade de registrar em papel as emoções e observações sobre a jornada, especialmente se o peregrino estiver sozinho. Na volta da viagem, será uma das recordações mais preciosas.
Livro: é opcional, mas se encontrar o livro ideal para o caminho, ele será um grande companheiro.
Máquina fotográfica: como não ter vontade de tirar fotos? Se levar uma máquina pesada, pendure na cinta peitoral da mochila e prenda na cinta da barrigueira; para tirar uma fotografia, basta desprender a barrigueira, sem correr o risco de encostar a câmera em algum apoio e esquecê-la.
Pedômetro: não é indispensável, mas é divertido verificar quanto se andou no final do dia!
Canivete: simples e pequeno, serve em geral para cortar pães e maçãs; não estamos no meio do deserto, portanto, aqueles com dez mil engenhocas constituem apenas um peso inútil.
Bastões de caminhada: merecem uma abordagem especial; são a versão moderna dos antigos "bordões", o bastão de peregrino. É preciso acostumar-se um pouco com eles, mas dão ritmo nos trechos planos e ajudam em subidas e descidas, aliviando muito o peso das costas e dos joelhos, deixando os braços livres para movimentos e evitando que as mãos fiquem imóveis, inchando.

Tau amarelo
Armada com pincel, tinta e boa vontade, minha e dos amigos, estou sinalizando o caminho nas árvores e pedras com cruzes em TAU AMARELO e com setas amarelas no chão.
Até a data de publicação deste guia, o caminho estava sinalizado assim, a espaços, até Greccio. É um modo artesanal de sinalizar o percurso: o TAU, para Francisco, era a sua assinatura; usamos a cor AMARELA por causa "da cor dos Caminhos" que, desde Santiago, é

Quanto se gasta
Quem fez o Caminho de Santiago de Compostela não deve comparar os custos da Espanha com os da Itália. Antes de tudo, a Itália é, no geral, mais cara. Assim, como este caminho ainda não está estruturado como o espanhol, os custos são mais altos porque ainda não existem albergues específicos para os peregrinos.
O custo médio para pernoitar é equivalente ao dos albergues da juventude (cerca de 15 euros). Por vezes, os peregrinos são obrigados a hospedar-se em hotéis, que têm preços mais altos; felizmente, isso acontece com pouca frequência.
Nem todos os albergues possuem cozinhas em regime de autogestão, razão pela qual o custo médio do jantar gira em torno de 13 a 14 euros. A isso se soma o custo do alimento que cada um quiser consumir durante o dia. Para ir até o ponto de partida do Caminho, devem-se computar os custos das ferrovias estatais e dos ônibus locais. Quem for de carro até Chiusi della Verna pode deixá-lo na cidade sem qualquer custo. Não há outras despesas.

INFORMAÇÕES GERAIS

inconfundível e reconhecido pelos peregrinos do mundo como sinal de que se está "num bom caminho".
No vale de Rieti, as sinalizações do "Caminho de Francisco" cumprem a função de indicar o percurso nas últimas etapas. Em algumas etapas, os sinais brancos e vermelhos do CAI é que devem ser seguidos.

Setas de todas as cores

Ao longo dos anos, a esse caminho original, nascido em 2004, outros caminhos vieram se sobrepor, com os quais a colaboração tem sido difícil, quando não impossível. Agora as coisas estão mudando e se está valorizando a ideia de abrigar todos os caminhos franciscanos sob um mesmo guarda-chuva, mantendo, todavia, as características peculiares de cada proposta. Vai levar tempo, mas há muita esperança. Quem decidir seguir este itinerário, para não se perder ou esticar caminho, SIGA SEMPRE AS DESCRIÇÕES E OS MAPAS, em conjunto com as setas e o Tau amarelo, que apenas lhes servem de apoio, pois a garantia está no guia. Nesta edição, para ajudar os peregrinos nos pontos com excesso de sinalização ou confusos, colocamos em destaque o alerta "ATENÇÃO", quando mais cuidado for exigido. Dito isso, o Caminho, todos os Caminhos, exigem de todo modo uma participação ativa dos peregrinos: com atenção, usando da capacidade de ler os mapas e da iniciativa pessoal, que fazem o peregrino se apropriar do caminho, e não cumprir um circuito previamente traçado, no qual ele não é um personagem atuante e ativo.

A rede de hospedagem

Há algum tempo, e pouco a pouco, os serviços de hospedagem ao longo do caminho estão aderindo à "Associazione Amici del Cammino di Qui Passò Francesco" [Associação Amigos do Caminho Por Aqui Passou Francisco], de modo a criar uma rede voltada a fornecer aos peregrinos serviços cada vez melhores.
Os peregrinos poderão identificar os locais de hospedagem associados porque terão do lado de fora da porta uma placa em cerâmica com o logotipo do Caminho e estarão marcados no guia com um pequeno símbolo. ❶

Ofertas

Em instalações como os conventos, em que não se pede uma contribuição fixa, o verdadeiro peregrino deixa uma oferta representativa do custo de vida. Isso faz que os religiosos continuem a dar hospedagem sem serem obrigados a estipular um preço fixo. Os custos concretos de quem vive no mundo são os mesmos de quem o deixou fora de um convento, e luz, gás, água e alimento são custos que aumentam para todos. Saiba avaliar isso com sabedoria!

De onde sair e como voltar

O itinerário que propusemos foi pensado a partir do norte, em direção ao sul, de Alverne até a planície de Rieti, mas pode ser percorrido também no sentido contrário. Se o peregrino partir de Alverne e não fizer uso de transporte próprio, a estação ferroviária mais próxima é a de Arezzo, de onde partem trens locais para Bibbiena, e, depois, conexão com os ônibus para Chiusi della Verna (serviço Ifi – Linha Ferroviária Italiana; consulte o site para saber os horários). Os bilhetes para esse trem e o ônibus para Chiusi della Verna podem ser adquiridos no guichê da estação de Arezzo. Para quem estiver fazendo o caminho no sentido inverso, a estação ferroviária é a de Rieti. A partir de Rieti, para voltar a Arezzo e Chiusi della Verna, existem duas opções de trem: Rieti-Terni-Orte-Arezzo ou então Rieti-Terni-Foligno-Arezzo.

O site do Caminho

Os passos lentos dos peregrinos e a fixidez das páginas escritas convivem com o site, que não substitui o guia, assim como a sinalização não substitui as descrições do percurso, mas serve de apoio. O site dá notícias de última hora, e o blog, ligado ao site, é uma maneira de bater papo com os peregrinos dia a dia.

Convido todos os que se preparam para fazer a peregrinação a consultar tais suportes e contribuir com fotos, testemunhos e escritos em prol daqueles que mais tarde farão o Caminho, para torná-lo cada vez mais vivo e rico. Disponível em: www.diquipassofrancesco.it.

Seguir até Roma

O peregrino Salvatore Accardi, profundo conhecedor de sua região, coloca-se à disposição para dar aos peregrinos todas as informações necessárias para ir a pé de Rieti a Roma (trajetos, lugares de parada etc.). Ele é o dono da agência de viagens "Il Mestiere di Viaggiare", mas oferece esse importante serviço como um peregrino que ajuda outros peregrinos.

Para contatá-lo, ligue para:
0746-27.15.5 / 393-92.21.18 / 336-25.53.43, info@ilmestierediviaggiare.it.

E, para se hospedar em Roma como peregrino, existe o albergue administrado pelos voluntários da Confraternita di San Giacomo, o Spedale della Divina Provvidenza di San Giacomo e San Benedetto Labre, *via* Genovesi, 11B (em Trastevere, num lugarzinho tranquilo e com um belo jardim), tel.: 327-23.19.312, info@pellegriniaroma.it. Tem 24 leitos, durante o verão e o inverno (no inverno, avise com pelo menos dois dias de antecedência), hospedagem em dormitórios, com jantar e café da manhã por, no máximo, duas noites; não se permitem animais e não se hospedam grupos. Contribuição livre.

Onde dormir

Existe a possibilidade de dormir em diversos albergues da juventude pertencentes à organização internacional; apresentando o guia ou a credencial, os albergues da Úmbria não cobram a taxa de filiação. Optamos por não colocar os preços dos lugares de hospedagem por causa da impossibilidade de estarem sempre atualizados.

Ao encontrar os dizeres "*prezzo concordato*", "*prezzo per pellegrini*" ou "*prezzo politico*", entenda um preço inferior ao normal, acordado com o proprietário para quem apresentar o guia ou a credencial de peregrino: lembre-se de mostrá-los e, eventualmente, lembre o acordo, especificando que você se encaixa na categoria de um "autêntico" peregrino a pé ou de bicicleta. Para visualizar a lista completa dos locais de hospedagem, consulte o site também em "Elenco accoglienze", uma vez que mudam continuamente: alguns desaparecem, outros são acrescentados. A lista está sendo atualizada constantemente e integra as indicações das hospedagens presentes no guia. É importante reservar cada hospedagem ao menos com um dia de antecedência, e, para Alverne, algum tempo antes de iniciar o caminho.

Onde e como comer

Durante o dia, convém preparar um almoço para viagem e, onde for necessário abastecer-se com antecedência, o guia sugere qual é a última localidade em que é possível fazer compras. Para a noite, em alguns albergues, existe a possibilidade de cozinhar ou se disponibiliza o jantar. Apenas em poucas etapas será necessário providenciar a refeição também para o jantar, porque não há qualquer possibilidade de encontrar comércio ou restaurantes na chegada. Quanto a bebidas, é bom sair sempre com o recipiente cheio e, nas estações mais quentes, ter à mão sempre uma garrafa extra cheia.

A credencial e o *testimonium*

A Associação Amigos do Caminho
A "Associazione Amici del Cammino di Qui Passò Francesco" se ocupa de tudo o que diz respeito ao Caminho e à sua continuação em direção a Monte Sant'Angelo. Para informações e programa das atividades, consulte o site www.diquipassofrancesco.it e o blog.

A credencial
É distribuída pela "Associazione Amici del Cammino di Qui Passò Francesco" e é válida por todo o percurso, de Alverne a Monte Sant'Angelo, bem como para o Caminho de São Bento, que vai de Norcia a Montecassino (o que prova que uma colaboração entre os verdadeiros peregrinos é sempre possível). A credencial, como bem sabe quem já fez o Caminho de Santiago, é uma espécie de "passaporte" do peregrino, no qual constam seus dados, mas não substitui os documentos normais. Na credencial são colocados os carimbos de albergues, igrejas, conventos, APT dos lugares por onde se passa ao longo do percurso. Quem a leva consigo assume o compromisso de ser um autêntico peregrino na caminhada e na alma, além de ser uma belíssima recordação, pois cada carimbo foi suado e conserva na tinta a luz dos dias da peregrinação. Para recebê-la, ligue para 333-99.85.141 ou então escreva para jacopadue@yahoo.it, colocando o nome e o sobrenome do peregrino e um endereço postal para onde deve ser expedida. Convido todos a pedir uma credencial e a usá-la "obsessivamente", pedindo os carimbos ao longo do percurso, porque os peregrinos, caminhando com ela na mochila, estarão criando um rastro de luz que faz das trilhas e das estrelas um Caminho.

O *testimonium*
Desde 2011, este caminho encontra o seu final em Monte Sant'Angelo, na gruta do Arcanjo Miguel em Gargano: vai de uma montanha sagrada a outra, nas pegadas de Francisco, seguindo este guia e a sua continuação, *Con le ali ai piedi*. O belíssimo *testimonium* de caminho realizado espera o peregrino ali, mas,

A CREDENCIAL. *Uma grande recordação do Caminho.*

A CREDENCIAL E O TESTIMONIUM

O TESTIMONIUM. *O documento que espera o peregrino em Monte Sant'Angelo*

desde abril de 2015, o documento de chegada pode ser obtido em Assis, apresentando a credencial com os vários carimbos, na *Statio peregrinorum*, que demonstra que o peregrino caminhou pelo menos os últimos 100 km (de Città di Castello ou, em sentido contrário, de Collescipoli).

A Statio peregrinorum em Assis

Belíssima novidade peregrina na Basílica de Francisco, em Assis! Finalmente há um gabinete para a chegada dos peregrinos dentro do Sacro Convento, a Statio peregrinorum, logo à porta do convento, à esquerda. Aberto das 14h às 17h, mas espera-se a ampliação do horário de atendimento. Eles são registrados, como em Santiago, a credencial é carimbada e é entregue o Testimonium, se tiver percorrido ao menos 100 km a pé ou 200 km em bicicleta, independentemente do caminho que se tomou até Assis. A quem tiver percorrido menos quilômetros é entregue um atestado, e, a todos os amigos de quatro patas que compartilharam o caminho, um pequeno atestado só para eles! Todo dia às 18h, no altar maior, ocorre a Missa do Peregrino.

Agradeço de coração, em nome de todos os peregrinos, ao custódio frei Mauro por esse abraço aos peregrinos que faltava e agora é realidade.

O PERCURSO

Alverne

Onde dormir

Para quem for de carro até o ponto de partida do caminho, Chiusi é o lugar ideal onde deixar o automóvel. Local tranquilo, com muitos lugares para estacionar; avise os vigias que o carro ficará parado ali por vários dias. Se for passar a noite no santuário, você pode também pedir para deixar o carro em seu estacionamento interno: se houver vaga, os frades gentilmente darão permissão.

Em Chiusi, há serviço de transporte que chega tanto de Arezzo quanto de Sansepolcro (operado pela ferrovia italiana). Durante o verão, há bilhetes semanais para o percurso entre Alverne e Assis.

Alverne: hospedagem para peregrinos no *santuário de Alverne*: os frades criaram um salão-dormitório para peregrinos (13 leitos), a preços para peregrinos, incluído jantar e café da manhã. Nessa bela acolhida também está incluída a bênção dos peregrinos que partem pela manhã, depois das *Laudes*. Melhor reservar um leito com bastante antecedência. Na hospedaria, paga, existe uma grande possibilidade de ser acolhido em um quarto. Tel.: 0575-53.41.

Caso o santuário esteja lotado, existem diversas possibilidades de hospedagem na região.

Chiusi della Verna: *Pastor Angelicus*, hospedagem, jantar e café da manhã, tel.: 0575-59.90.25.

Villa delle Rose (irmãs vicentinas), hospedagem, jantar e café da manhã, tel.: 0575-59.90.15.

Albergo Ristorante Bellavista (próximo ao caminho que leva ao santuário), administração familiar, 15 quartos com 30 leitos, ótimos preços para peregrinos. Possibilidade de jantar: tratar com o proprietário, sr. Gilberto, tel.: 0575-59.90.29. É a única opção aberta durante o ano todo. ❂

Hotel da Giovana, 3 estrelas, administração familiar, situado no início da trilha que leva ao santuário de Alverne, com 14 quartos com todo o conforto, restaurante e piscina durante o verão. Preços com ótimos descontos para peregrinos. Pergunte pelo sr. Fausto, tels.: 335-5616917, 0575-599275. ❂

A partida Não é difícil imaginar o que esse monte parecia a Francisco e seus irmãos ✎ quando o subiram pela primeira vez, ainda que as muitas construções erguidas posteriormente e o ônibus dos visitantes pareçam dizer o contrário. A floresta de altas faias, abetos, plátanos e freixos nos envolve com seu abraço úmido e verde, desde a cancela, e basta andar uns poucos passos subindo a lateral do monte Penna (outro nome do Monte Alverne) para estar sobre os abismos rochosos onde Francisco, com prazer, fazia uma parada. Naturalmente, todas as construções são posteriores à sua estada aqui e, provavelmente, não estão muito de acordo com a sua vontade:

> *Por isso, mandou então que se escrevesse em seu Testamento que todas as casas dos irmãos deveriam ser construídas de barro e de paus em sinal da santa pobreza e humildade, e que deveriam ser pequenas as igrejas a se construírem para os irmãos.* (*Compilação de Assis*, 106, 23)

ALVERNE

ALVERNE. *O belo pátio do claustro.*

Sabe-se, porém, que a história dos sucessores dos grandes mestres, em todos os lugares, em todos os tempos e em todas as religiões, seguiu caminhos que, às vezes, se desviaram do ensinamento original. Assim, em nome de Francisco foram construídos conventos imensos e igrejas imponentes nos quais, entretanto, grandes artistas deixaram obras que se voltam para o espírito original do Mestre, talvez animados pela força daquela mensagem inicial que, de algum modo, abre caminho em meio a todas essas superestruturas.

Depois de ter visitado os lugares mais importantes do santuário, é hora de subir o monte Penna. A maioria dos visitantes não o faz, mas bastam poucos passos para ficar sozinho, sob grandes árvores, com uma vista insuperável e o silêncio que se preenche de vida com o vento e o canto dos pássaros; é difícil descer de novo!

Para quem for passar a noite aqui antes de dar início ao caminho, as horas do crepúsculo serão, com certeza, as mais bonitas; quem quiser poderá ir à igreja e vivenciar momentos de oração com os frades ou, então, sentar-se no grande pátio e contemplar o pôr do sol; seja como for, você será envolvido por um abraço bem apertado.

De Chiusi ao santuário O caminho antigo para sair do santuário é o de Beccia, um pequeno núcleo ao pé do penhasco sobre o qual o convento foi construído; o caminho é pavimentado e ladeado pelas estações da Via Crucis; com certeza, é a maneira mais bonita e inspiradora para se subir o monte.

ALVERNE

Do *palazzo comunale*, sede do governo local, percorrendo a estrada asfaltada para Bibbiena por cerca de 1,5 km, vê-se surgir, à esquerda, o grupo de casas de Beccia. Nesse percurso também se encontra a *Cappellina degli Uccelli* [Capelinha dos Pássaros], aonde as aves vieram saudar Francisco. Ao término da íngreme subida, no arco que conduz ao santuário, somos recebidos por uma inscrição que diz, em latim: "Não há monte mais santo no mundo".

Um outro itinerário, muito mais íngreme porém rápido (cerca de vinte minutos até o santuário), é a "rota da natureza", que parte do restaurante "Da Giovanni" e, depois, se junta, no alto, ao caminho de Beccia.

O que ver

Alverne Aqui está Andrea della Robbia e sua escola. Três de suas muitas e belas obras abarcam toda a poesia e delicadeza do Renascimento, mas também o espírito de Francisco, revivido com dois séculos de distância: a *Anunciação* e a *Natividade*, na basílica, e a suntuosa *Crucificação*, na Capela dos Estigmas. Terracota vitrificada, o material mais pobre e simples, se transforma numa obra-prima. Pare alguns instantes para contemplar os olhos baixos da virgem na *Anunciação* ou o grito impresso no rosto da Lua e do Sol na *Crucificação*.

Mais adiante, na igreja, em uma vitrine sobre um altar (no lado direito) está guardado o bastão de Francisco... Uma emoção para nós, peregrinos!

Por ora, "abandone" a arte e, levando essas imagens na lembrança, vá até a Capela da Madalena; fica depois do primeiro lance de escadas que levam ao *Sasso Spicco*: pouca gente entra, e menos gente ainda para ali; diz-se que está erguida onde foi a primeira choupana de Francisco e que, sobre o altar, está a pedra sobre a qual Jesus aparecia a Francisco: é um local íntimo e "mágico".

Por fim, desça até o *Sasso Spicco*: um cenário natural feito de rochas e musgos.

Chiusi Aos pés do santuário. O primeiro estabelecimento remonta à era etrusco-romana, mas na Idade Média teve o seu pleno desenvolvimento, localizada no caminho de peregrinação para Roma.

Era de Chiusi o conde Orlando Catani, que doou o monte a Francisco, em 1213. São Francisco e São Miguel Arcanjo são os padroeiros de Chiusi, o que confirma que, anteriormente, a montanha estava consagrada ao arcanjo.

Francisco em Alverne

Nosso caminho nas pegadas de Francisco começa no lugar símbolo do seu itinerário espiritual: aqui, como em Assis, a sua presença foi e é quase palpável.

Tudo começou quando, em 1213, vindos de Rimini, Francisco e frei Leão foram a San Leo, em Montefeltro, para pregar a uma multidão que se reunia por ocasião da investidura de um cavaleiro.

Doação do Monte Alverne

Os *Fioretti*, escritos que reúnem em antologia os episódios significativos da vida de Francisco, nos contam que ele disse a seu companheiro:

> *Vamos lá acima à festa, porque com a ajuda de Deus faremos algum fruto espiritual.*

No meio da multidão, estava presente o conde Orlando Catani, de Chiusi in Casentino, que foi

> [...] *tocado no coração por Deus pela maravilhosa pregação de São Francisco, pôs no coração de tratar e discorrer com ele depois da prédica das coisas de sua alma. [...] E no fim disse monsior Orlando a São Francisco: "Tenho na Toscana um monte devotíssimo o qual se chama o Monte Alverne, o qual é muito solitário e selvático e é muito bem apropriado para quem quiser fazer penitência em lugar afastado dos homens, ou para quem desejar vida solitária. Se ele te agradar, de boa vontade to darei a ti e aos teus companheiros para a salvação de minha alma".* (I Fioretti, "Dos sacrossantos estigmas de São Francisco e de suas considerações", "Primeira consideração dos sacrossantos estigmas")

> [...] Francisco ficou muito feliz com a oferta e enviou alguns de seus companheiros ao conde, que providenciou para que fossem acompanhados ao monte por uns 50 soldados, "para defendê-los das feras selvagens". (idem)

Escolheram a área mais inacessível e construíram uma pequena choupana para eles e para Francisco e retornaram depois a Santa Maria degli Angeli para informá-lo como era o Monte Alverne: "[...] muito propícia à contemplação". (idem)

Ida a Alverne

A primeira ida de Francisco a Alverne é rica em episódios belíssimos e tão importantes em sua vida que Giotto, poucos anos após a morte do santo, quis pintá-los nas paredes da Basílica Superior de Assis. Assim chegaram até nós as imagens do camponês que havia emprestado o burrinho aos frades para transportar Francisco, que estava muito fraco para subir a montanha, e que, seguindo-os, sentiu tanta sede que lhe fez brotar uma fonte, assim como a imagem dos pássaros que, festivos, o acolheram:

> [...] *e chegados que foram talvez à metade da subida do monte, porque fosse grandíssimo o calor e a subida fatigante, veio grande sede a este aldeão, tanta que começou a gritar atrás de São Francisco: "Ai de mim, que morro de sede [...]". Pela qual coisa São Francisco desce do asno e põe-se em oração, e tanto esteve ajoelhado com as mãos levantadas para o céu que conheceu pela revelação que Deus o tinha atendido e disse então ao aldeão: "Corre, vai depressa àquela pedra e ali acharás a água viva a qual Cristo neste momento, pela sua misericórdia, fez nascer daquela pedra". [...] nem antes nem depois jamais se viu fonte de água nenhuma, por grande espaço em torno daquele lugar [...] E aproximando-se do pé do próprio rochedo do Alverne, aprouve a São Francisco de repousar um pouco sob um carvalho que estava acima do caminho [...] eis que veio uma grande multidão de passarinhos de diversas espécies, os quais com cantares e bater de asas faziam todos grande festa e alegria; e cercaram São Francisco de tal modo que alguns lhe pousaram na cabeça, alguns nos ombros, alguns nos braços, alguns no regaço e alguns em roda dos pés. (idem)*

ALVERNE. *O santuário visto do caminho de Beccia.*

La Verna

De Alverne a Pieve Santo Stefano

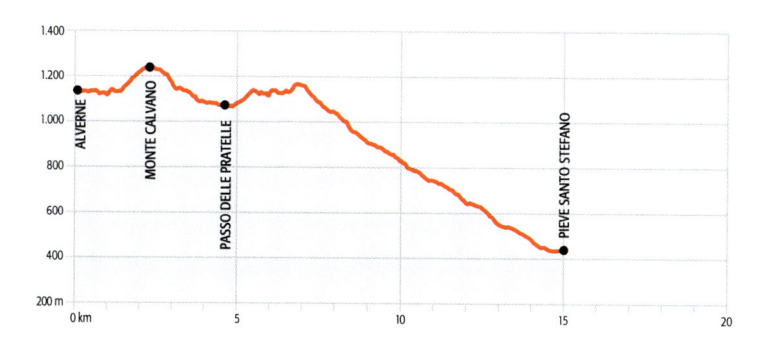

DISTÂNCIA:	**15,2 km**
DESNÍVEL EM SUBIDA:	**240 m**
DESNÍVEL EM DESCIDA:	**950 m**
TEMPO:	**4 horas**
NÍVEL DE DIFICULDADE:	**fácil**

Onde dormir

Pouco antes de Pieve S. Stefano, desvio sinalizado, *B&B Il Castellare*, disponibilidade de 23 leitos, a preço para peregrinos (há também vagas em quartinhos, a preços ainda mais baixos), possibilidade de refeições com menu fixo. Tels.: 0575-79.93.93 / 339-34.63.117. ☎

Pieve Santo Stefano: *Hotel Santo Stefano*, 3 estrelas. No começo da cidade, vindo de Alverne. Preços para peregrinos compatíveis com as instalações.
Possibilidade de combinar condições especiais para grupos. Ligue para o sr. Valerio Calabresi. Tels.: 0575-79.21.29 / 335-78.44.520.
Camping la Civetta, passando a aldeia, na estrada de Sansepolcro, disponibiliza uma van que parte do centro de Pieve Santo Stefano, sob pedido e gratuito; 4 bangalôs cobertos com lençóis e possibilidade de cozinhar (16 leitos) e nove vagas em barracas. Preço mais que para peregrino! A pedido, é possível tomar café da manhã. Tels.: 338-46.89.145; 335-54.38.403. ☎

Primeiro trecho entre bosques e campos, algumas breves subidas e uma longa e contínua descida até a pequena cidade de Pieve Santo Stefano. Haverá tempo de sobra para acertar o passo e, na chegada, visitar o centro da cidade com sua bela igreja ornada com a cerâmica dos Della Robbia.

O percurso é todo por trilhas. Ao sair do santuário de Alverne [✎], desça pela ruazinha logo depois do portão até um grande estacionamento. Passa-se o estacionamento à esquerda por um pequeno bar e restaurante em madeira. Na primeira curva à direita da via começa a trilha 50 ANELLO BASSO e se entra no bosque. Essa é a velha estrada que contorna o monte Penna e conduz, por subidas e descidas suaves, a uma bifurcação bem sinalizada. Chegamos à Croce della Calla. Vire à direita, sentido Tre Vescovi, e suba pela crista de um cume; logo se chega a uma outra bifurcação. Siga ainda a sinalização para Tre Vescovi, virando à direita. O caminho sobe até o topo de uma colina, o monte Calvano.

1 DE ALVERNE A PIEVE SANTO STEFANO

PIEVE SANTO STEFANO. *Documentos do Arquivo diário nacional*

Estamos agora em um lindo campo em declive a ser atravessado em toda a sua extensão. Daqui se pode admirar todo o amplo vale de Pieve Santo Stefano (da bifurcação ao campo são cerca de trinta minutos).

Feita a travessia completa do campo, desça por um caminho que se transforma num carreador, depois de passar por uma cancela. A estrada segue o cimo até o *passo delle Pratelle*, passando por outras duas cancelas; aqui se encontra uma série de placas de sinalização. Suba a trilha 066, que, logo depois, vira à direita, em descida. À direita está a trilha 075, que sobe o bosque; em uma bifurcação, tome a esquerda; a partir daí, a estreita trilha começa a descer, virando um carreador até as portas de **PIEVE SANTO STEFANO**. Se dormir em "Castellare", preste atenção à sinalização à esquerda da estradinha, antes de chegar a Pieve Santo Stefano, que leva direto para lá.

O que ver

Pieve Santo Stefano É uma bela cidadezinha às margens do rio Tibre. Em um documento público de 723, lê-se que Tedaldo, senhor de Tifernum (Città di Castello), doou aos monges beneditinos um monastério que ele construiu em Cerbarolum (Cerbaiolo) e é o primeiro documento em que Pieve é citada, então com o nome de Suppetia.

Em 1589, um acontecimento sobrenatural trouxe Pieve ao centro da cena: uma multidão de anjos portando tochas acesas foi vista durante a noite indo em procissão até uma imagem sacra, pintada no muro de um pequeno santuário, na estrada que leva a Sansepolcro. No ano seguinte, foi posta ali a pedra fundamental do **SANTUÁRIO DELLA MADONNA DEI LUMI**. O templo, em forma de cruz grega, é elegante e esguio. No interior, quatro grandes colunas dóricas sustentam uma cúpula majestosa. Em 1612, a imagem milagrosa foi colocada no altar maior.

A **Colegiata di Santo Stefano** fica na praça de mesmo nome. A antiga *pieve* [matriz], do século XIII, foi reconstruída no século XIX em estilo neoclássico. Em seu interior está um belo frontal de altar em terracota vitrificada de autoria de Andrea della Robbia, retratando a Assunção e os santos. Uma outra obra dos Della Robbia, representando a samaritana no poço, pode ser vista na sala do Conselho da cidade, o *Consiglio Comunale in Municipio* (na entrada, peça para ver a obra).

A **Città del Diario** abriga um arquivo que, desde 1984, reúne os diários e a correspondência dos italianos: emigrantes e condessas, brigadistas e viciados, camponeses, sindicalistas, freiras e colaboradores internacionais. Um extraordinário exemplo de história vista sob o ângulo de pessoas comuns. O Arquivo promove todos os anos um concurso para o melhor diário, que depois é publicado pela Terre di Mezzo Editore (disponível em: www.archiviodiari.org).

1

A última estada em Alverne

Não sabemos quantas vezes Francisco visitou Alverne; o certo é que, depois da primeira, foi ao monte uma última vez para percorrê-lo em oração na Quaresma de São Miguel, que ia do dia da Assunção da Virgem, em 15 de agosto, ao do Arcanjo, em 29 de setembro. Foi naquela Quaresma de 1124 que pediu a Deus para dar-lhe um sinal que lhe indicasse se era Sua vontade que ele passasse um período de solidão ali:

> [...] *Pois o bem-aventurado Francisco sempre foi solícito, quando ficava continuamente em algum lugar para a oração ou quando ia pelo mundo pregando, em conhecer a vontade do Senhor, segundo a qual mais lhe pudesse agradar; porque, algumas vezes, temia que, sob pretexto de permanecer mais afastado em oração, o corpo quisesse repousar, descansar [...].*
> *E bem cedinho, na aurora, quando estava em oração, vieram aves de diversos gêneros sobre a cela em que ele ficava, não reunidas, mas primeiro vinha uma e cantava, executando sua doce melodia, e depois se retirava; e vinha outra e cantava e também se retirava; e assim fizeram todas.*
> *[...] E fora-lhe dito pelo Senhor em espírito: "Isto é sinal de que o Senhor te fará o bem nesta cela e te dará muitas consolações".* (*Compilação de Assis*, 118, 6-12)

Irmão Falcão

Todos os dias, irmão Falcão, um falcão piedoso, vinha à pequena cela de São Francisco e o acordava bem na hora da oração, mas só quando Francisco não estava cansado demais.

> *Enquanto permanecia lá, um falcão, fazendo um ninho ali mesmo, ligou-se a ele com grande pacto de amizade. Pois, de noite, com seu canto e ruído, sempre indicava com antecedência a hora em que o santo costumava levantar-se para o ofício divino [...] quando o servo de Cristo sentia que era mais que de costume atormentado pela enfermidade, o falcão o poupava e não anunciava as vigílias da madrugada. Na verdade, como se fosse instruído por Deus, por volta do romper do dia, com leve toque ele batia o sino de sua voz.* (São Boaventura, *Legenda maior de São Francisco*, Capítulo VIII, 10, 8-12)

Frei Leão

Isolado em um monte, Francisco não se esquecia dos irmãos, especialmente de quem, como frei Leão, a ovelha de Deus, estava sempre próximo e que, em um momento de tentação, desejava ter um escrito de Francisco que o ajudasse a combatê-la. É a essa tentação de Leão que devemos o precioso manuscrito de próprio punho que se guarda em Assis e foi escrito por Francisco em Alverne:

DE ALVERNE A PIEVE SANTO STEFANO

[...] *De fato, ele [Francisco] mandou que fossem trazidos pelo predito irmão tinta e pergaminho e escreveu de própria mão os Louvores ao Senhor, de acordo com o desejo do irmão, e por último a bênção dele, dizendo: "Recebe este pergaminho e guarda-o diligentemente até o dia de tua morte".* (São Boaventura, *Legenda maior de São Francisco*, Capítulo XI, 9, 8-9)

Os estigmas

Mas Alverne não teria a importância que tem na história franciscana se ali não tivesse acontecido o mistério dos estigmas, cantado por Dante no canto XI do *Paraíso*.

Em 14 de setembro de 1224, em seu corpo já fragilizado por doenças, formaram-se chagas... Nunca antes na história havia acontecido fato semelhante.

[...] *numa manhã, pela festa da Exaltação da Santa Cruz, rezando na parte lateral do monte, ele viu como que a figura de um Serafim que tinha seis asas tão fúlgidas quão inflamadas a descer da sublimidade dos céus, o qual, chegando com um voo rapidíssimo num lugar no ar próximo ao homem de Deus, apareceu não somente alado, mas também crucificado, tendo as mãos e os pés estendidos e pregados à cruz e as asas de modo tão maravilhoso dispostas de uma e de outra parte que elevava duas sobre a cabeça, estendia duas para voar e com as outras duas velava o corpo, envolvendo-o.*

[...] *Então, depois de um colóquio secreto e familiar, ao desaparecer, a visão inflamou-lhe interiormente o espírito com ardor seráfico e marcou-lhe exteriormente a carne com a imagem do Crucificado, como se ao poder prévio de derreter do fogo seguisse uma impressão do selo.*

O fato é que imediatamente começaram a aparecer em suas mãos e pés os sinais dos cravos, aparecendo as cabeças deles na parte interna das mãos e na parte superior dos pés e saindo as pontas da parte oposta. [...] *A rebatida dos cravos era tão saliente e estendida para fora que não somente não lhe permitia apoiar livremente as plantas [dos pés] ao solo* [...] (São Boaventura, *Legenda menor de São Francisco*, VI, 1-3)

O adeus a Alverne

Ao término da Quaresma, montado num burrinho que lhe fora presenteado pelo conde Orlando, Francisco cumprirá a longa viagem que o levará a Assis. Era a última vez que deixava a amada ermida, e o adeus ao monte, atribuído a frei Masseo, que se encontrava em Alverne com Francisco naqueles dias, é uma obra-prima de poesia e o ápice daquela "afeição" pelos homens e pela natureza que voltaremos a encontrar em todas as passagens de sua vida.

1 DE ALVERNE A PIEVE SANTO STEFANO

[...] *Descansem em paz, caríssimos filhos: adeus, eu os deixo em corpo, mas lhes deixo o meu coração; eu me vou com o frei cordeiro de Deus, e vou a Santa Maria degli Angeli, para aqui não mais voltar. Estou indo, adeus, adeus a todos. Adeus monte dos anjos, adeus irmão Falcão, eu lhe agradeço pela caridade que me dispensou; adeus,* Sasso spicco, *adeus Sasso, que me recebeu em suas entranhas, deixando desacreditado o demônio, já não mais voltaremos a nos avistar; adeus Santa Maria degli Angeli, eu lhe confio estes meus filhos, mãe do Eterno Verbo. Enquanto o nosso caro Pai dizia estas palavras, jorravam lágrimas de nossos olhos, de modo que ele também chorou quando dali partiu, levando embora nossos corações, restando nós órfãos pela partida de tal Pai.*

Eu, frei Masseo, escrevi tudo.

Verão em Assis

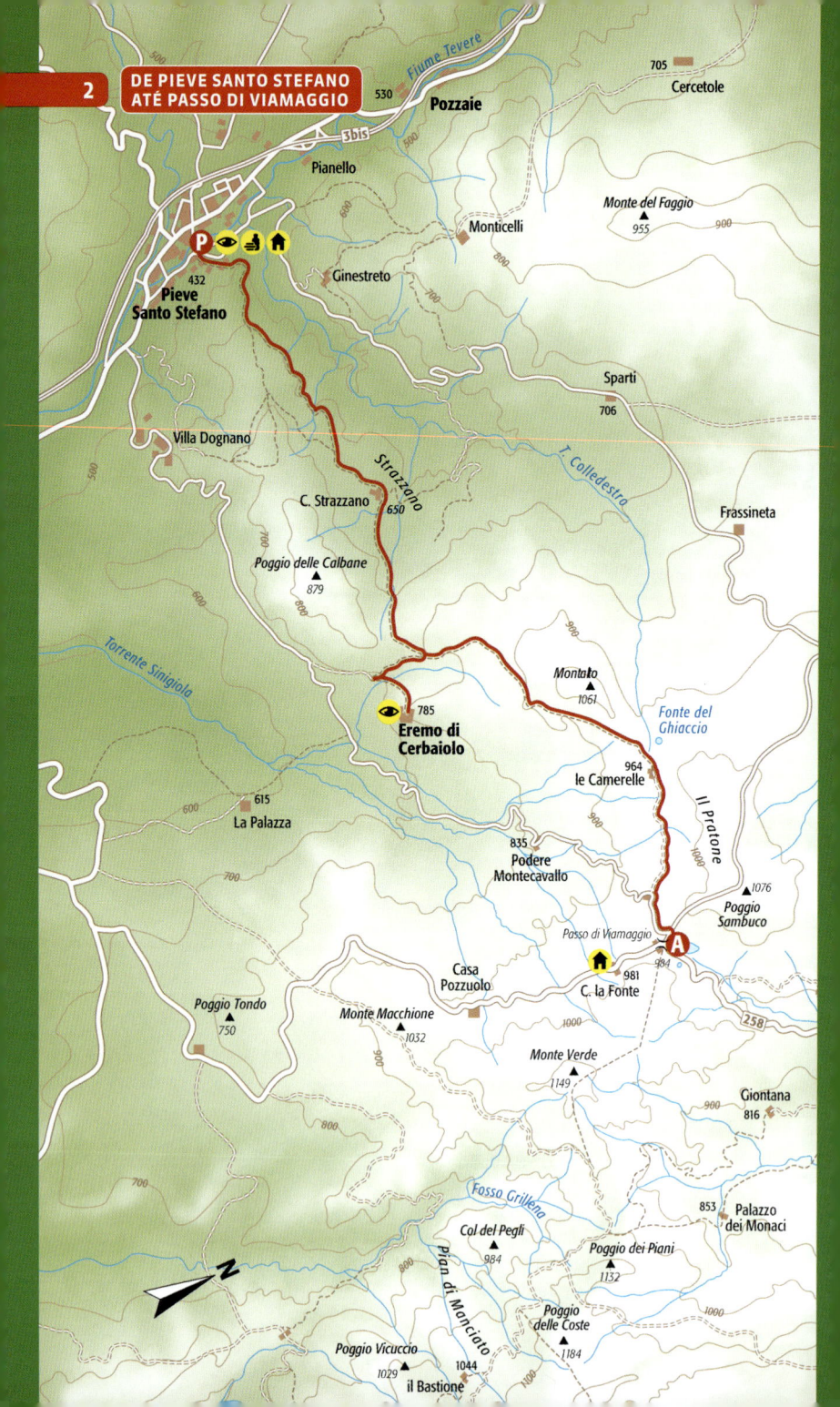

2 DE PIEVE SANTO STEFANO ATÉ PASSO DI VIAMAGGIO

De Pieve Santo Stefano até passo di Viamaggio

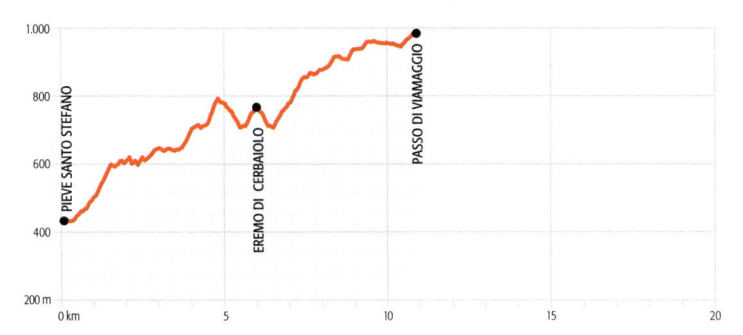

2

DISTÂNCIA:	**11 km**
DESNÍVEL EM SUBIDA:	**630 m**
DESNÍVEL EM DESCIDA:	**120 m**
TEMPO:	**4 horas**
NÍVEL DE DIFICULDADE:	**difícil**

Onde dormir

Passo di Viamaggio: o hotel-restaurante L'Imperatore fechou, mas a assistência aos peregrinos está garantida por seu gerente, com traslado de ida e volta do *B&B Ristorante La Baita dell'Imperatore* (5 km fora do percurso), 14 leitos em 7 quartos (no futuro, a capacidade será aumentada), tels.: 0575-79.01.32 / 0575-79.90.00 (o antigo número do telefone do L'Imperatore).

C. la Fonte: *La Casetta di Cà La Fonte*, a 200 m do passo, descendo pela estrada para Sansepolcro, ao lado esquerdo da estrada (a aldeia de C. La Fonte está assinalada no mapa que consta deste guia). Deliciosa casinha em um grande prado. Quarto para 6 a 8 peregrinos, com um bom banheiro, cozinha e lareira. Preços para peregrinos! É possível preparar o próprio jantar e o café da manhã em cozinha em regime de autogestão. Combine com o proprietário.

No mesmo campo, *La casa grande*, para grupos, estabelecida para comunidade, em autogestão. De 30 a 35 leitos, em quartos ou quartinhos, com cozinha ampla e salão para atividades. Preço a combinar para grupos de mais de 15 pessoas. Pergunte por Alfredo. Tels.: 339-30.28.614, 0575-73.61.52.

É imprescindível avisar com antecedência, pois os proprietários não moram lá.

Etapa curta, percorrida em trilha ou estrada de terra. Subimos a lateral da colina que esconde a pequena joia do Eremo di Cerbaiolo [Ermida de Cerbaiolo] e, depois de uma subida íngreme, a ermida se revela em toda a sua solitária beleza. Dali, o passo di Viamaggio está perto.

Esta breve e agradável etapa pode ser percorrida de duas maneiras. A primeira é aconselhável em caso de chuva ou após chuvas intensas; neste caso, pegue a *strada provinciale* que leva a Sansepolcro e vire à direita, no cruzamento que traz a placa "Eremo di Cerbaiolo". A estradinha começa com asfalto, mas logo vira terra: do começo até a cruz que marca o início da estradinha que sobe para Cerbaiolo são 5 km de curvas suaves em subida. Para seguir para Viamaggio, continue na estrada de terra em que vinha caminhando: à esquerda, no alto, vê-se ao longe o Eremo di Cerbaiolo. Chega-se à passagem por curvas suaves. Essa era a antiga estrada para Montefeltro, que provavelmente Francisco pegava para chegar a Cerbaiolo e, seguramente, a Alverne.

Se optar pela trilha, entre no povoado e, a partir da *piazza* delle Logge del Grano, vire na viela das antigas prisões, passe a ponte e vire à esquerda, bordejando o rio; em seguida, vire na *via* A. M. Camati, que sobe entre o casario; continue a subir e, depois, vire à direita na *via* del Gioiello. Siga até uma curva onde, em um poste de luz, existem os sinais branco, vermelho e o amarelo; pegue a pequena trilha e suba até as casas em ruínas.

Dali em diante, pegue a trilha 2, que leva a Strazzano, e saia da trilha ao chegar em uma casa em ruínas: rodeie a casa, mantendo-a à esquerda, e siga pela margem esquerda de um prado; entre no bosque para depois sair no leito seco, fundo e íngreme de um rio, até uma *mulattiera*, uma pequena estrada adaptada para o trânsito de animais de carga, que sobe em linha reta até a passagem entre o Morro delle Galbane e duas pequenas colinas, em direção a Montalto. Siga em descida por um trecho curto, até uma estreita passagem em subida entre as rochas, de onde se vê Cerbaiolo.

Atenção: Na bifurcação que se encontra pouco depois, quem quiser tentar visitar Cerbaiolo deve descer à direita até a estrada de terra que leva à ermida e, então, virar à esquerda, subindo até chegar a ela (cerca de vinte minutos). Se, todavia, quiser continuar até Viamaggio, na bifurcação, siga reto por um carreador que levará até uma pequena clareira. Siga com atenção as indicações e vire à esquerda em uma trilha em subida.

Ao chegar a um grande campo (Atenção! Em razão do desmatamento, é fácil confundir o campo com clareiras precedentes), deve-se cruzá-lo em toda a sua extensão e manter-se no alto, prestando muita atenção às indicações, e então siga um outro carreador que dobra à esquerda, em subida. Chegando ao passo, bem em frente está o Albergo Imperatore, que é o refúgio para quem seguiu direto e onde quem segue viagem poderá, se não for terça-feira, dia em que está fechado, abastecer-se com alimentos para o dia.

O que ver

Eremo di Cerbaiolo A história desta ermida e de suas tribulações é a do mais antigo estabelecimento monástico da região do Alto Vale do Tibre. Foi no ano de 706 que Tedaldo, um lombardo convertido ao cristianismo, senhor de

Chiara de Cerbaiolo

Com uma energia sem fim, Chiara trabalhou anos na reconstrução de Cerbaiolo, conseguindo obter até ajuda do Estado, muito atenta para que não houvesse adições ou adornos que se afastassem do espírito franciscano original. Desde maio de 2010, Chiara, a alma de Cerbaiolo, repousa aos pés da ermida, ao lado da capelinha da Madonna del Tramonto, no pequeno cemitério.

DE PIEVE SANTO STEFANO ATÉ PASSO DI VIAMAGGIO

O solitário Eremo di Cerbaiolo

Tiferno, hoje Città di Castello, para fazer a vontade da filha predileta e para "redimir-se" de seus pecados, "fez surgir, desde os alicerces, um monastério para os padres e monges de São Bento" – como se lê no ato notarial de 17 de março de 723 – "para que se louvasse a Deus noite e dia". A filha desse senhor havia ficado deveras impressionada com as rochas as quais a atual ermida abraçou, porque lhe faziam imaginar, assim pendentes e atravessadas por rachaduras, o terremoto do qual se fala quando da morte de Jesus.

    A ermida estava desabitada, em 1216, quando os habitantes do povoado indicaram Cerbaiolo como lugar propício para os frades de Francisco, que estava indo de Pieve Santo Stefano direto para Alverne. A primeira família franciscana se estabeleceu ali em 1218, consolidando e ampliando a primeira estrutura. Sabe-se que Santo Antônio, no ano anterior à sua morte, em 1230, passou uma temporada ali para fazer um retiro e terminar a redação dos sermões da quaresma que o papa lhe havia encomendado. Mas foi em 1303 que os beneditinos transferiram a propriedade aos franciscanos. No final do século XVIII, os frades deixaram definitivamente o convento, transferindo-se para Pieve Santo Stefano, e Cerbaiolo tornou-se sede paroquial para as famílias dos colonos das "casas dispersas", e, desde então, ali viveu um padre que cuidava particularmente dos pastores que partiam para a migração dos rebanhos. A descoberta, numa trilha do bosque, de uma medalha cunhada especialmente para celebrar o ano santo de 1625 mostra como daqui os peregrinos dirigiam-se diretamente a Roma. Depois, a destruição: em 28 de agosto de 1944, os alemães em retirada minaram e explodiram a igreja e parte do convento e das casas da colônia.

    Mas Cerbaiolo estava fadado a voltar para os franciscanos! Chiara, uma irmã da Piccola Fraternità Francescana di Santa Elisabetta, descobriu as ruínas na década de 1960 e, mudando-se para lá, dedicou o restante de sua vida ao renascimento dessa belíssima ermida que, em dez anos, conseguiu recolocar de pé.

Ao redor de um pequeno claustro de dimensões e aspecto elegantes, aninham-se a igreja ampla e luminosa e o convento, composto de dezessete celas, sala capitular e refeitório. Na parte de trás, um pequeno pátio, abraçado a um enorme rochedo, parece querer prender-se nos muros.

No bosque, aos pés da ermida, encontra-se a pequena capela de Santo Antônio, contruída no século XVIII, no lugar onde estava a cabana do santo. É uma pequena e insólita igreja, com um buraco aos pés do altar, onde ficava o seu "leito" de pedra. Ainda mais insólito é o fato de estar construída no cume de uma torre cujas estruturas estão fincadas muito mais abaixo, nas laterais da colina. Criou-se, assim, um espaço abaixo da colina que agora é uma pequena cela para quem deseja viver por um tempo completamente isolado. O quartinho é metade uma gruta escavada na rocha, metade torre, e a janelinha, muito luminosa, recorta uma fatia do céu e nada mais.

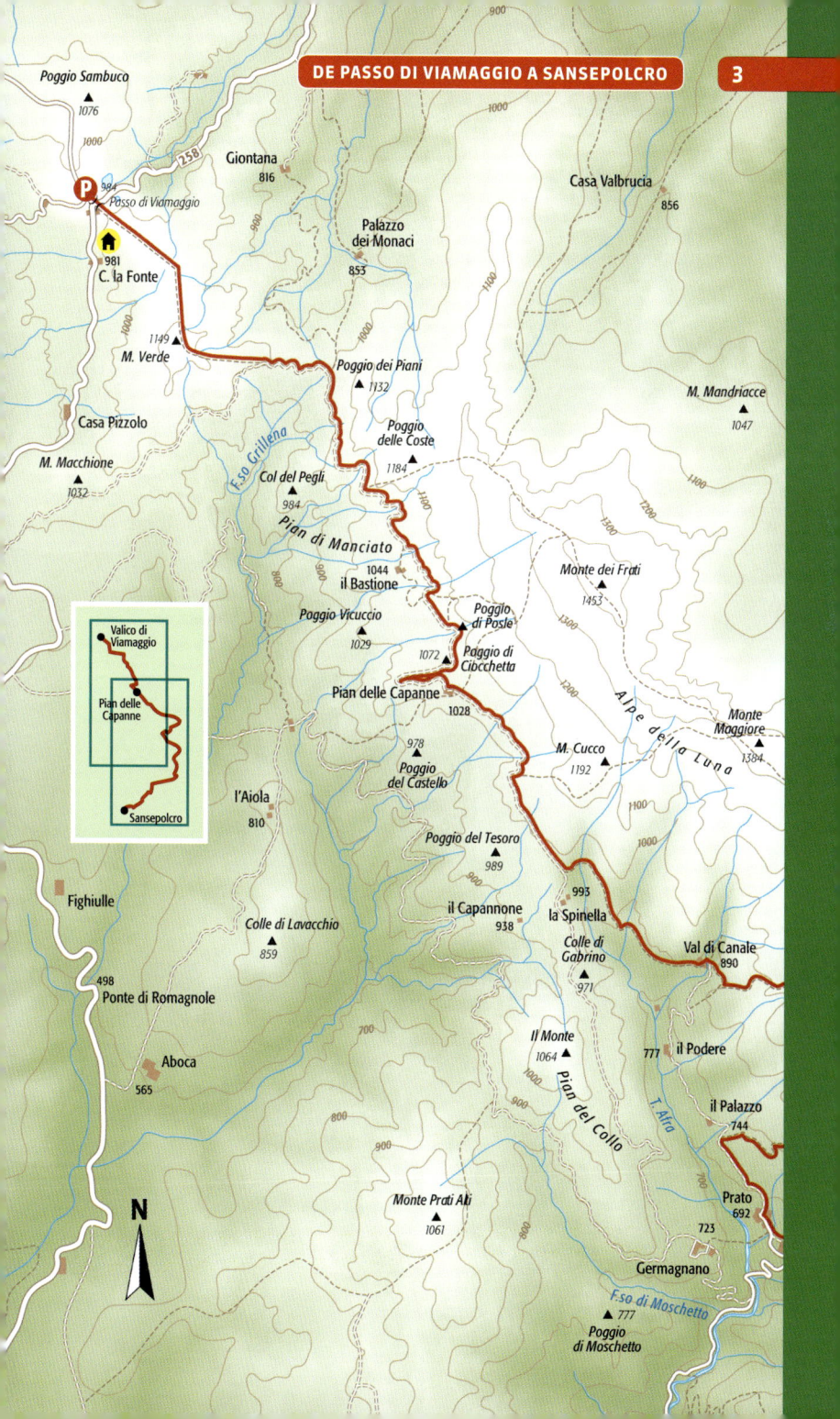

DE PASSO DI VIAMAGGIO A SANSEPOLCRO

3

- Poggio Sambuco 1076
- Giontana 816
- Casa Valbrucia 856
- Passo di Viamaggio 984
- C. la Fonte 981
- Palazzo dei Monaci 853
- M. Verde 1149
- Casa Pizzolo
- M. Macchione 1032
- Poggio dei Piani 1132
- M. Mandriacce 1047
- F.so Grillena
- Col del Pegli 984
- Poggio delle Coste 1184
- Pian di Manciato
- il Bastione 1044
- Poggio Vicuccio 1029
- Poggio di Posle
- Poggio di Cicchetta 1072
- Monte dei Frati 1453
- Valico di Viamaggio
- Pian delle Capanne 1028
- Sansepolcro
- Poggio del Castello 978
- M. Cucco 1192
- Alpe della Luna
- Monte Maggiore 1384
- l'Aiola 810
- Poggio del Tesoro 989
- il Capannone 938
- la Spinella 993
- Colle di Gabrino 971
- Val di Canale 890
- Fighiulle
- Colle di Lavacchio 859
- Ponte di Romagnole 498
- Il Monte 1064
- il Podere 777
- Aboca 565
- Pian del Collo
- T. Afra
- il Palazzo 744
- Prato 692
- Monte Prati Alti 1061
- Germagnano 723
- F.so di Moschetto
- Poggio di Moschetto 777

N

3

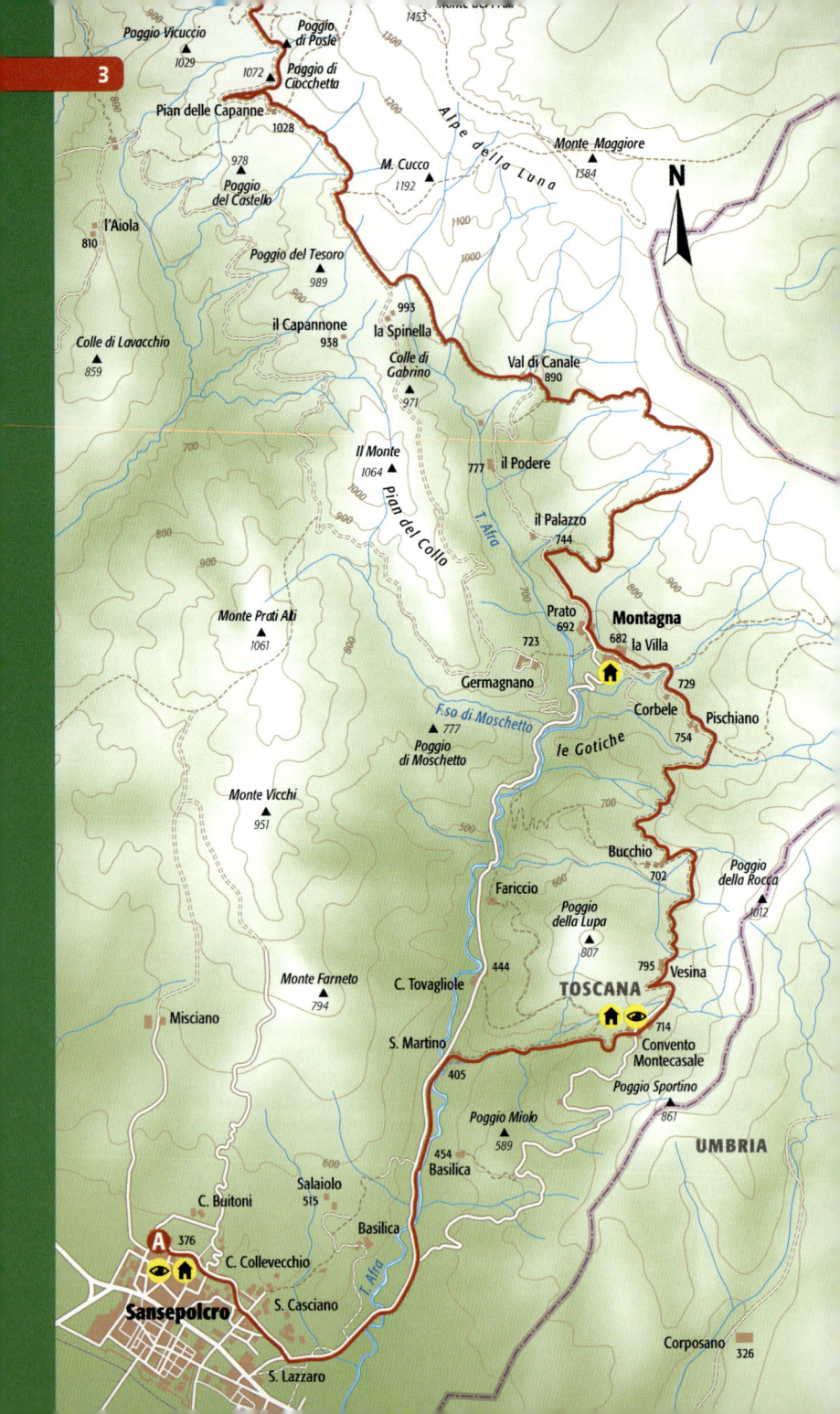

De passo di Viamaggio a Sansepolcro

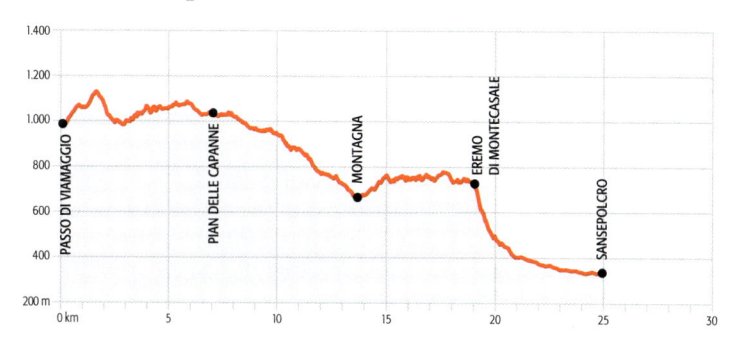

DISTÂNCIA:	**25 km**
DESNÍVEL EM SUBIDA:	**320 m**
DESNÍVEL EM DESCIDA:	**930 m**
TEMPO:	**7 horas**
NÍVEL DE DIFICULDADE:	**difícil**

Onde dormir

Montagna di Sansepolcro: *B&B Alla Battuta*, 7 leitos, 2 quartos, chuveiro, banheiro. Com refeição, 20 €. Informações com Alessandro Puleri. Tels.: 0575.74.93.52 / 349-38.29.435 / 328-03.86.712. *Ristorante-Pizzeria La Montagna di Calisti*. Excelente oportunidade de jantar, com preços especiais para peregrinos. Contando com hospedagem do B&B, Montagna é o lugar ideal para programar uma etapa e ter, assim, no dia seguinte, mais tempo para visitar Montecasale.
Sansepolcro: *Foresteria del Convento di Santa Maria dei Servi*, Piazza Dotti, 1, tel.: 0575-74.23.47 (muito conhecido e frequentemente sem vagas por causa de reservas).
Em pleno centro, dormitórios com beliches (30 leitos); pode-se encomendar o jantar.
Albergo Orfeo – Ristorante da Beppino (no *viale* Diaz, à direita, próximo da Porta Fiorentina, logo ao sair dos muros da cidade), 25 vagas em camas. Tels.: 0575-74.20.61 / 0575-74.22.87.
Affitacamere La Piaggia, 4 vagas em camas, café da manhã e possibilidade de cozinhar.
A 200 m do antigo Convento dos Capuchinhos, *via* Luttini, 4, a preços para peregrinos, 20 € por pessoa. Procure por Roberto ou Cristina, tels.: 349-82.06.861 / 333-40.08840.
Relais Oroscopo, *via* P. Togliatti, 68, belos quartos com 1, 2 ou 3 camas, com todas as comodidades e piscina durante o verão. Preços salgados, mas, apresentando o guia ou a credencial de peregrino, consegue-se um desconto. Tels.: 0575-73.48.75 / 393-69.21.513 (Marco Mercati), info@relaisoroscopo.com.

O percurso de hoje é um pouco longo, mas, para quem quiser fracioná-lo, existe hospedagem no caminho. Subidas e descidas por trilhas e estradas de terra nas montanhas. Partindo do povoado da Villa (Montagna), em algumas horas chega-se ao instigante Eremo di Montecasale [Ermida de Montecasale], para depois descer por uma trilha sombreada do Speco di San Francesco. Esse trecho termina na fantástica e artística cidade de Sansepolcro, a terra de Piero della Francesca.

De frente para o hotel-bar Imperatore, contorne-o pela esquerda, suba pelo campo em meio aos pinheiros e, ao chegar a uma cerca, vire à esquerda, contornando-a, e então siga a trilha íngreme que sobe pelo caminho do gado.

3 DE PASSO DI VIAMAGGIO A SANSEPOLCRO

A primeira parte da trilha é pelo bosque, que se abre em pequenas clareiras de onde se pode apreciar o extenso vale em direção a Sansepolcro. O terreno pode estar bastante escorregadio e é preciso prestar muita atenção à sinalização. Depois dessa primeira parte, a trilha começa uma descida acentuada em meio ao bosque até chegar a uma estrada de terra. Vire à esquerda. A montanha do Alpe della Luna é muito grande e árida, ao passo que o bosque, que é atravessado mais abaixo, se espalha viçoso. Seguindo sempre a estrada de terra, chega-se a uma bifurcação aos pés da montanha: ignore-a, seguindo sempre pela estrada de terra que logo leva a um belo abrigo da guarda florestal, em Pian delle Capanne. Atenção: não pegue a trilha 8, à direita da nossa estrada e que leva a Sansepolcro, mas siga pelo caminho de terra batida por cerca de vinte minutos e, quando chegar a uma casa quadrada que está à direita, la Spinella, de novo, atenção: não continue no caminho de terra batida para Germagnano, como indicam as tabuletas e uma porção de letreiros, mas vire à esquerda, numa trilha em descida, indicada pela cruz de Tau e pela seta (Atenção: as indicações ficam frequentemente apagadas). Esse desvio evita uma longa descida e, em seguida, uma subida íngreme. A trilha conduz direto e reto para Montagna. Pouco depois de virar à esquerda nessa trilha, atenção: em frente há uma trilha que sobe, mas não se deve pegá-la! Em vez disso, vire à direita na trilha que, meio inclinada, depois, em descida, e, mais à frente, no plano, leva a Montagna, lugarejo onde é possível se hospedar (pergunte no pequeno restaurante); cruze a aldeia inteira, siga na estrada de terra, atravesse a ponte, virando à direita até Pischiano, onde, na última casa, vira-se à direita para pegar a trilha 6, e, em seguida, desça à esquerda, em um pequeno vale que sai do outro lado de um riacho; a trilha vem indicada em branco e vermelho e com sinais amarelos. Ignore eventuais setas que levam a deixar a trilha principal.

Depois de cerca de uma hora, saia do bosque para chegar a uma descida à estrada de terra, que tem indicações em cor amarela e leva, por um sobe e desce e muitos zigue-zagues, ao alto do Eremo di Montecasale [✎]. A trilha 4 para descer em direção a Sansepolcro começa atrás da ermida e logo entra numa espessa vegetação úmida e emaranhada, na qual está escondido o Sasso Spicco: um terraço estreito e natural dominado por sugestivos rochedos que, como o mais famoso de Alverne, testemunharam a presença de Francisco em oração. Continue descendo até chegar a San Martino (pequeno conjunto de casas) para, depois, virar à esquerda e entrar na estrada asfaltada que leva a **Sansepolcro**. Atenção: ignore as tabuletas que indicam o caminho fora da estrada asfaltada, obrigando a uma dura subida; em vez disso, siga na estrada e vire à direita nas indicações para o hospital; o peregrino já está nas primeiras casas da cidade e deve descer à esquerda para ir em direção ao núcleo urbano.

DE PASSO DI VIAMAGGIO A SANSEPOLCRO 3

MONTECASALE. *A ermida dos três ladrões.*

Opção em caso de chuva

De Passo de Viamaggio a Pian delle Capanne Em caso de chuva ou de terreno muito molhado e encharcado, o caminho normal, que sobe direto atrás do hotel Imperatore de Passo di Viamaggio e atravessa o bosque, fica muito perigoso por causa da lama e do risco de escorregões. Aconselha-se pegar um caminho alternativo que, apesar de mais longo, acaba sendo mais fácil e limpo, ao mesmo tempo que se caminha uma boa parte em asfalto e, depois, por uma estrada da Guarda Florestal, cujo solo é forrado de cascalho.

Do hotel Imperatore, desça pela estrada Regionale em direção a Sansepolcro/Arezzo. Depois de 1,5 km (cerca de vinte minutos), à esquerda, aparecem algumas casas. Desça ainda mais e, passada a placa com a indicação "km 15" da Regionale, que está nas proximidades de uma curva longa e acentuada que vira à esquerda, vê-se, à direita da estrada (percorridos quase 3 km, quarenta minutos de caminhada), uma torre de alta tensão. Continue pela Regionale, e, meio quilômetro depois, à esquerda, começa a estrada de cascalho da Guarda Florestal, que leva a Pian delle Capanne (são 3,5 km, a partir do hotel Imperatore, cinquenta minutos).

Em determinados períodos do ano, a estrada pode estar bloqueada para impedir o acesso a veículos não autorizados, mas é possível passar a pé ou de bicicleta. Ali começa uma subida por um agradável carreador em meio ao verde dos bosques. A subida não é difícil, e nem 3 km depois se chega ao caminho normal. Desse ponto em diante, siga as indicações do guia.

CAMINHO NORMAL: Passo di Viamaggio – Pian delle Capanne, 6,4 km.
CAMINHO ALTERNATIVO: Passo di Viamaggio – variante – Pian delle Capanne, 10,7 km (1 hora a mais de caminhada).

Do Eremo di Montecasale a San Martino A belíssima trilha do Speco di San Francesco, descrita para descer de Montecasale, não tem a manutenção devida e, sob chuva, pode ficar impraticável. Aconselham-se aos peregrinos duas alternativas: pegar a estrada normal que desce do Eremo di Montecasale até Sansepolcro, que, no primeiro trecho, é bonita e adentra o bosque, ou então pegar ainda essa estrada e percorrê-la por 2 km até chegar a uma esplanada onde, na curva, encontra-se um quiosque da guarda florestal. À direita do quiosque sai um carreador que desce pelo pinheiral e se une ao caminho para San Martino, no riacho onde termina a trilha do Speco. Dali em diante, o percurso é o descrito para aquela etapa.

Caminho alternativo

Sansepolcro – Valdimonte – Bocca Seriola – Pietralunga

Essa variante é concebida para quem não deseja visitar Città di Castello caminhando pelo fundo do vale, mas prefere permanecer nas montanhas e caminhar direto para Pietralunga. Um percurso de três dias (em vez de dois) muito solitário e completamente em meio às montanhas.

SANSEPOLCRO-VALDIMONTE (5 horas e meia) Na antiga escola de Valdimonte, os habitantes da região disponibilizaram um lugar com serviços de pousada e cozinha, e dormitórios com redes e colchões. Eles ficam muito contentes em receber os peregrinos e têm prazer em fazer o jantar, o café da manhã e também o almoço para viagem para o dia seguinte. São 25 euros para grupos de mais de seis pessoas, com tudo incluso, ou 30 euros individual. Ligue para o prof. Taddei, tels.: 075-85.83.954 / 075-85.83.180.

VALDIMONTE-BOCCA SERIOLA (7 horas) – Hospedagem junto ao cai Città di Castello, com dormitórios e chuveiros. Tel.: 075-85.54.392.

BOCCA SERIOLA – PIETRALUNGA (6 horas).

O que ver

Eremo di Montecasale O convento de Montecasale desponta no percurso da antiga estrada que há tempos fazia a ligação entre Valtiberina e o Adriático. Antes do convento, havia aqui um castelo sobre cujas ruínas foi depois construído um alojamento para os peregrinos que passavam rumo a Rimini para embarcar para a Terra Santa. Como muitas vezes acontecia, foi instalado ao lado do alojamento um leprosário, aos cuidados dos monges camaldulenses. O próprio Francisco passou por lá no ano de 1213, em sua viagem para o Adriático e para Jerusalém, e, depois que os beneditinos doaram o local para os franciscanos, fundou ali uma pequena comunidade de frades que continuaram a obra de caridade e hospitalidade. Francisco amava em particular a solidão dessas colinas e o Sasso Spicco, que se encontra aos pés do convento, imerso na floresta de azinheiras. A trilha para chegar aqui é escarpada e tortuosa, mas vale a pena mais esse esforço, porque o aspecto selvagem realmente impressiona.

A ermida é uma miniatura: na igrejinha, sobre o altar-mor, encontra-se uma estátua da Virgem com o Menino, que a tradição informa ter sido encontrada por Francisco entre as ruínas do castelo. Aos pés da grande varanda na qual o convento está apoiado existe um horto magnífico, cultivado com sabedoria e amor pelos frades capuchinhos que ali residem. Não por acaso, foi onde aconteceu o episódio da couve! ✎

Sansepolcro Cidade que deve seu nome e sua fundação a dois peregrinos. De fato, parece que um grego e um espanhol, Arcano e Egídio, voltando de Jerusalém portando preciosas relíquias, pararam em um lugar do Vale Tiberino chamado Noceto: na noite que passaram próximos da fonte, no bosque de nozes, Arcano teve em sonho uma visão e, ao segui-la, foi ali que parou para fundar uma cidade em homenagem ao santo sepulcro de Cristo. A notícia se espalhou, e muita gente que vivia nos castelos das montanhas desceu para construir uma casa no lugar indicado pelos peregrinos. Essa história, quase uma lenda, mas confirmada por historiadores, é um emblema da passagem da era feudal à das comunas. No lugar da primeira capela, foi erguida, por volta do ano 1000, uma igreja consagrada ao apóstolo João, ainda que, desde então, todos a tenham chamado de Santo Sepulcro. O burgo então passou pelas transformações políticas comuns a muitas cidades europeias. No século XIV, tornou-se uma comuna livre para, depois, passar ao domínio de Arezzo e, de novo, conquistar a independência. Uma série de desastres naturais (terremotos, pestes...) quase a fizeram desaparecer, mas a reconstrução na época do Renascimento, na ocasião do domínio dos Médici, a tornou uma cidade pequena mas muito imponente, que lembra Florença.

Em Sansepolcro está Piero della Francesca... Se tiver tempo, não perca a espetacular *Ressurreição*, afresco preservado no interior do Museo Civico (desconto no ingresso com a apresentação da credencial de peregrino), e outras pinturas de Piero mantidas na pequena joia que é esse museu.

Volto Santo Menos conhecida do que a imagem do *Volto Santo* venerada em Lucca, mas mais antiga (séculos VIII e IX) e, definitivamente, mais bela, a catedral de Sansepolcro guarda em seu interior uma valiosíssima representação do Cristo crucificado em trajes reais-sacerdotais que a tradição diz ter sido esculpida por Nicodemo, sob inspiração divina, um autêntico retrato de Jesus! Estudos recentes provaram que essa escultura é o protótipo da de Lucca, embora a imagem agora guardada em Sansepolcro seja uma cópia (do século XII) do original, danificado pelo tempo. Tem sido sempre venerada como imagem *achiropita* ("não feita por mãos humanas"). Como sua gêmea de Lucca, essa imagem era um ponto de peregrinação.

3

Francisco em Montecasale

Em seu retorno de Assis, montado em um burrinho, depois de ter deixado para sempre Alverne, Francisco fez um caminho diferente do nosso, mas que se junta a ele em Montecasale:

> *Chegou naquela tarde São Francisco ao convento dos frades do Monte Casal* [...] (*I Fioretti*, "Dos sacrossantos estigmas de São Francisco e de suas considerações", "Quarta consideração dos sacrossantos estigmas")

Os ladrões

Montecasale também vem à lembrança por causa de dois episódios muito significativos da vida de Francisco, que aconteceram quando ele se hospedou ali, de passagem para Rimini, onde embarcaria para a Terra Santa. Depois que os beneditinos cederam aos franciscanos a pequena ermida, o alojamento para peregrinos e o leprosário, ali se instalou uma pequena irmandade. Um dia, chegaram à ermida dois ladrões:

> *Neste meio tempo, o bem-aventurado Francisco chegou àquele eremitério; os irmãos interrogaram-no se deviam dar-lhes do pão ou não. Disse-lhes o bem-aventurado Francisco: "Se fizerdes como eu vos disser, confio no Senhor que conquistareis as almas deles". E disse-lhes: "Ide, adquiri bom pão e bom vinho, e levai-lhes ao bosque onde sabeis que eles vivem, chamando-os e dizendo: Irmãos ladrões, vinde a nós, porque somos irmãos e vos trazemos bom pão e bom vinho. Eles imediatamente virão a vós; e vós, estendei uma toalha no chão, colocai em cima o pão e o vinho e servi-os humildemente e com alegria, até que tiverem comido; e, depois da refeição, dir-lhes-eis algumas palavras do Senhor e, por último, fazei-lhes por amor do Senhor este primeiro pedido, a saber, que eles vos prometam não bater em ninguém nem fazer algo mau a qualquer pessoa, porque, se pedirdes tudo ao mesmo tempo, não vos atenderão; e eles, por causa da humildade e da caridade que lhes mostrastes, imediatamente vo-lo prometerão. E, no outro dia, levantai-vos e, por causa da boa promessa que vos fizeram, acrescentai ao pão e ao vinho alguns ovos e queijo, levai-lhes da mesma maneira e servi-os, até que tiverem comido; e, depois da refeição, dizei-lhes:* Por que ficais aqui o dia inteiro, *morreis de fome, sofreis tantos males e por vontade e ação fazeis tantos males, pelos quais perdeis vossas almas, se não vos converterdes? Pois é melhor que sirvais ao Senhor, e ele vos dará neste mundo as coisas necessárias ao corpo e, finalmente,* salvará vossas almas*. E o Senhor por sua misericórdia os inspirará para que se convertam por causa da vossa humildade e da caridade que lhes mostrastes".*

DE PASSO DI VIAMAGGIO A SANSEPOLCRO

Levantaram-se, portanto, os irmãos e fizeram tudo como lhes disse o bem-aventurado Francisco; e eles, pela misericórdia e pela graça de Deus, que desceu sobre eles, atenderam e observaram literalmente ponto por ponto os pedidos que os irmãos lhes fizeram; mais ainda, por causa da amizade e caridade que os irmãos lhes demonstraram, começaram a carregar lenha para eles em suas costas até o eremitério, de modo que, pela misericórdia de Deus, por causa daquela caridade e amizade que os irmãos lhes demonstraram, alguns entraram na religião, outros aceitaram a penitência, prometendo nas mãos dos irmãos que daí em diante não mais cometeriam aqueles males, mas que queriam viver do trabalho de suas mãos. (Compilação de Assis, 115, 4-18)

Nos *Fioretti* (1858) a mesma história ganha outro tom; nesta versão, Francisco repreende o *padre guardiano* que perseguiu os ladrões.

[...] São Francisco fortemente o repreendeu, dizendo-lhe: "Tu te comportaste cruelmente; porque melhor se levam os pecadores a Deus com doçura do que com cruéis repreensões: donde nosso mestre Jesus Cristo, cujo Evangelho prometemos observar, disse que os sãos não têm necessidade de médico, mas os enfermos; e que não tinha vindo chamar à penitência os justos, mas os pecadores; e por isso ele frequentes vezes comia com eles. (I Fioretti, Capítulo 26)

A história da couve

A capacidade psicológica e o saudável bom senso de Francisco encantam, bem como sua insistência sobre como o bom humor, o sorriso e a cortesia abrem todas as portas, especialmente as do coração.

É assim que, em uma leitura mais profunda, podemos encontrar na "história da couve" uma espécie de pequena história zen, que parece tirada de algum antigo texto budista japonês...

Uma vez em que Francisco se encontrava na ermida, chegaram dois rapazes que queriam entrar para a pequena comunidade. Francisco os recebeu e como primeira tarefa pediu-lhes para plantar couves no horto, recomendando-lhes que as plantassem com as raízes voltadas para cima. Um deles era um camponês e respondeu ao estranho pedido que as couves não poderiam se desenvolver se plantadas de maneira invertida. Mas Francisco parecia não prestar atenção àquela lógica objeção, insistindo que queria as raízes das couves apontadas para o céu, ao contrário. O outro rapaz pegou sua couve e seguiu as instruções de Francisco. Como terminou? O camponês foi mandado de volta para o campo, com a bênção de Francisco, que o incitou a ser um bom camponês, enquanto o outro foi admitido no grupo dos irmãos.

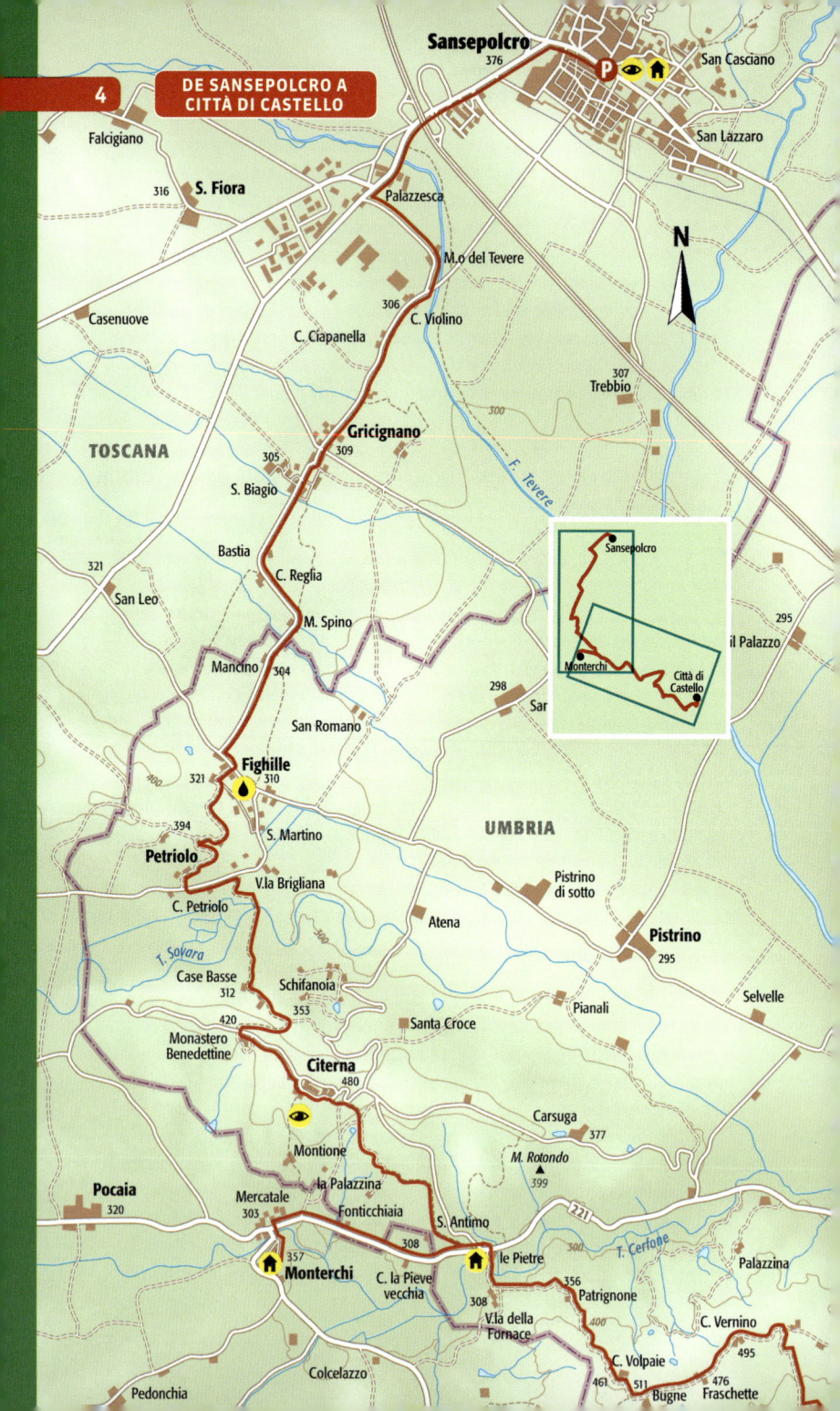

4 — DE SANSEPOLCRO A CITTÀ DI CASTELLO

Sansepolcro 376

Falcigiano
S. Fiora 316
San Casciano
San Lazzaro
Palazzesca
M.o del Tevere
Casenuove
C. Ciapanella
C. Violino 306
Trebbio 307
TOSCANA
F. Tevere
Gricignano 309
305
S. Biagio
Bastia
321
C. Reglia
San Leo
M. Spino
il Palazzo 295
Mancino 304
San Romano
298
Fighille 310
321
UMBRIA
394
Petriolo
S. Martino
Pistrino di sotto
V.la Brigliana
C. Petriolo
Atena
T. Sovara
Case Basse 312
Schifanoia 353
Santa Croce
Pianali
Pistrino 295
Selvelle
420
Monastero Benedettine
Citerna 480
Carsuga 377
M. Rotondo 399
Montione
Pocaia 320
la Palazzina
Mercatale 303
Fonticchiaia
S. Antimo
T. Cerfone
308
le Pietre
Palazzina
Monterchi 357
C. la Pieve vecchia
308
Patrignone 356
C. Vernino
V.la della Fornace
Pedonchia
Colcelazzo
C. Volpaie
Bugne 511 461
Fraschette 476
495

Inset: Sansepolcro — Monterchi — Città di Castello

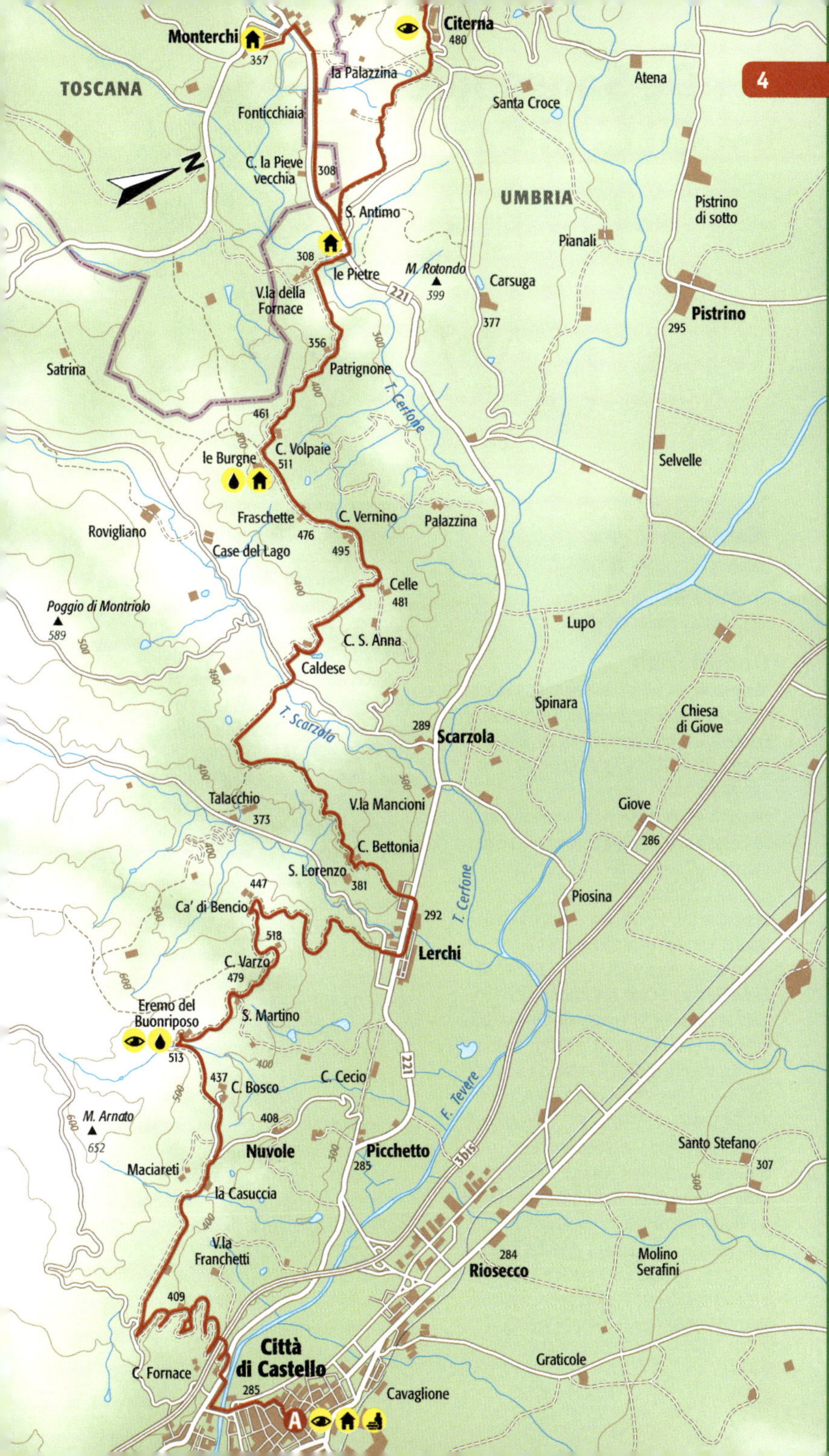
Monterchi
357
Citerna
480
TOSCANA
la Palazzina
Atena
Santa Croce
Fonticchiaia
N
C. la Pieve vecchia
308
UMBRIA
S. Antimo
Pistrino di sotto
Pianali
308
le Pietre
M. Rotondo
399
Carsuga
221
V.la della Fornace
377
Pistrino
295
356
Patrignone
Satrina
T. Cerfone
461
C. Volpaie
511
le Burgne
Selvelle
Fraschette
C. Vernino
Palazzina
Rovigliano
476
495
Case del Lago
Celle
481
Poggio di Montriolo
589
Lupo
C. S. Anna
Caldese
Spinara
Chiesa di Giove
T. Scarzola
289
Scarzola
V.la Mancioni
Giove
Talacchio
373
286
C. Bettonia
S. Lorenzo
381
447
Piosina
Ca' di Bencio
292
T. Cerfone
518
Lerchi
C. Varzo
479
Eremo del Buonriposo
S. Martino
513
221
437
C. Bosco
C. Cecio
F. Tevere
M. Arnato
652
408
Nuvole
Picchetto
285
Santo Stefano
307
Maciareti
3bis
la Casuccia
V.la Franchetti
284
Riosecco
Molino Serafini
409
Città di Castello
C. Fornace
Graticole
285
Cavaglione
A

4 De Sansepolcro a Città di Castello

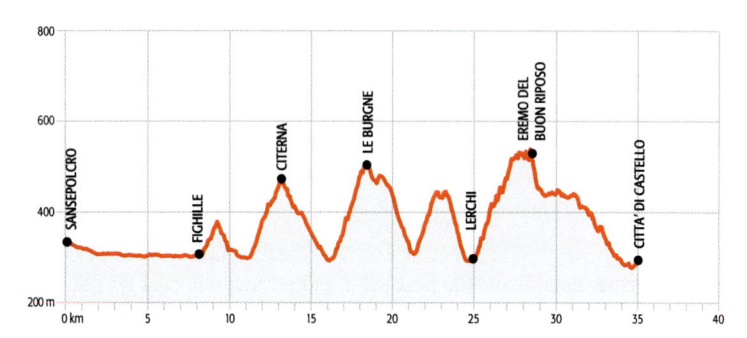

DISTÂNCIA:	**35 km**
DESNÍVEL EM SUBIDA:	**710 m**
DESNÍVEL EM DESCIDA:	**750 m**
TEMPO:	**8 horas**
DIFICULDADE:	**muito difícil**

Onde dormir

Monterchi: a 1 km do museu onde se encontra o afresco *Madonna del Parto*, de Piero della Francesca, *Agriturismo Draghi*, *località* Pocaia, 64, tels.: 0575.70.169 / 339-39.59.147 / 333-86.23.049.
Disponibilidade de serviço de transporte.
La Casetta del Glicine, a 5 minutos a pé do museu da *Madonna del Parto*, vizinho a Citerna. Lugar tranquilo e confortável, que aluga quartos, 4 vagas em camas e café da manhã a preços para peregrinos.
Tratar com Raffaella, tel.: 338-45.62.547. ✆

Entre Citerna e Città di Castello: *B&B Tao*, *località* Le Pietre, 97 (passando Citerna, em direção a Città di Castello, a 100 m, à esquerda do cruzamento entre o Cammino e a *Strada Statale* 221), preços para peregrinos, tels.: 331-74.31.965 / 335-69.54.277, manudicre@gmail.com. Atende-se a pedidos feitos com antecedência para ser acompanhado a uma visita à *Madonna do Parto*, em Monterchi. ✆
Agriturismo Le Burgne, hospedagem em dormitórios e quartos; 18 a 26 leitos, preços para peregrinos. Patrizia, a proprietária, é muito gentil e faz o máximo para atender aos peregrinos!
Tels.: 075-85.02.020 / 329-01.92.923. ✆

Città di Castello: *Monastero di Santa Cecilia*, das clarissas, no centro, *via* della Fraternità, 1; tel.: 075-85.53.066.
Depois de um período fechada para reformas, a hospedagem está aberta novamente e os peregrinos são recebidos com júbilo!
Residenza Antica Canonica, no centro histórico, ao lado do *duomo*. Preços para peregrinos. Apartamentos (2 a 8 leitos), com cozinha equipada. Tratar com Elisa, tels.: 075-85.23.298 / 347-15.64.910.
Hotel Umbria, *via* dei Galanti (travessa da *via* Sant'Antonio, no centro), tel.: 075-85.54.925. O hotel 2 estrelas está disposto a fazer um preço especial para os peregrinos; pernoite, jantar e café da manhã.
Affittacamere La Mattonata, *via* della Mattonata, 3/a, 12 leitos (6 quartos) com banheiro e uso da cozinha, preços especiais para peregrinos, info@lamattonata.it, tels.: 389-96.22.407 / 329-89.95.234.
Piadineria Vecchia Rimini, *via* Plinio il Giovane, 2/h, no centro histórico, 10% de desconto para os peregrinos.
Ristorante Pizzeria La Comitiva, *via* Pinchitorzi, apresentando a credencial; menu peregrino a 12 €.
Saindo de Città di Castello, pela *strada provinciale* n. 106 (via Fratelli Rosselli, 17), menos de 1 km depois do *Convento degli Zoccolanti* e logo antes da placa que indica o fim do centro habitado de Città di Castello, *B&B Casa Mori*, 2 a 4 leitos, possibilidade de uso da cozinha. 20 € por pessoa, café da manhã incluso. Hospedagem e ambiente familiar.

DE SANSEPOLCRO A CITTÀ DI CASTELLO 4

Etapa longa, que pode ser fracionada em duas ou três partes. Atravesse a planície de plantações e muito verde de Val Tiberina, passe pela pequena cidadezinha medieval de Citerna e, depois, em Monterchi, onde uma das obras-primas máximas do Renascimento espera o peregrino: a *Madonna del Parto*, de Piero della Francesca.
As subidas e descidas se alternam em uma sucessão de paisagens, sempre muito encantadoras. A visita à ermida franciscana do Buon Riposo é uma pausa intimista no verde do bosque.

Esta é uma etapa longa, mas muito agradável. Ela começa na planície, depois segue em subidas, ora íngremes, ora suaves, o cume das montanhas à direita de Valtiberina. Saia da cidade pela porta Fiorentina, que está no fim da rua principal, via XX Settembre. Siga depois por 150 metros por uma avenida e, em seguida, vire à esquerda na *strada statale* que leva a Arezzo. Prossiga passando sob a ponte da *superstrada* e caminhe outros 800 metros até um grupo de casas (*la Palazzesca*). Aqui, à esquerda, entre em uma estradinha asfaltada que beira uma casa amarela (placa "Ippovia violino") e segue um riacho, passando entre campos e um conjunto de casas. Siga até o fim, ignorando os cruzamentos. A estradinha atravessa uma estrada asfaltada para Gricignano: atravesse e siga direto. Ao passar o grupo de casas à direita, chega-se em Bastia. Aqui estamos na Úmbria! Continue a seguir essa estradinha que agora é asfaltada. Passe o *agriturismo* Torre del Guado e, ultrapassado um pequeno grupo de casas, Mancino, siga até uma parada. Então vire à esquerda e, depois de 100 metros, vire à direita, seguindo a indicação para Santa Maria in Petriolo.

Assim, atravessamos toda a planície do alto vale do Tibre e começamos a percorrer as colinas que a delimitam a oeste. No primeiro cruzamento, vire à esquerda (*via* Garbiotti) e, depois, de novo à direita, em uma estrada de mão única: estamos agora na *località* Fighille. Siga a via em subida para a esquerda; passe o cemitério que está à direita e, depois de cerca de 200 metros, deixe o asfalto e pegue à esquerda uma estradinha que beira a cerca de uma propriedade particular, para, depois, entrar no bosque em descida. O caminho, agora, desce sensivelmente até chegar a uma estrada asfaltada principal; atravesse-a e siga em direção à Citerna. Depois de um breve trecho plano, deixe o asfalto para pegar uma estrada de terra plana, à direita, que depois começa a subir até chegar às portas de Citerna, terminando em frente ao mosteiro dos beneditinos (pode-se pedir aos gentis monges tanto o carimbo na credencial quanto permissão para visitar a igreja).

A partir de Citerna, quem quiser dar uma esticada até Monterchi para admirar a esplêndida *Madonna del Parto*, de Piero della Francesca, pode descer sem rodeios, pegando a estradinha que beira o hotel Sobaria (cerca de trinta minutos). Nesse caso, o caminho pode ser retomado seguindo-se a *strada provinciale* em direção a Città di Castello, para, depois, voltar ao roteiro no cruzamento para Patrignone.

4 DE SANSEPOLCRO A CITTÀ DI CASTELLO

Passada Citerna, vire à esquerda e, depois de 500 metros, vire à direita antes de uma pequena capela. A estradinha desce suavemente até chegar a uma estrada asfaltada que vem de Monterchi e pode ser atravessada entrando-se na estradinha para Patrignone (Atenção: estrada movimentada!). Em pouco tempo, a estrada começa a subir, virando à esquerda, depois faz uma curva à direita e, passando próximo a uma casa, segue reto, ladeando um campo, ao fim do qual se pega o carreador à direita, que entra no castanhal. Atravesse-o até seu cume, em seguida faça uma curva à esquerda, sempre subindo, depois à direita, e, chegando à estrada de terra no topo, a qual faz uma curva à esquerda, encontra-se um visual magnífico! Siga pelo alto do morro, passando pelo *agriturismo* de Burgne.

Esse trecho elevado da estrada continua até a belíssima aldeiazinha de Celle, que se ergue no cume de uma colina. Antes da subida para a cidade, vire à direita pelo caminho que leva a Caldese. Em descida, siga até um cruzamento com uma estrada asfaltada maior, vire à esquerda e, na primeira à direita, saia do asfalto. A trilha volta a subir em meio a plantações, através de uma bela criação de búfalos; os proprietários, muito gentis, produzem muçarelas excelentes, prove para conferir! Prossiga então beirando um campo, virando à esquerda (com chuva, o trecho fica cheio de lama!). Vire em seguida à esquerda no cruzamento bem sinalizado e, em subida, ladeie um outro campo até o topo da colina. Entre num pequeno bosque de pinheiros seguindo um caminho que logo começa a descer. Aqui, a estradinha torna-se uma trilha que vira à direita; aos pés do peregrino está a aldeia de Lerchi, aonde logo se chegará, e, atrás dela, Città di Castello ✍. A descida se acentua até chegar à *località* San Lorenzo. Aqui, vire à direita, ladeando um vinhedo em descida (Atenção! Foi notada a presença de placas que levam para fora deste caminho, mas se devem seguir as indicações do guia), depois de cerca de cinco minutos de caminhada, chega-se ao asfalto: vire à esquerda. Siga então até a primeira via que se encontra à direita, entre as casas, e entre nela.

Se não for parar no Eremo di Buon Riposo [Ermida do Bom Repouso], este último trecho de estrada, aliás belo, pode ser evitado, seguindo direto, pelo asfalto, até **Città di Castello**.

Mas, se preferir caminhar longe do tráfego, coragem: pegue a via à direita das casas, outra subida de 2,3 km, e será recompensado por esse último esforço pela beleza do lugar! Siga em subida por um pequeno bosque até uma grande casa; Varzo, dali a 800 metros, quase no plano, está o **Eremo di buon Riposo**, na mesma estrada que, passada a casa, segue reto (plaquinhas "Cai mc"). Mantenha sempre a esquerda para chegar ao portão da ermida que agora é possível visitar e vale a pena! Daqui, a estrada começa a descer suavemente; no primeiro cruzamento, vire à direta e, no segundo, também à direita, em direção a Villa la Montesca, onde, no começo do século passado, Maria Montessori começou a capacitar os professores que levariam adiante seu método educacional. Passado o *camping la Montesca*, vire à esquerda na estrada asfaltada que leva à cidade, passando sobre o Tibre.

DE SANSEPOLCRO A CITTÀ DI CASTELLO 4

O que ver

Citerna Diminuta cidade medieval fundada pelos etruscos. Preserva a fortaleza e as muralhas medievais que a rodeiam inteiramente, com uma estrutura coberta em quase toda a extensão. Em 1917, sofreu um terremoto devastador que arrasou igrejas como a de San Giacomo e o *Ospitale di Sant'Antonio*, testemunha da passagem dos peregrinos a caminho de Roma. Reza a tradição popular que, quando São Francisco parou ali, abençoou a colina, chamando-a "o monte sagrado". Desde então se diz que os terremotos, que tantas vítimas fizeram nos povoados do vale, pouparam os cidadãos de Citerna. Vale a pena visitar a igreja de São Francisco e a de São Miguel Arcanjo, que conserva uma bela obra do pintor Pomarancio.

Eremo del Buon Riposo Parada de descanso para São Francisco. Com a passagem dos séculos, transformou-se de pequena gruta em ermida; hoje é de propriedade da família Rossi, que fica aqui de maio a novembro e a salvou do abandono; quem quiser visitá-la deve ligar com antecedência para o jovem e simpático zelador Andrea, que ficará feliz em servir de guia. Tel.: 333.54.07.782.

Città di Castello À margem esquerda do Tibre, é uma cidadezinha pequena, fundada pelos umbros, mais tarde *municipium* romano, com o nome de Tifernum Tiberinum. No século I d.C., Plínio, o Jovem, vivia aqui, numa vila dos arredores. Destruída pelos godos, a cidade foi reconstruída e fortificada pelo bispo Florido, passando depois para o domínio dos bizantinos e, em seguida, dos longobardos. Depois de dominada pelos francos, passou para a Igreja até se transformar numa comuna livre no século XII, com o nome de *Civitas Castelli*. Subjugada por Florença e, depois, por Perugia, no século XV tornou-se domínio da família nobre Vitelli, que valorizou a cidade com igrejas e palácios. Com a investidura de César Bórgia, passou ao poder pontifício até a unificação da Itália. É ainda circundada por uma vigorosa muralha do século XVI. Muito interessante é a Pinacoteca da comuna, com obras-primas de Rafael, Luca Signorelli, Giovanni e Andrea della Robbia, Pomarancio e Ghirlandaio.

4

Francisco em Città di Castello

Também em Città di Castello havia uma mulher possuída pelo demônio. Como o bem-aventurado Francisco estivesse nesta cidade, a mulher foi conduzida à casa em que ele estava. E aquela mulher, ficando fora, começou a ranger os dentes e a urrar com rosto ameaçador e com voz digna de compaixão, como é o costume dos espíritos imundos. Muitos daquela cidade, de ambos os sexos, aproximando-se, rogaram a São Francisco pela mulher; pois por muito tempo aquele maligno tanto a afligia com tormentos quanto os perturbava com os urros. Então, o santo pai mandou-lhe um irmão que estava com ele, querendo experimentar se seria o demônio ou um fingimento de mulher. Aquela mulher, vendo-o, começou a zombar dele, sabendo que absolutamente não era São Francisco. O santo pai estava dentro rezando e, terminada a oração, foi para fora; e a mulher começou a tremer e a revolver-se sobre a terra, não suportando a virtude dele. Chamando-a para perto de si, Francisco disse: "Em virtude da obediência, ordeno-te, espírito imundo, sai dela". Ele a deixou imediatamente sem qualquer lesão [...]. (Frei Tomás de Celano, *Primeira vida de São Francisco*, Primeiro Livro, Capítulo XXVI)

Arredores de Cerbaiolo

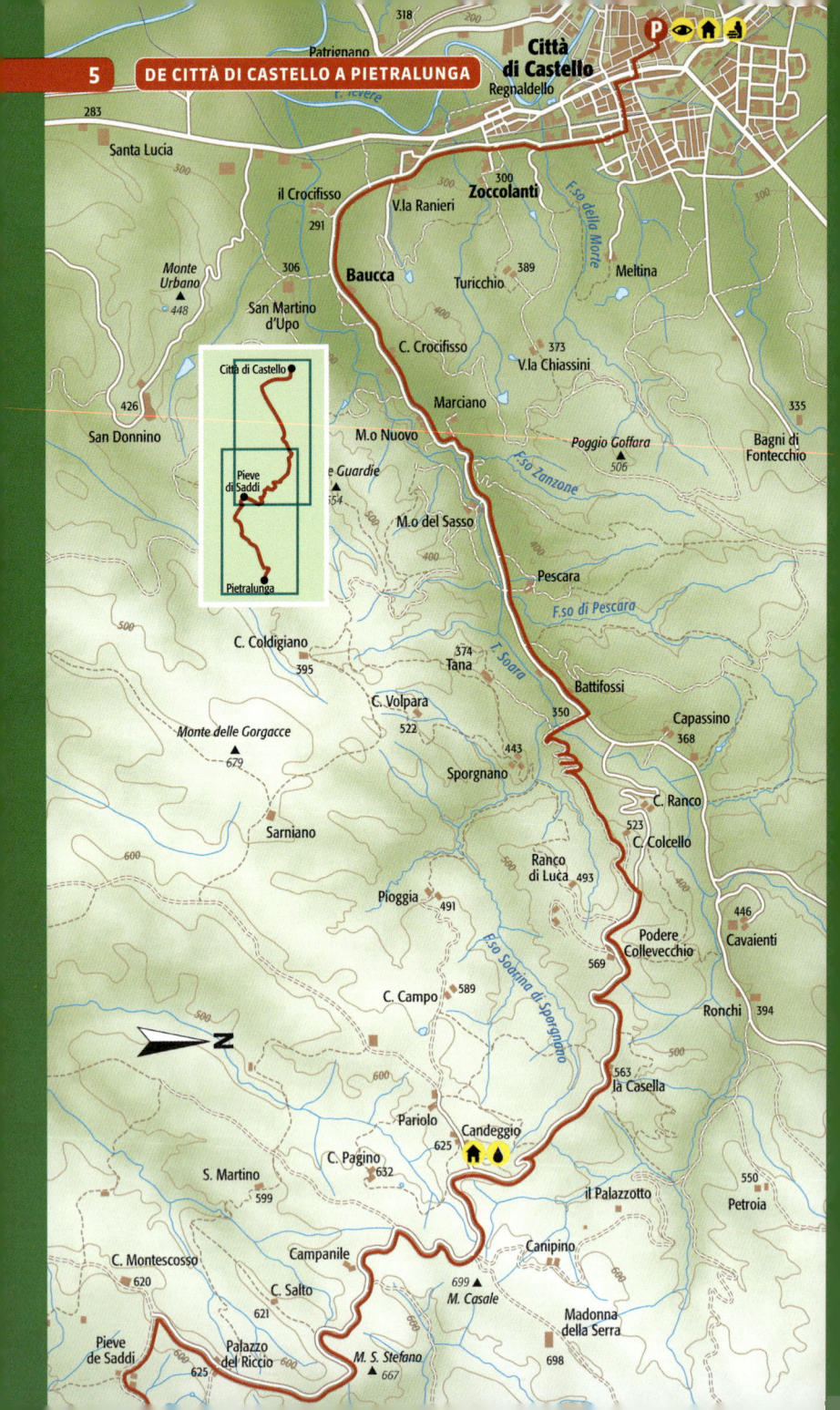

5 DE CITTÀ DI CASTELLO A PIETRALUNGA

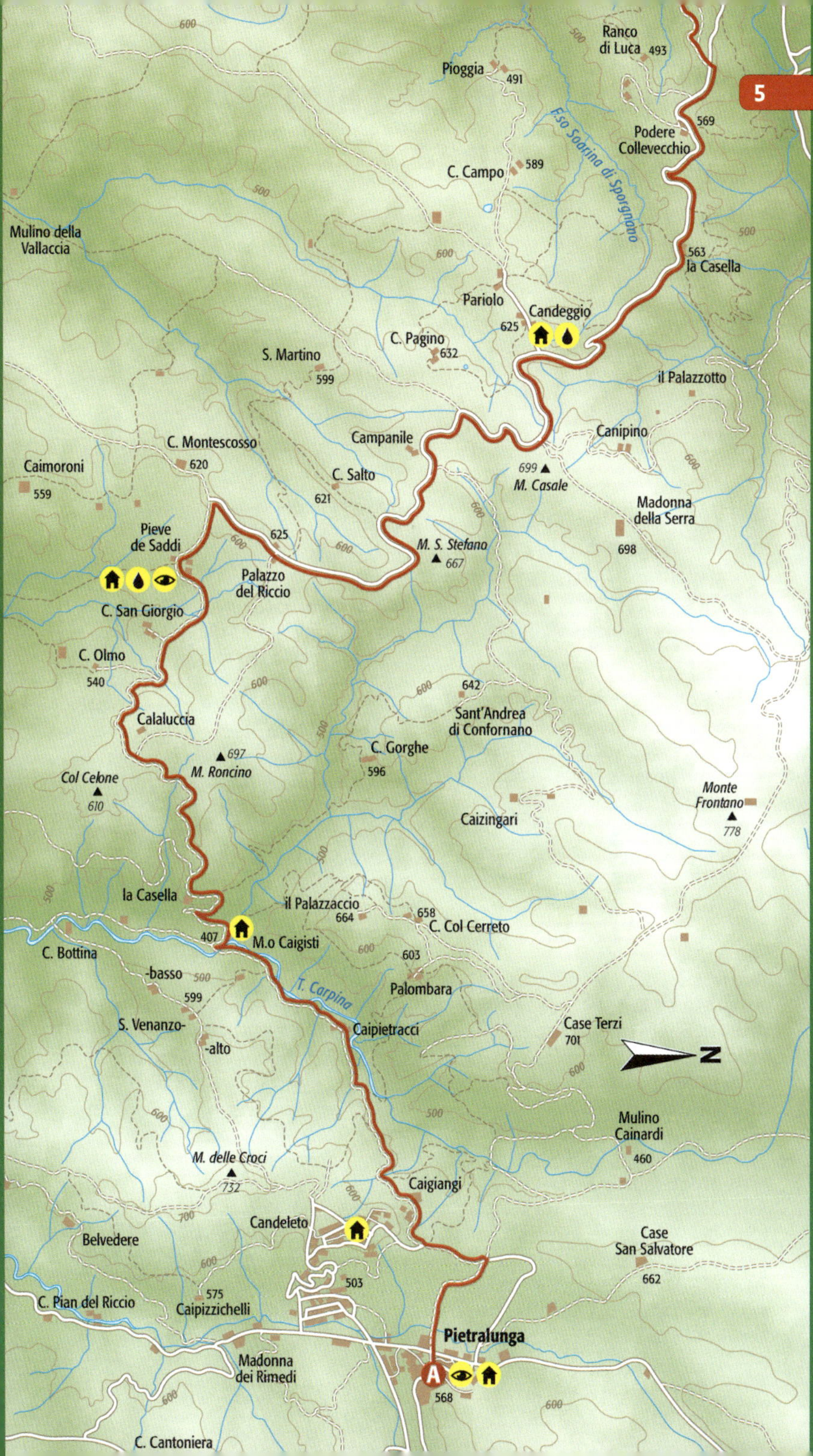

Ranco di Luca
493
Pioggia
491
Fso Soarina di Sporgnano
Podere Collevecchio
569
C. Campo
589
Mulino della Vallaccia
563
la Casella
Pariolo
Candeggio
625
C. Pagino
632
S. Martino
599
il Palazzotto
C. Montescosso
620
Campanile
Canipino
Caimoroni
559
C. Salto
621
699
M. Casale
Madonna della Serra
698
Pieve de Saddi
625
M. S. Stefano
667
Palazzo del Riccio
C. San Giorgio
C. Olmo
540
642
Sant'Andrea di Confornano
Calaluccia
697
M. Roncino
C. Gorghe
596
Col Celone
610
Monte Frontano
778
Caizingari
la Casella
il Palazzaccio
664
658
C. Col Cerreto
407
M.o Caigisti
C. Bottina
603
-basso
599
T. Carpina
Palombara
S. Venanzo-
-alto
Caipietracci
Case Terzi
701
N
Mulino Cainardi
460
M. delle Croci
732
Caigiangi
Candeleto
Belvedere
Case San Salvatore
662
503
C. Pian del Riccio
575
Caipizzichelli
Pietralunga
Madonna dei Rimedi
A
568
C. Cantoniera

5 De Città di Castello a Pietralunga

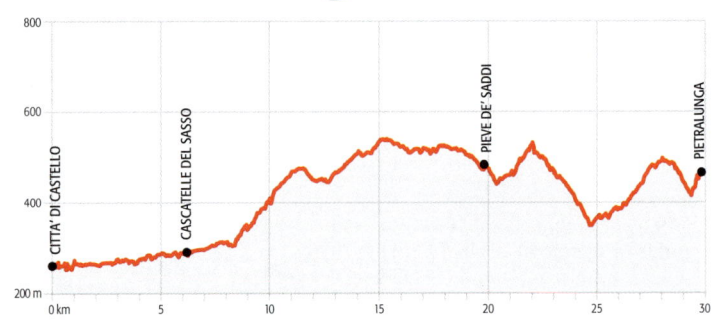

DISTÂNCIA:	**29,8 km**
DESNÍVEL EM SUBIDA:	**710 m**
DESNÍVEL EM DESCIDA:	**430 m**
TEMPO:	**9 horas**
NÍVEL DE DIFICULDADE:	**muito difícil**

Onde dormir

CANDEGGIO: na metade do caminho entre Città di Castello e Pietralunga (antes de Pieve de' Saddi, 100 m à direita do percurso); Michela e Roberto, peregrinos de Assis e Santiago, hospedam na antiga casa paroquial, com 12 leitos, permitem o uso da cozinha, para jantar, café da manhã e, mediante prévio aviso, almoço. Hospedagem para quem viaja a cavalo: info@chepasso.org; tels.: 075-85.26.282 / 339-67.75.132 (Michela) / 382-46.63.141 (Roberto). ☎

PIEVE DE' SADDI: *Ostello parrocchiale*. Lugar onde é possível jantar, pernoitar, tomar café da manhã, só almoço ou ainda, simplesmente, onde se pode fazer uma parada para se refrescar. Tudo com contribuição dos peregrinos (mas não abuse! Alexja e Federico são peregrinos voluntários com um grande coração). Possibilidade de visitar *La Pieve*, a igreja mais antiga da diocese de Città di Castello; pievesaddi@gmail.com. Tel.: 349-81.19.975; Alexja, tel.: 380-51.48.148, Federico, tel.: 329-56.20.677. Aberto o ano todo.
Na metade do caminho entre Pieve de' Saddi e Pietralunga, a 4 km de distância das duas, em **LOCALITÀ CAIGISTI**, *Casa Vacanze il Pioppo*,

preços para peregrinos. Possibilidade de jantar e café da manhã. Os queridos Lilli e Davide fazem de tudo pelos peregrinos! Tels.: 075-85.55.258 / 368-73.66.512. ☎

BORGO DI CORTOLLA: 1 km antes de Pietralunga, à esquerda do cruzamento para Candeleto. *Agriturismo Borgo di Cortolla*, 13 leitos em apartamentos, com possibilidade de preparar o café da manhã. Preços variáveis para peregrinos, conforme se queira o café da manhã servido ou então preparado por conta própria. Mediante pedido prévio, também é possível encomendar uma compra de supermercado para preparar o jantar ou, então, encomendar a carne produzida lá mesmo para fazer um churrasco. Tels.: 349-7483.897 (24 horas por dia) / 075-94.60.947 (no horário das refeições). Convênio com restaurantes a 800 m. ☎

LOCALITÀ CANDELETO: com vista para a pequena aldeia de Pietralunga, que se acha no cume de uma montanha à primeira vista mais baixa, está o *Hotel Candeleto* (tel.: 075-94.60.083); os proprietários são muito gentis. Quartos com banheiro, 3 ou 4 leitos, aberto de março a outubro. Preços para peregrinos. Se estiver com barraca: *Campegio Pineta*, aberto de maio a agosto, com restaurante e lanchonete para refeições rápidas.

PIETRALUNGA: *B&B Gaigo*: via Roma, 55. A poucos passos da praça central; 4 leitos, com cozinha, café da manhã e chuveiro. *Wi-fi* gratuito. Preço para peregrinos: 20 €. E-mail: nico.ortali@gmail.com. Tels.: 349.87.09.198; 333.15.38.735. Tratar com Nicoletta ou Andrea, respectivamente.

DE CITTÀ DI CASTELLO A PIETRALUNGA 5

Pietralunga Parrocchia. O novo e simpático pároco dom Francesco continua a tradição e acolhimento do mítico dom Salvatore, 9 leitos disponíveis, mas logo serão mais. Ligue com antecedência (é importante, pois ele não mora ali) para 328 03.38.261 ou mande e-mail para donfranci@inwind.it.
B&B Villa Ginevra, 8 leitos, café da manhã e uso da cozinha. Preços para peregrinos. Tels.:
075-94.62.077 / 335-57.43.249 / 347-93.44.579. ➌
Hotel Tinca, no centro da aldeia, a 150 m da igreja, *via* Marconi, 7; 9 quartos, preços para peregrinos, aberto o ano todo, tel.: 075-94.60.057. O efusivo sr. Tinca confundirá o peregrino quanto ao trajeto, com suas próprias teorias, como, aliás, todo mundo em Pietralunga, mas é um excelente e entusiasmado anfitrião. ➌

Saindo da cidade, vá na direção leste da Úmbria, pelas tranquilas estradas que, pelo silêncio da natureza, levam à solitária e mística Pieve de' Saddi. Em seguida, com curtas subidas e descidas, chegamos à pequena aldeia de Pietralunga.

Saia da cidade pela Piazza Garibaldi; quando chegar às muralhas, vire à direita na estrada para Perugia. Atrás do posto de gasolina Agip está o bar "3 bis", que abre às 5 da manhã, onde os madrugadores podem tomar o café! Passe por uma rotatória e, na rotatória seguinte, vire à esquerda e cruze a passagem subterrânea; na placa "pare", vire à direita, pegando a estrada que vai para Baucca e, pouco depois, segue paralela ao curso do rio Soaria. A estrada é asfaltada e sombreada por árvores, a paisagem é doce, e o Caminho sobe levemente. Atenção: ignore a trilha à direita com placa e letreiros "Cai per Candeggio" e "Pieve de' Saddi" e prossiga pelo aprazível vale que se estreita perto de il Sasso (bar), onde o rio forma pequenas cachoeiras.

O caminho continua no plano; depois de cerca de 2 km, antes da estrada asfaltada que leva a Pieve de' Saddi, vire à direita e pegue uma estradinha que passa à esquerda de uma casa. Pouco depois, a estradinha sobe bastante íngreme e tortuosa, fazendo uma curva à esquerda e desaguando depois numa estrada asfaltada mais no alto, a qual vira à direita. A estrada sobe por colinas muito verdes e silenciosas e tem uma sucessão de curvas que estão sempre a oferecer novos panoramas. Aqui a Úmbria está em sua melhor forma!

Ao fim dessa estrada, vire à direita na *provinciale* que será percorrida por um pequeno trecho. Aproximadamente a 5 km de Pieve de' Saddi, a estrada começa a descer até a *pieve*, uma igreja rural que se encontra no meio de um grande campo. A estrutura é bela, recentemente foram feitas obras de restauração, e agora é possível se hospedar ali. No muro da construção pegada à igreja existe uma fonte. A partir da *pieve*, a estrada desce para, depois, subir um pouco e descer novamente, tornando-se asfaltada. No final dela, siga reto pelas descidas (a Casa Vacanze il Pioppo está aqui) e suba até o cruzamento para Candeleto. No topo da colina, encontra-se tanto o hotel Candeleto quanto o *camping*. Quem for pernoitar ali deve virar à direita (de modo algum vire à esquerda) e seguir até um cruzamento, onde se vira à direita. Siga pela estradinha asfaltada até as primeiras casas; ali, faça uma curva bem fechada à esquerda, em uma estradinha de terra batida em descida. Seguindo então as placas, chega-se, numa subida, à praça de Pietralunga.

5 DE CITTÀ DI CASTELLO A PIETRALUNGA

PIETRALUNGA. *O outono das mil cores.*

O que ver

Pieve de' Saddi Uma atenção especial deve ser dispensada a esta igreja que surge onde se formou uma das primeiras comunidades cristãs na zona do alto Tibre. Naqueles tempos (século III), o alto vale do Tibre era pantanoso e insalubre, e os poucos habitantes dessas zonas viviam espalhados pelas colinas. O "grande prado", onde se ergue a *pieve*, é um verdadeiro altiplano, e aqui, em torno dos cristãos vindos para evangelizar a região, juntaram-se aqueles que se haviam convertido. O nome Pieve de' Saddi parece ser uma contração do nome Pieve dei Santi, porque aqui viveram três santos daqueles tempos de outrora: São Crescentino, aqui decapitado; São Florido, o bispo (padroeiro de Città di Castello), que morreu aqui em 599; e Santo Amâncio, um sacerdote.

A primeira *pieve* foi construída no século IV, mas a que nós podemos ver hoje é em parte da época dos romanos e, em parte, posterior. No passado, a igreja guardava uma peça denominada "costela do dragão" (é provável que, bem menos romanticamente, fosse uma costela de dinossauro) e a abóbada craniana de São Crescentino (com a qual os fiéis se benziam, colocando-a sobre a cabeça, para prevenir a dor de cabeça). Tanto a costela quanto a abóbada craniana estão agora sob a custódia do museu da catedral de Città di Castello.

Pietralunga Cidadezinha pequena, sobre uma colina, a 566 metros de altura. Foi fundada por povos umbros locais. Do período romano, restam numerosos vestígios de vilas e aquedutos. A afirmação do cristianismo a liga aos acontecimentos de Pieve de' Saddi e à figura de São Crescentino, a quem as lendas atribuem a morte do dragão, do qual falamos quando nos referimos à *pieve*. Os restos mortais de São Crescentino, martirizado em Pieve de' Saddi, foram sepultados aqui, mas depois foram furtados e levados para a catedral de Urbino. O santo tornou-se depois o padroeiro da cidade localizada na região das Marcas, centro da Itália. Pietralunga conserva o aspecto de burgo medieval, amuralhado e espremido em torno da fortaleza longobarda do século VIII, da qual, desde a praça, é possível admirar os vigorosos restos. Vale uma visita à Pieve de Santa Maria, igreja que remonta ao século XIII.

Caminhando em direção a Gubbio

Francisco, jogral de Deus

O canto

Pois seu espírito sentia, então, tanta consolação e doçura que quis chamar Frei Pacífico, que no mundo era chamado rei dos versos e foi um mestre de canto muito cortês; e queria dar-lhe alguns frades bons e espirituais, para que fossem com ele pelo mundo a pregar e a cantar os louvores do Senhor. [...]

E acrescentou: "Com efeito, o que são os servos de Deus, senão seus jograis, que devem erguer os corações dos homens e movê-los à alegria espiritual?". (*Espelho da perfeição (maior)*, Capítulo 100, 15-19)

E por vezes fazia coisas como estas. Quando fervia dentro dele a mais suave melodia do espírito, ele a expressava exteriormente em língua francesa, e a veia do divino sussurro, que seu ouvido captava furtivamente, prorrompia em júbilo [cantando em] francês. De vez em quando, como vi com os [meus próprios] olhos, ele colhia do chão um pedaço de pau e, colocando-o sobre o braço esquerdo, mantinha um pequeno arco curvado por um fio na mão direita, puxando-o sobre o pedaço de pau como sobre um violino e, apresentando para isto movimentos próprios, cantava em francês [cânticos] sobre o Senhor. (Frei Tomás de Celano, *Segunda vida de São Francisco*, Segundo Livro, Capítulo XC, 127, 1-3)

A alegria

[...] E amava tanto o homem cheio de alegria espiritual que por ocasião de um Capítulo, para admoestação geral, mandou que se escrevessem estas palavras: "Cuidem os irmãos para não se mostrar exteriormente sombrios e tristes hipócritas, mas mostrem-se alegres no Senhor, sorridentes, agradáveis e convenientemente simpáticos." (Frei Tomás de Celano, *Segunda vida de São Francisco*, Segundo Livro, Capítulo XCI, 128, 5-6)

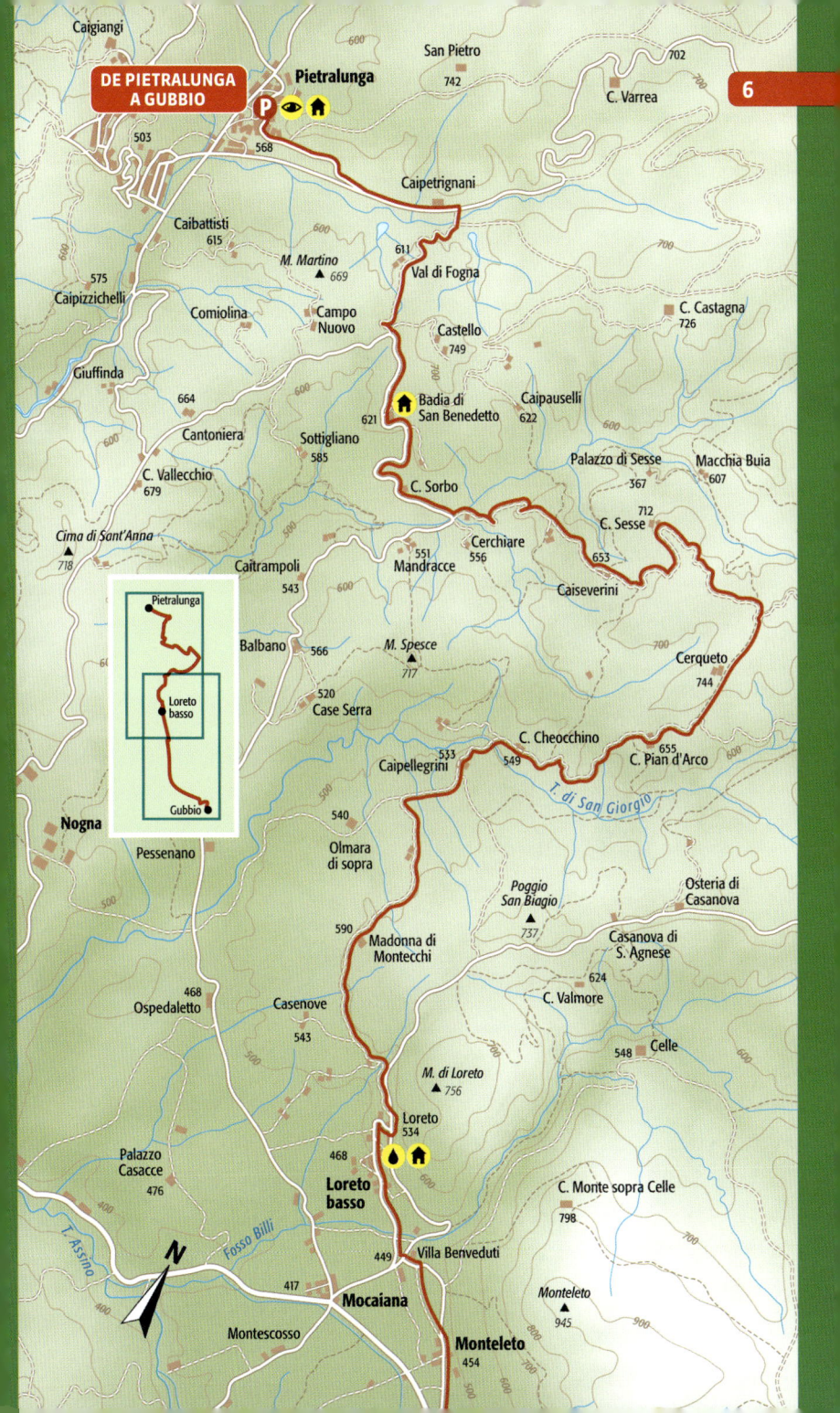

DE PIETRALUNGA A GUBBIO

6

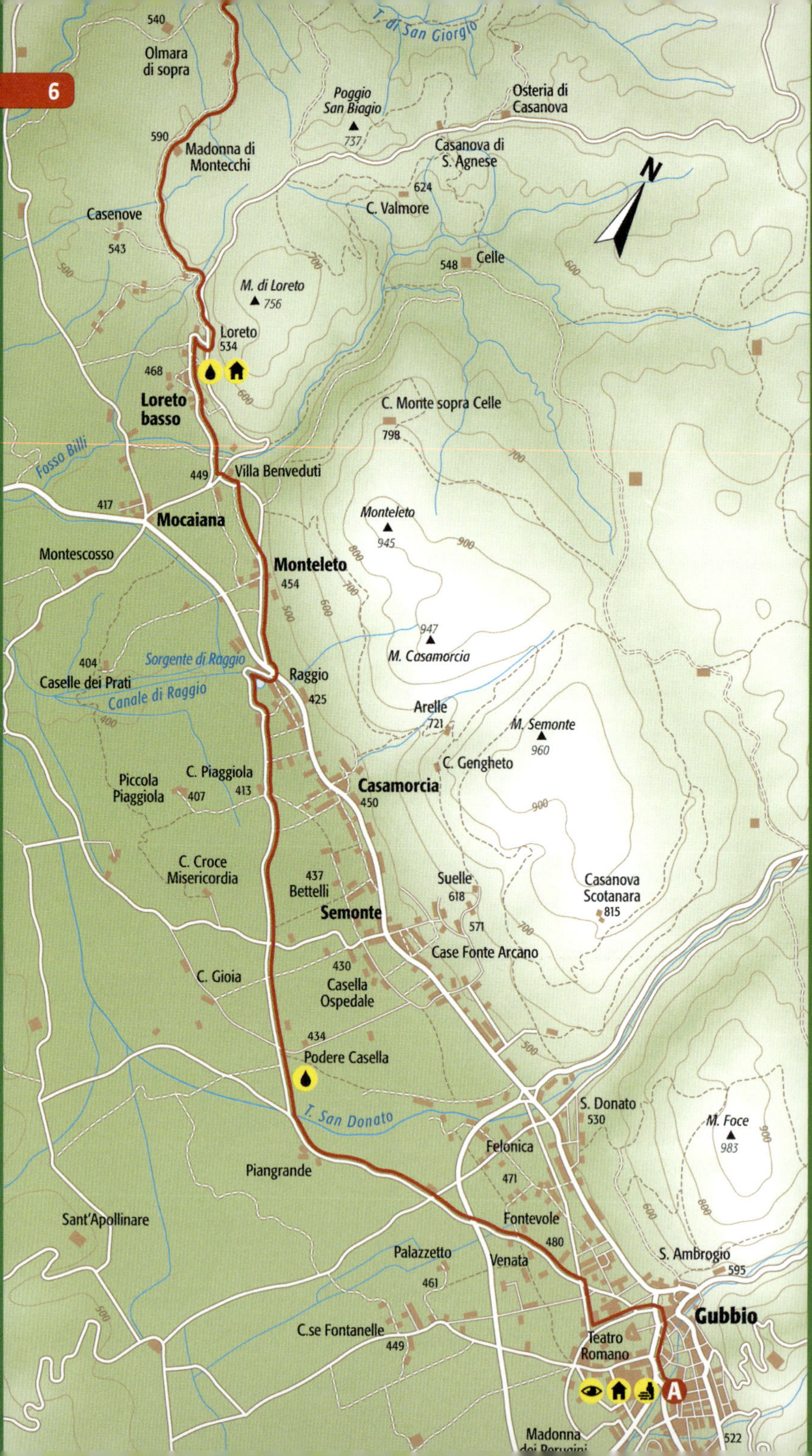
540
Olmara di sopra
T. di San Giorgio
Poggio San Biagio
737
Osteria di Casanova
590
Madonna di Montecchi
Casanova di S. Agnese
624
N
C. Valmore
Casenove
543
548
Celle
500
700
600
M. di Loreto
756
Loreto
534
468
Loreto basso
600
C. Monte sopra Celle
798
Fosso Billi
449
Villa Benveduti
700
417
Mocaiana
Monteleto
945
900
Montescosso
800
Monteleto
454
700
500
600
947
M. Casamorcia
404
Sorgente di Raggio
Caselle dei Prati
Raggio
Canale di Raggio
425
400
Arelle
721
M. Semonte
960
C. Gengheto
Piccola Piaggiola
C. Piaggiola
407
413
Casamorcia
450
900
C. Croce Misericordia
437
Bettelli
Suelle
618
Casanova Scotanara
815
Semonte
571
700
Case Fonte Arcano
430
C. Gioia
Casella Ospedale
434
Podere Casella
500
S. Donato
530
M. Foce
983
900
T. San Donato
Felonica
Piangrande
471
800
600
Sant'Apollinare
Fontevole
480
Palazzetto
Venata
S. Ambrogio
595
461
500
Gubbio
C.se Fontanelle
449
Teatro Romano
A
Madonna dei Perugini
522

De Pietralunga a Gubbio 6

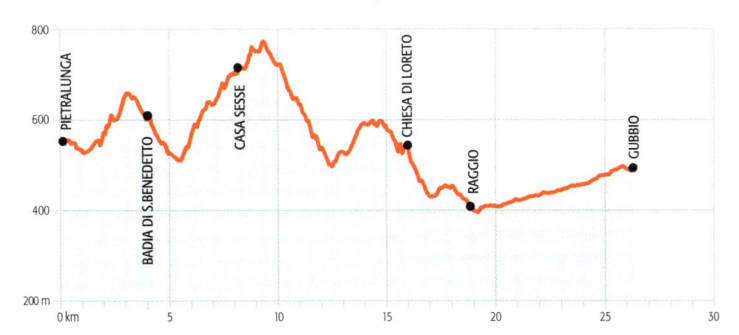

DISTÂNCIA:	**26,4 km**
DESNÍVEL EM SUBIDA:	**510 m**
DESNÍVEL EM DESCIDA:	**560 m**
TEMPO:	**8 horas**
NÍVEL DE DIFICULDADE:	**difícil**

Onde dormir

A 3 km de Pietralunga, na estrada de San Benedetto: *Bar Caidominici*, pernoite e café da manhã. Tel.: 075-92.41.007.

San Benedetto: 1 hora de caminhada, a partir de Pietralunga, *Agritur San Benedetto*, quartos, café da manhã, piscina. Preços para peregrinos, também para o jantar. Tels.: 075-94.60.635 / 349-32.15.695.

Loreto (9 km antes de Gubbio): *Casa paroquial* com leitos e chuveiro, consultar: Luca Cencetti, tel.: 346-08.99.676, luca.cencetti@hotmail.com.

Gubbio: desde 2014, a diocese de Gubbio tem uma *infoline* dirigida aos peregrinos que vão a Gubbio. Para informações sobre o caminho, hospedagem, lugares a visitar etc., pode-se ligar para 366.11.18.386.

Na *corso* Garibaldi, 100, a *Casa di Accoglienza Istituto Maestre Pier Filippini* dispõe de 16 camas em quartos com banheiro, tel.: 075-92.73.768.

Convento di Sant'Ubaldo, *via* Monte Ingino, 5; hospedagem com um máximo de 10 vagas; 2 salões para grupos numerosos com sacos de dormir. Tel.: 075-92.73872, stefanobocciolesi@libero.it, f.panfili@tin.it.

Convento di San Secondo, *via* Tifernate, 2; tel.: 075-92.73.869. Pouco além das muralhas da cidade, na *strada statale* que leva a Pietralunga (não aquela pela qual se veio), encontra-se o belo complexo medieval de San Secondo. Os cônegos têm uma casa para hospedar apenas grupos numerosos (no mínimo 30 pessoas!), em quartos com banheiro (2 a 4 pessoas); não há possibilidade de cozinhar e prefere-se receber hóspedes nos meses quentes.

Parrocchia di Sant'Agostino, informações com o padre responsável. Acomodação espartana. Tel.: 075-92.73.814.

Hotel Grotta dell'Angelo: quarto, jantar, café da manhã. Jantar com o menu do peregrino por 15 €. Tel.: 075-92.71.747.

Parrocchia Madonna del Prato, junto ao Oratório, 12 camas e 10 macas. Contribuição mínima. Possibilidade de usar a cozinha, mediante pedido e para grupos. Informações com dom Marco Cardoni. Ligar sempre antes para reservar e avisar. Tels.: 366.8656088. E-mail: madonnadelprato@gmail.com.

Sorelle del Piccolo Testamento di San Francesco, *via* xx Settembre, 8 vagas em quartos com banheiro, pictestn1@gmail.com, tel.: 329-71.99.958.

Convento di Sant'Agostino, *via* di Porta Romana, 7; os peregrinos podem dormir em sacos de dormir, no chão de salas de aula de catequese com 3 banheiros e 1 chuveiro com água quente; também há 26 leitos nos 10 quartos com banheiro. Padre Giustino: padregiustino@santagostino.net, tels.: 338-58.12.552 / 075-92.73.814.

Oratorio Don Bosco, via Massarelli, 4; oratoriodigubbio@libero.it, tel.: 075-92.73.924.
Suore del Seminario Diocesano, contato com irmã Edita, tel.: 075-92.73.738.
Convento di San Francesco, Piazza Quaranta Martiri, ofmconvgubbio@libero.it, tel.: 075-92.73.460.
Residenza di Via Piccardi, no centro histórico, abaixo do Palazzo dei Consoli, 6 quartos, solteiro e casal, com banheiro. Preços para peregrinos, apresentando a credencial. Tels.: 075-92.76.108 / 349-39.10.155. ❼
Residenza Via Dante, 4 quartos com banheiro e 8 miniapartamentos. Ligar para Barbara (tels.: 339-64.10.592 / 335-67.72.674). Sob a *residenza,* lugar para comer na *Locanda del Cantiniere* – apenas restaurante –, preço para peregrinos, apresentando o guia ou a credencial. Tel.: 075-92.75.999.

Ristorante Pizzeria il Bargello, em frente à *Fontana dei Matti* [Fontes dos Loucos], na *via* dei Consoli, 37; apresentando a credencial ao proprietário Paolo Vagnarelli, preços para peregrinos.
Bar del Corso, corso Garibaldi, 3, a poucos passos da igreja de San Francesco della Pace, que conserva a sepultura do lobo manso do Poverello di Assisi [Pobrezinho de Assis]. Para quem apresentar as credenciais, Elisabetta oferece um desconto de 10% em refeições, lanches, embalagens para viagem e aperitivos. Mediante reserva, café da manhã internacional, em bufê, para grupos.
Hotel Beniamino Ubaldi, via Perugina, 92; 60 quartos, restaurante e capela particular. Preços para peregrinos. Tel.: 075.9277773. E-mail: info@rosatihotels.com.

Durante esta etapa, mergulhamos em um vale imerso no silêncio e, por encostas e depois na planície, passamos por plantações, admirando os altíssimos álamos característicos desse cantinho da Úmbria. No final, chegamos a uma de suas pérolas: a belíssima cidadezinha medieval de Gubbio.

Iniciamos o percurso do dia deixando a praça da cidade, percorremos a rua em frente às ruínas do castelo longobardo e seguimos sempre reto, ignorando os cruzamentos. Depois de cerca de 400 metros do ponto inicial, tome o caminho para Morena e depois pegue a primeira estrada de terra batida à direita, atravesse um pequeno curso d'água e siga em subida (somente no mapa está indicada a *località* Val di Fogna, uma propriedade rural que vamos contornar) até um cruzamento em forma de "T"; desça à direita e, depois de poucos metros, vire à esquerda na estrada asfaltada; estamos agora a algumas centenas de metros da abadia de San Benedetto, que dá nome ao local e, infelizmente, sempre está fechada; na parte interna, uma lápide confirma a crença popular de que Francisco teria parado aqui, a caminho de Alverne.

A estrada então desce até uma pequena ponte, onde se deve virar à esquerda numa estrada de terra que sobe, à sombra de jovens carvalhos. Assim percorremos vales solitários, subindo até uma casa, o Palazzo Sesse. Prossiga, rodeando um pequeno lago artificial, depois, num cruzamento, vire à direita, continuando a subir pela estrada. Depois de aproximadamente 1 km, em uma curva do caminho, vire à direita, entrando em um pequeno bosque de pinheiros; essa estradinha segue por cerca de 1,5 km entre as árvores para depois novamente se juntar a uma estrada de terra maior. Na interseção das

A corrida dos círios

Festa histórica e religiosa antiquíssima em memória de Ubaldo Baldassini, bispo de Gubbio, morto em 16 de maio de 1160, depois de tantas realizações em prol de sua cidade (no entanto, a corrida que o homenageia é realizada na vigília do dia 15). Os habitantes de Gubbio sobem correndo as encostas do monte Igino, levando às costas "torres" de madeira (os círios, com alturas de até 4 metros) à igreja que conserva os restos mortais do bispo. Uma festa para ser desfrutada em meio à multidão, para compreender o quanto está incrustada no fundo da alma dos eugubinos. Nessa corrida não há vencedores, e a ordem de chegada à igreja é sempre a mesma: o círio de Santo Ubaldo é sempre o primeiro a entrar no claustro, seguido do de São Giorgio e Santo Antônio.

estradas, vire à direita e, depois de mais 1,5 km de grandes curvas em descida, vire outra vez à direita. O panorama é, sem dúvida, espetacular! A estrada começa a subir em largas curvas para depois descer novamente, passando por um aglomerado de casas. Pouco mais adiante, a igrejinha de Montecchi se desvela, e o panorama se abre sobre a grande planície de Gubbio.

Depois de 1 km quase no plano, chega-se ao Palazzo Valle, uma bela casa de pedra, à esquerda. Daqui em diante, a estrada é asfaltada. Pouco depois, em uma curva, encontra-se a Chiesa di Loreto [Igreja de Loreto], com um belo pátio sobre o vale, outra fonte para o peregrino e hospedagem. Vire à direita, entrando na estrada que, em descida, primeiro corre ao lado do pátio e depois desce para a parte baixa de Loreto. Atenção! Nesse ponto, as setas apontam para virar por trás da igreja, mas se deve ignorar a indicação e seguir o guia. A aproximadamente 1 km da igreja, vire à esquerda na *strada provinciale*, para depois, mas quase imediatamente, virar à direita, em direção a Monteleto; em seguida, vire outra vez à direita, passando diante da bela *villa* Benveduti. A estrada então segue agradavelmente pela encosta, à sombra de grandes carvalhos, para, então, descer para a *strada statale* que se deve atravessar para pegar a estradinha em frente. Aqui, a estrada faz uma curva à esquerda, e deve-se virar na primeira à direita. No primeiro cruzamento, depois de aproximadamente 100 metros, vire à esquerda e então caminhe ao lado da *strada statale* e, depois, atravesse por cima dela por uma ponte, depois vire novamente na primeira à esquerda, após uma casa onde se encontra uma bela fonte do peregrino. E, sempre numa estrada plana, chegue a Gubbio [✍] seguindo sempre reto e ignorando qualquer cruzamento que aparecer. Na rotatória, vire à direita; em frente está o teatro romano e, acima, a cidade.

O que ver

Gubbio A cidade é tão bonita e cheia de monumentos e lugares para visitar que o conselho para quem está no Caminho é parar aqui por um dia. Há muito o que ver (igrejas, museus, obras de arte), só que, mais do que isso, a cidade tem uma atmosfera para curtir.

6 DE PIETRALUNGA A GUBBIO

Gubbio é uma cidade em que logo de manhã ainda se ouvem tocar os sinos, que são muitos, e cada um tem uma voz própria. As pedras branco-rosadas de suas ruas estreitas e às vezes muito íngremes reverberam ecos, que se misturam com o canto dos pássaros e o crepitar dos passos dos raros transeuntes. É como ser catapultado para uma outra era: só por alguns detalhes, como as antenas de TV, os cabos elétricos e os carros estacionados, somos lembrados de que estamos no presente. Siga então até a *piazza* Grande; ela parecerá imensa ao peregrino, com aquele seu parapeito que corta o céu, um espaço que, mais do que praça, é uma esplanada muito ousada, com certeza projetada para impressionar as pessoas da época, mas que consegue produzir o mesmo efeito em nosso tempo; a praça é feita de "arranha-céus de papel de seda". Vista sob a ótica da praça situada abaixo da igreja de São Francisco, na parte baixa da cidade, Gubbio parece pintada numa colina, uma sucessão de cenários onde se elevam torres e casas, todo o conjunto abraçado por muralhas que parecem desenhadas por uma criança com pinceladas de verde e longas silhuetas de ciprestes. Na Itália, provavelmente não existe cidade mais medieval do que essa, um lugar que, tal como está, parece saído de um afresco de outros tempos, permitindo, como que num passe de mágica, que se entre nessa cidade de outrora e se solte a fantasia. Para informações turísticas e guias de tudo o que tem para ver na cidade, dirija-se ao bem abastecido departamento de turismo, na *piazza* Oderisi, 6.

Igreja de São Francisco Construída sobre o armazém da família Spadalonga, foi consagrada trinta anos após a morte de Francisco, em 1256.

A abóbada e o claustro se destacam por sua imponente simplicidade. Em seu interior estão belos afrescos do século xiv. O convento vizinho abriga uma bela coleção de obras de arte franciscanas.

Fondaco degli Spadalonga [Armazém dos Spadalonga] A primeira etapa do êxodo de Francisco ao sair de Assis terminou em Gubbio, nas vizinhanças do armazém da família Spada, com o encontro entre Francisco e Giacomello Spadalonga, sobre o qual resta um testemunho nas reproduções de dois afrescos do século xiv. Neles, a casa, identificada pelo brasão familiar, está situada fora dos muros da cidade, em uma área ainda não edificada. Vestígios que podem ser atribuídos à antiga construção vieram à tona sob o chão desgastado da igreja atual, construída atrás do mesmo armazém. Entre outras evidências, uma tina quadrada, com assoalho inclinado e paredes arredondadas, provavelmente relacionada à atividade e aos negócios da família Spada.

Igreja de Santa Maria Della Vittoria (*La Vittorina*) A pequena igreja della Vittorina, às portas de Gubbio, é a primeira sede dos frades menores na cidade e tem relação com uma fase ainda itinerante dos frades, que a escolheram no caminho de Assis. A construção original remonta ao século ix, por obra do bispo Erfo, que a ergueu em memória de uma vitória sobre os bárbaros: daí o nome *ad Victorias*. Em 1213, Francisco obtevе sua custódia junto aos beneditinos de São Pedro, e os franciscanos continuaram a habitá-la até 1240, ano em que se transferiram para o novo convento. O interior é constituído de um único ambiente quadrangular de dimensões modestas, coberto com um singelo telhado de duas águas; as paredes da nave contêm decorações dos séculos XV e XVII.

A MAIOR ÁRVORE DE NATAL DO MUNDO Em 1981, um grupo de amigos resolveu fazer com luzinhas na colina acima da cidade o desenho de uma árvore de Natal. Desde então as luzinhas se transformaram em 730 lâmpadas ligadas por 8 km de cabos elétricos que formam a maior árvore de Natal do mundo, com uma altura de 650 metros, encimada por lâmpadas formando o desenho de um enorme cometa. As luzes ficam acesas de 7 de dezembro a 10 de janeiro, e, desde 1998, a árvore entrou para os recordes do Guiness.

6

Francisco em Gubbio

O lobo de Gubbio

Conhecemos a história do lobo de Gubbio desde a infância; muitas gerações a leram nos livros escolares. Mas o que uma leitura adulta revela é a capacidade de Francisco de ser um homem de paz desde o princípio de sua história espiritual e transformar um fato que poderia ter ficado à parte em um grande pretexto para pregar à multidão, colocando-a em condição de aceitar plenamente o que ele diz, assim como o lobo também aceitou. Entre duas partes em conflito, ele é quem oferece uma solução, entendendo as razões dos dois contendores e fazendo uma mediação de modo que nenhum dos dois saia prejudicado.

> [...] *apareceu no condado de Gúbio um lobo grandíssimo, terrível e feroz, o qual não somente devorava os animais como os homens [...] Pelo que São Francisco, tendo compaixão dos homens do lugar, quis sair ao encontro do lobo [...] pondo toda a sua confiança em Deus. [...] o dito lobo foi ao encontro de São Francisco com a boca aberta: e chegando-se a ele São Francisco fez o sinal da cruz e o chamou a si, e disse-lhe assim: "Vem cá, irmão lobo, ordeno-te da parte de Cristo que não faças mal nem a mim nem a ninguém". Coisa admirável! Imediatamente após São Francisco ter feito a cruz, o terrível lobo fechou a boca [...] e se lança aos pés de São Francisco como morto. Então São Francisco lhe falou assim: "Irmão lobo, tu fazes muitos danos nesta terra, e grandes malefícios [...] pela qual coisa és digno da forca [...] e toda a gente grita e murmura contra ti, e toda esta terra te é inimiga. Mas eu quero, irmão lobo, fazer a paz entre ti e eles; de modo que tu não mais os ofenderás mais e eles te perdoarão todas as passadas ofensas, e nem homens nem cães te perseguirão mais". [...] "Irmão lobo, [...] prometo te dar continuadamente o alimento enquanto viveres, pelos homens desta terra, para que não sofras fome; porque sei bem que pela fome é que fizeste tanto mal. Mas, por conceder esta grande graça, quero, irmão lobo, que me prometas não lesar mais a nenhum homem, nem a nenhum animal: Prometes-me isto?" [...] E estendendo São Francisco a mão para receber o juramento, o lobo levantou o pé direito da frente, e domesticamente o pôs sobre a mão de São Francisco, dando-lhe o sinal como podia. [...]*

Assim, lado a lado, entraram na cidade:

> [...] *E subitamente esta novidade se soube em toda a cidade; pelo que toda a gente, homens e mulheres, grandes e pequenos, jovens e velhos, vieram à praça para ver o lobo com São Francisco. E estando bem reunido todo o povo, São Francisco se pôs em pé e pregou-lhe dizendo, entre outras coisas, como pelos pecados Deus permite tais pestilências; e que muito mais perigosa é a chama do inferno [...] do que a raiva do lobo. [...]*

Francisco fez o lobo prometer que não voltaria a matar.

> [...] *Então o lobo, levantando a pata direita, colocou-a na mão de São Francisco* [...] *em todo o povo, tanto pela devoção do santo, e tanto pela novidade do milagre e tanto pela pacificação do lobo, que todos começaram a clamar para o céu, louvando e bendizendo a Deus* [...] *E depois o dito lobo viveu dois anos em Gúbio; e entrava domesticamente pelas casas de porta em porta* [...] *Finalmente, depois de dois anos o irmão lobo morreu de velhice: pelo que os citadinos tiveram grande pesar, porque, vendo-o andar assim mansamente pela cidade, se lembravam melhor da virtude e da santidade de São Francisco.* [...] (*I Fioretti*, Capítulo 21)

Existe um epílogo dessa história: na igrejinha dos construtores (onde se celebra a missa na manhã da Corrida dos Círios), está guardada uma pequena urna com os restos mortais do lobo, por direito cidadão ilustre da cidade!

A "fuga" de Francisco

Francisco foi obrigado a fugir de Assis; o seu gesto de recusa às leis de usura e da riqueza em que se baseava a vida dos abastados da cidade, entre os quais seus companheiros de vida até pouco antes, o tinha tornado estranho e incompreensível aos olhos de quem o tinha conhecido rico e brejeiro. A hostilidade instintiva ao que não compreendiam era a única reação possível das pessoas, e, assim, Francisco passou a precisar de espaço. Nas fontes, que farão parte das próximas etapas, nós o veremos cantar feliz em meio à neve e nos bosques, entre Assis e Gubbio, onde ia buscar abrigo ou talvez apenas compreensão da parte de um amigo, Giacomello Spadalonga, um mercador de tecidos, filho, como ele, de uma rica família de comerciantes. Para ele, o espaço entre Assis e Gubbio era preenchido por dias feitos de um primeiro contato com a rudeza e a beleza da estrada, com a natureza que será um dos motivos condutores de toda a sua vida e com um mundo que o enxerga por aquilo que ele aparenta ser, pobre, em péssimas condições e sem mais história.

> [...] *chegou à cidade de Gubbio onde um antigo amigo adquiriu para ele uma túnica.* [...]
> *Em seguida, o santo amante de toda humildade transferiu-se para junto dos leprosos e permanecia com eles, servindo com o maior cuidado a todos por amor de Deus e, lavando deles toda a podridão, limpava também a secreção purulenta das úlceras, como ele próprio fala em seu Testamento, dizendo: "Porque, como eu estivesse em pecados, parecia-me sobremaneira amargo ver leprosos, e o Senhor conduziu-me entre eles, e fiz misericórdia com eles."* (Frei Tomás de Celano, *Primeira vida de São Francisco*, Primeiro Livro, Capítulo VII, 16-17)

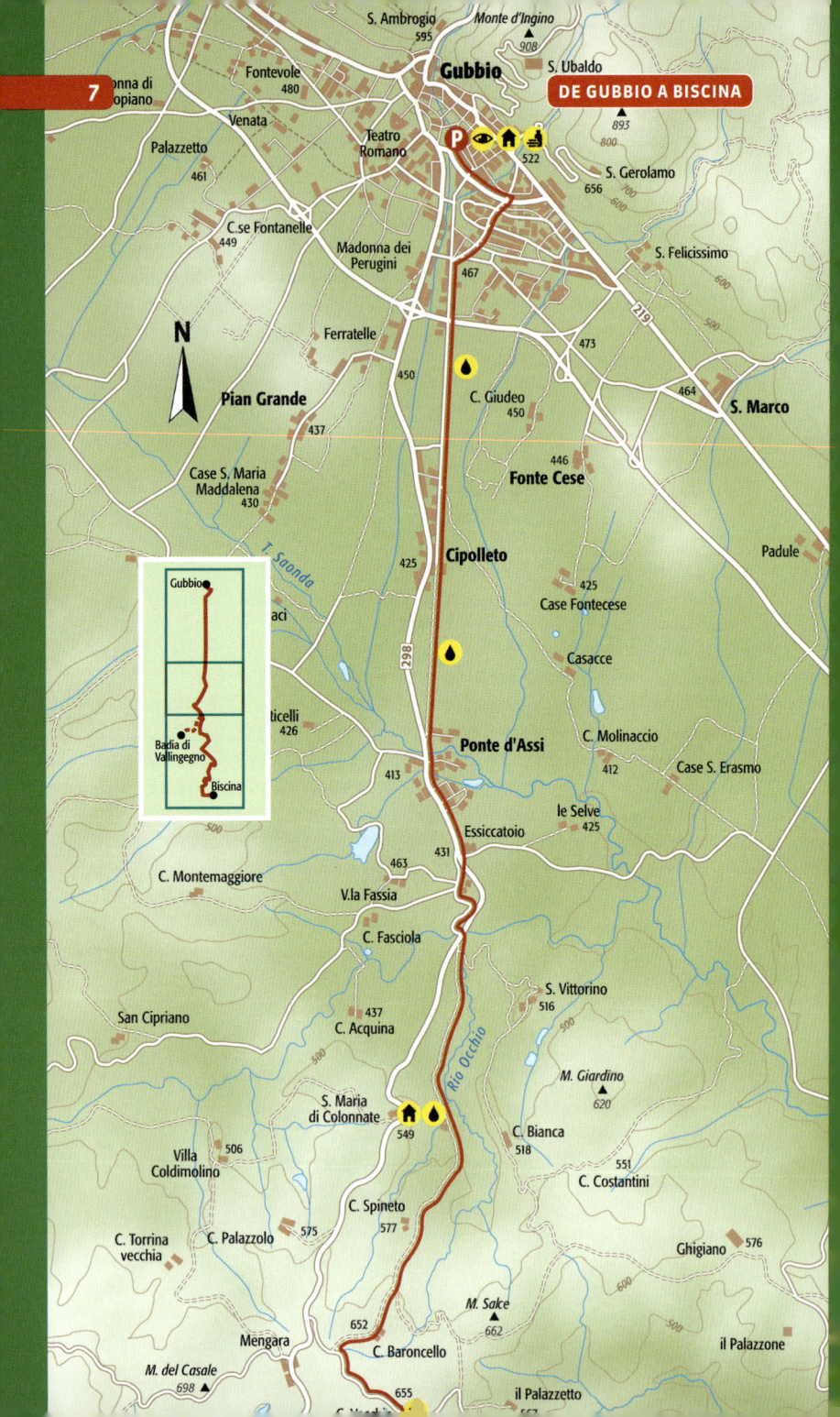

7

DE GUBBIO A BISCINA

7

Map Locations

- San Cipriano
- C. Acquina 437
- S. Vittorino 516
- Rio Occhio
- S. Maria di Colonnate 549
- M. Giardino 620
- C. Bianca 518
- Villa Coldimolino 506
- C. Costantini 551
- C. Torrina vecchia
- C. Palazzolo
- C. Spineto 577
- 575
- Ghigiano 576
- il Palazzone
- Mengara
- M. Sake 662
- 652
- C. Baroncello
- M. del Casale 698
- il Palazzetto 567
- C. Nuova
- 647
- 655
- C. Vecchia
- C. Ranche 654
- Raicata 627
- le Case 607
- 574
- Valle di Chiascio
- 298
- 622
- Badia di Vallingegno
- C. Pratale
- F. Chiascio
- Col Palombo
- 572
- i Sodi
- Case Colle
- Scritto 600
- C. Moione
- C. Vigneta 456
- C. Vaccaria
- 346
- S. Pietro in Vigneto 461
- 430
- Il Tidone
- M. Montalcino 718
- 615 Petroia
- Osteria 325
- C. Giobbino
- C. Colle 488
- C. Belvedere 374
- C. Fanucchio 516
- 605 Bellugello
- 385 C. Caprignone
- San Cristoforo 456
- 503 Caisassi
- 635
- Biscina 542
- 387 C. Cumatola
- C. Montalto
- Lago di Vallabbrica

N

7 De Gubbio a Biscina

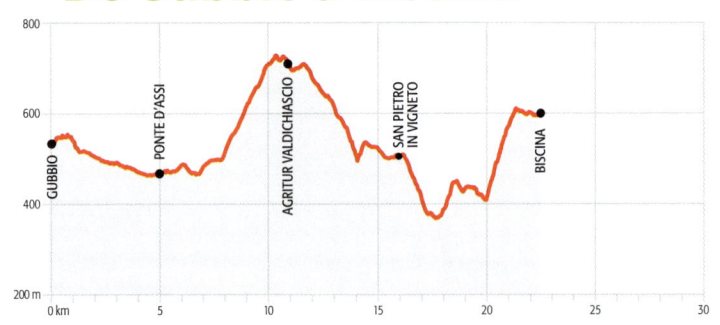

DISTÂNCIA:	**22,2 km**
DESNÍVEL EM SUBIDA:	**540 m**
DESNÍVEL EM DESCIDA:	**490 m**
TEMPO:	**6/7 horas**
NÍVEL DE DIFICULDADE:	**difícil**

Onde dormir

APROXIMADAMENTE A 2 KM DE PONTE D'ASSI: *Agritur Ponte di Riocchio* (barracas também). Luciano, tels.: 075-92.22.611 / 333-21.01.710. ✆

NA TRILHA POUCO ANTES DO CRUZAMENTO DE VALLINGEGNO: *Agritur e restaurante Val di Chiascio*, preço para peregrinos. Tel.: 075-92.02.51.

LOC. VALLINGEGNO: *Abbazia di Vallingegno*, Strada statale Eugubina; Roberto, tel.: 393-85.36.289; 3 km antes da ermida de San Pietro, em local deslumbrante, *Agritur Il Beccafico*, 16 leitos, em pequenos apartamentos, uso da cozinha ou jantar mediante pedido prévio. Preços para peregrinos. Tels.: 075-92.02.12 / 380-3037587, masakotanaka@gmail.com.

SAN PIETRO IN VIGNETO: a ermida de San Pietro in Vigneto abre as portas para acolher! São 50 leitos em quartinhos e a possibilidade de preparar uma refeição (leve o necessário, pois não é possível comprar no local). Acolhe também os de quatro patas. Possibilidade de acampamento. Há serviços externos para os acampados. E-mail: stefanogiombini63@gmail.com.

BELLUGELLO (FRAZIONE DI BISCINA): depois de passar por Caprignone e ao chegar ao cruzamento com a estrada principal: à direita se vai para Bellugello (1,3 km); à esquerda, para o castelo de Biscina (1 km), *B&B località Bellugello*, quartos a preços para peregrinos, 20 € por pessoa, com café da manhã. Para o jantar, cozinha em regime de autogestão, com churrasqueira externa ou para grupos superiores a 4 pessoas; menu do peregrino a 15 € no restaurante *Il Panaro*, a cerca de 5 km de distância (translado incluso). Tel.: 333-17.22.906. ✆

Agriturismo Sosta San Francesco, a 1,8 km do cruzamento Bellugello/Biscina; 16 leitos, possibilidade de café da manhã e jantar. No restaurante *Il Panaro*, pode-se pedir o menu do peregrino. Tels.: 075-92.00.35 / 333-38.38.769.

Parrocchia di Bellugello (próximo a Biscina), tratar com Cipiciano Massimino. Tels.: 338-57.48.397 / 075-92.01.81.

CASTELLO DI BISCINA: no topo de uma colina ergue-se o castelo e o *agriturismo*. É possível usufruir tanto dos serviços do *agriturismo* quanto dormir "como peregrino". Possibilidade de jantar com um menu fixo. Tels.: 075-092.29.730 / 333-75.04.607.

LOCALITÀ LA BARCACCIA: se quiser seguir adiante, 4 km antes de Valfabbrica, *Marinella e Antonio* recebem alegremente os peregrinos em sua casa, mediante contribuição; 6 leitos. Tel.: 348-06.19.660.

Seguindo até **VALFABBRICA**, encontra-se o *Ostello Francescano Il Sentiero*, piazza San Sebastiano; apresente o guia ou a credencial; cama, jantar e café da manhã. Ótima acolhida. Administração de Anna Rita, em nome de uma cooperativa social. Tel.: 075-90.11.95 / 340-16.07.456, info@ostellofrancescano.com. ✆

Na paróquia de *Santa Maria Assunta*, no centro do povoado, o pároco dom Bruno, durante o verão, pode dar hospedagem nos

salões paroquiais, com chuveiro, mas sem cama; tel.: 075-90.11.55.
Camere Sui Passi di Francesco, via Castellana, 21-23, centro histórico, na rota do guia para Assis; 12 leitos, quartos com banheiro, roupa de cama e de banho. Serviço de transporte em micro-ônibus para buscar os peregrinos. Possibilidade de refeições nas cercanias. Tels.: 338-58.24.259 / 346-61.56.189, suipassidifrancesco@tiscali.it, www.suipassidifrancesco.it.
Camere Villa Verde, 20 leitos em quartos duplos ou *single*, possibilidade de jantar, preços para peregrinos. Serviço de transporte para o *Sentiero Francescano* [Caminho Franciscano] em caso de necessidade; www.camerevillaverde.it; info@camerevillaverde.it. Tratar com a proprietária, sra. Simonetta, tels.: 075-90.29.013 / 339-70.19.998. ❼
A 15 minutos a pé depois de Valfabbrica, no caminho para Assis, *Agriturismo Il Pioppo*, hospedagem para 26 pessoas, mas o local pode também dobrar a capacidade. Bar, restaurante e piscina. Pernoite com saco de dormir a 12 €; com roupa de cama sai por 25 €; café da manhã, 2 €; refeições, 12 €. Tels.: 075-90.29.400 / 333-63.02.341 / 346-24.57.213.

Inicie a etapa passando ao lado da *Vittorina*, onde Francisco encontrou o lobo. Então, depois de ter atravessado a planície de Gubbio, mergulhe no bosque e nos campos que, com descidas e subidas (a última é a mais difícil), chegam ao castelo de Biscina, sobranceiro ao vale. Até março de 2016, era possível chegar a Valfabbrica contornando Biscina. Agora, e por muitos anos, o percurso baixo foi interrompido pelos grandes trabalhos de represamento, e esse percurso alternativo não pode mais ser percorrido.
Quem quiser percorrer o trecho de Gubbio a Assis dividindo-o em três etapas em vez de duas pode fazê-lo passando a primeira noite em San Pietro a Vigneto ou em acolhidas fronteiriças, parando na segunda noite em Valfabbrica, e encarar a última e breve etapa para Assis no terceiro dia. Por ora, este guia apresenta esse trecho dividido em duas etapas, cabendo ao peregrino decidir como prefere dividir essa parte do caminho.

As próximas duas etapas seguem o percurso do "Caminho Franciscano da Paz", iniciativa criada para o Jubileu de 2000, e refaz as etapas de Francisco de Assis a Gubbio, de quando fugiu de sua cidade depois de renunciar sua antiga vida. Embora o guia divida em duas etapas o trecho de Gubbio a Assis, é possível dividir o trecho em três etapas: aconselho essa solução aos menos preparados fisicamente. Leve consigo muita água, pois não encontrará muita ao longo desta etapa! Além disso, Atenção! As próximas duas etapas são "infestadas" de todo tipo de sinalização. Se não quiser se desviar inutilmente, atente às descrições do guia e às flechas e Taus amarelos.

Da *piazza* 40 Martiri (igreja de São Francisco), voltando as costas à cidade, vire à esquerda e percorra a avenida que acompanha o muro, virando depois à direita, seguindo as flechas para La Vittorina (onde se diz que ocorreu o episódio de Francisco e o lobo), onde o padre Francesco, um gentil frade menor, lhe abrirá a porta e o acolherá na preciosa pequena igrejinha. Daí se inicia o "Caminho da Paz". O primeiro trecho, bem sinalizado, corre por uma longa estrada retilínea, paralela à *statale*, levando à Ponte D'Assi, ao longo da qual se encontra o *Ospedale di San Lazzaro* (antigo leprosário de tradição franciscana).

7 DE GUBBIO A BISCINA

Chegando ao fim do longo percurso retilíneo, vire à esquerda, tomando a *statale*, e prossiga por 900 metros, mais ou menos, até a bifurcação à direita para San Cipriano, onde se deixa a *statale* e se caminha por cerca de 600 metros. Ao final, tome novamente a *statale*, virando à direita. Depois de cerca de 200 metros, vire à esquerda, seguindo as flechas para San Vittorino, e então vire logo à direita e tome a estradinha asfaltada que sobe agradavelmente. Às costas, uma vista magnífica do vale que se está deixando e de Gubbio, novamente distante. Depois de atravessar a colina, vire à esquerda e, depois da bifurcação, à direita (indicação do *agritur* Val di Chiascio), tomando uma larga estrada de terra. A estrada sobe um pouquinho para depois descer calmamente até chegar a uma igrejinha, Santa Maria delle Ripe (Santa Maria delle Grazie, pouco depois de um tabernáculo), muito encantadora e intimista.

Quem quiser fazer um desvio para visitar a Abazzia di Vallingegno [Abadia de Vallingegno], onde Francisco foi hóspede, não com muito gosto, dos beneditinos, nos dias de sua "fuga" de Assis, onde permaneceu nos dias seguintes, chegando a uma propriedade rural, C. Vigneta, deve tomar a trilha marcada com sinais vermelhos e brancos, do *Cai*, que se inicia à direita do caminho (placa "Vallingegno") e, descendo pelo verde de um vale e saindo depois pela colina onde sobressai a abadia, leva até lá (1,5 km). Para visitar a igreja, chame o pároco dom Roberto (tel.: 334 2080616). Para continuar o percurso, retroceda até a propriedade rural e desça pela estrada de terra que, em 700 metros, leva à ermida de San Pietro in Vigneto, cuja cancela está finalmente aberta, e onde Stefano acolhe todos os peregrinos que quiserem fazer apenas uma pausa para recuperar o fôlego ou passar a noite. Os antigos peregrinos que paravam aqui – e é fantástico que agora o possam novamente – e quem preferir uma acolhida que não seja em um quarto podem parar antes da ermida, nos *agritur* vizinhos.

O caminho então segue ao longo da estrada de terra que desce, passando à esquerda da ermida. Ignore algumas trilhas laterais e tome a que estiver bem sinalizada, que vira à direita. Depois de cerca de 200 metros, a trilha segue adiante, costeando à esquerda o riacho até chegar ao aqueduto, atravessando-o. Continue por poucos metros, costeando o regato, para então tomar a trilhazinha que sobe íngreme, entrando no bosque em cujo final, em uma bifurcação de uma estrada de terra com indicações para Caprignone, à esquerda, e Bellugello, à direita, deve-se virar à esquerda, em sentido à igreja de Caprignone, de tradição franciscana, infelizmente fechada e abandonada. De lá, a estradinha volta a ser uma trilha pelo bosque e subir de modo íngreme. Coragem! É a última subida cansativa. Depois de cerca de 1,5 km, a trilha volta a ser uma estrada em meio a um grupo de casas. Ao final, vire à esquerda na estrada asfaltada, chegando assim ao castelo de Biscina e ao *agritur* onde se pode encerrar uma etapa.

Se seguir por Valfabbrica, siga as indicações da etapa seguinte. Infelizmente, os trabalhos de construção da barragem e do represamento devoraram a colina pela qual se podia tomar o percurso baixo que encurtava o trecho rumo a Valfabbrica em 4 km. Os trabalhos durarão anos, e não se sabe se a trilha será recuperada.

O que ver

Abazzia e Castelo de Vallingegno Uma primeira referência documental a atestar a existência do mosteiro é a *Legenda Sancti Verecundi* (meados do século VII); em 1131, ele é referido como *ecclesia Sancti Verecundi*. Vallingegno poderia ter origens pagãs: fala-se de um pequeno templo dedicado ao deus Gênio. Próximo dali, provavelmente para a defesa do mosteiro, foi instalado o castelo de Vallingegno, documentado desde os inícios do século XIV, mas talvez construído ainda anteriormente; a pequena fortaleza, em pouco tempo, adquiriu poder e autonomia suficientes para justificar um exército próprio. O bom estado de conservação mostra ainda quase intactas as paredes da muralha com merlões retangulares, colocada entre dois baluartes poligonais e controlada pela torre mestra.

Ermida de San Pietro in Vigneto O mosteiro de San Pietro ergue-se na *via municipale* que ligava Assis a Gubbio: é possível que Francisco e os seus companheiros tenham encontrado guarida aqui. De fora, somente o campanário faz supor a existência da capela, documentada desde 1206; no interior estão conservados afrescos do século XV. A inserção de uma torre e de um palácio fortificado, dos quais se tem notícia desde 1336, colocados ao lado de estruturas residenciais pertencentes aos monges beneditinos, dão a San Pietro in Vigneto mais as feições de uma fortaleza do que de um estabelecimento religioso; no mesmo ano, também foi mencionado um hospital para os peregrinos.

Igreja de Caprignone A igreja e o convento de Caprignone, do qual restam apenas poucos vestígios, foram construídos pelos franciscanos sobre as ruínas de uma capela existente no local. O interior do oratório, classificável como *chiesa-fienile* – um tipo de igreja despojada, de estrutura bastante simples, mais voltada à pregação –, tem o telhado sustentado por uma estrutura de madeira aparente.

Castelo de Biscina Fica no topo de um monte, próximo ao rio Chiascio. Não se sabe a data de sua fundação, mas seguramente já existia no final do século X; é uma estrutura irregular que envolve o pátio interno e se abre para o leste, emergindo sobre volumes menores, como a igreja e o vale mais abaixo. Na parte norte do castelo, ainda existe uma das duas torres que, no estabelecimento original, protegiam a entrada. No século XIII, parece que existia uma importante *via municipale* que passava por Assis e Gubbio; essa *via* é mencionada desde os estatutos comunais de Gubbio de 1371 e, por um trecho considerável, ela vai seguindo o traçado do rio Chiascio. Podemos supor que Francisco e seus companheiros a tenham percorrido, ao menos em parte, durante suas peregrinações pelo interior da Úmbria.

Francisco em Caprignone e Vallingegno

Francisco e os ladrões
Francisco se põe a caminho de Assis para Gubbio...

> *Vestido agora com andrajos aquele que outrora usava escarlate, ao caminhar por um bosque e cantar louvores ao Senhor em língua francesa, de repente ladrões caíram sobre ele. Perguntando-lhe eles com espírito feroz quem ele era, o homem de Deus respondeu com confiança à plena voz: "Sou o arauto do grande Rei! Que vos importa?". E eles, batendo nele, atiraram-no num grande cavado, cheio de muita neve, dizendo: "Fica aí, ó grosseiro arauto de Deus!" E ele, revolvendo-se daqui e dali e sacudindo de si a neve, depois que eles se retiraram, saltou para fora da fossa e, alegrando-se com grande júbilo, começou a cantar em voz alta pelos bosques louvores ao Criador de todas as coisas. Finalmente, chegando a um mosteiro de monges, estando durante muitos dias vestido somente com uma camisa barata como servente de cozinha, ele desejou saciar-se ao menos com o caldo. Mas, tendo sido retirada toda comiseração e não podendo ele adquirir uma veste velha sequer, saindo dali, não movido pela ira, mas pela necessidade [...]*

Depois que Francisco viveu e trabalhou em Gubbio por algum tempo...

> *[...] quando a fama do homem de Deus se difundia por toda parte e o nome dele se divulgava no meio do povo, o prior do mencionado mosteiro, recordando e compreendendo o que fora feito ao homem de Deus, foi ter com ele e, por reverência ao Salvador, pediu-lhe humildemente perdão para si e para os seus.* (Frei Tomás de Celano, *Primeira vida de São Francisco*, Primeiro Livro, Capítulo VII, 16)

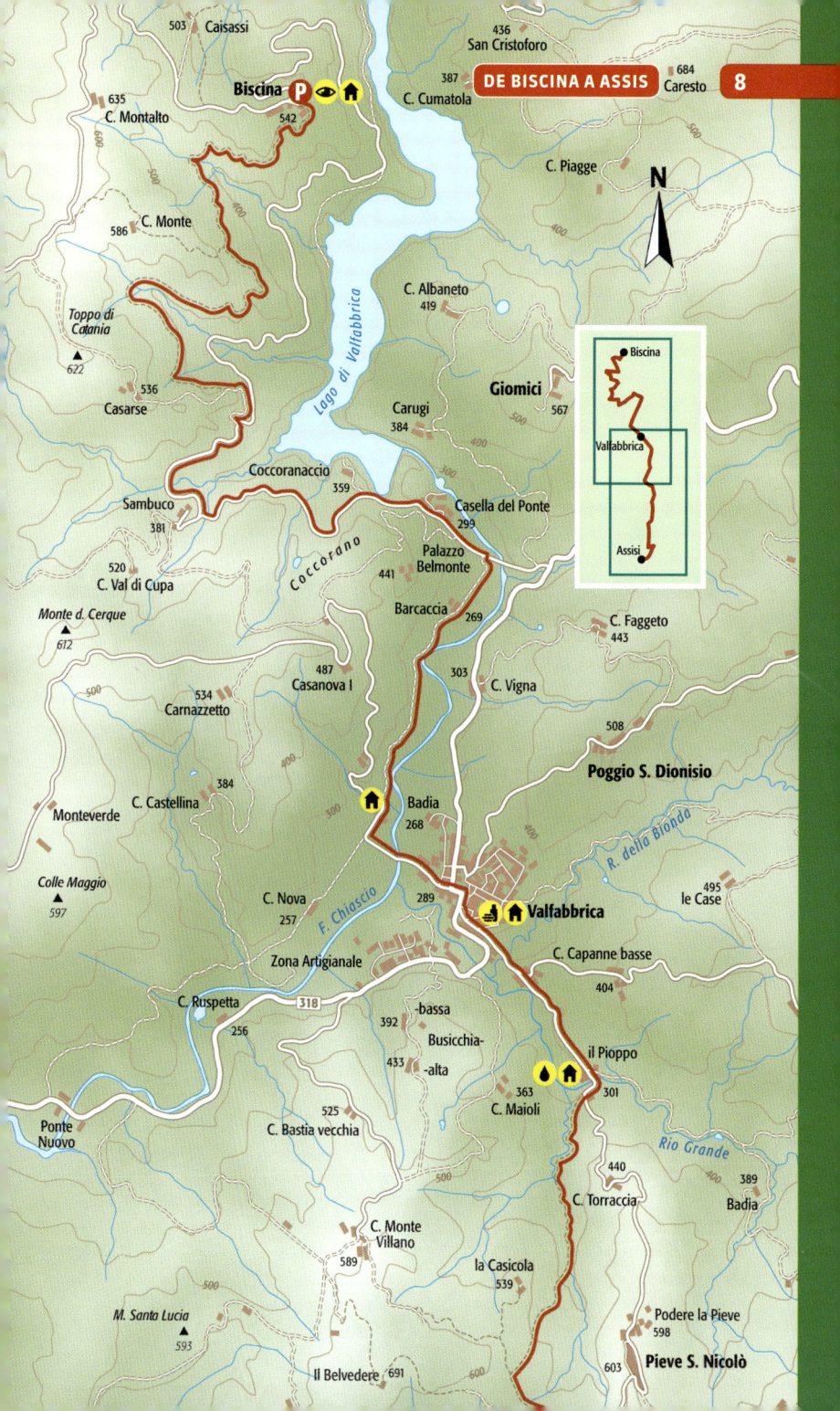

DE BISCINA A ASSIS

8

Map labels

- 503 Caisassi
- 436 San Cristoforo
- 387 C. Cumatola
- 684 Caresto
- Biscina 542
- 635 C. Montalto
- 586 C. Monte
- C. Piagge
- Toppo di Catania 622
- 536 Casarse
- C. Albaneto 419
- Carugi 384
- Giomici 567
- Lago di Valfabbrica
- Coccoranaccio 359
- Sambuco 381
- Casella del Ponte 299
- 520 C. Val di Cupa
- Palazzo Belmonte 441
- Monte d. Cerque 612
- Coccorano
- Barcaccia 269
- 487 Casanova I
- C. Vigna 303
- 534 Carnazzetto
- C. Faggeto 443
- 384 C. Castellina
- 508 Poggio S. Dionisio
- Monteverde
- Colle Maggio 597
- Badia 268
- R. della Biondo
- C. Nova 257
- F. Chiascio
- 289
- 495 le Case
- Valfabbrica
- Zona Artigianale
- C. Capanne basse 404
- C. Ruspetta 256
- 318
- 392 -bassa
- 433 Busicchia- -alta
- il Pioppo 301
- 363 C. Maioli
- Ponte Nuovo
- 525 C. Bastia vecchia
- Rio Grande
- 440 C. Torraccia
- 389 Badia
- C. Monte Villano 589
- la Casicola 539
- M. Santa Lucia 593
- Podere la Pieve
- Il Belvedere 691
- 603 Pieve S. Nicolò

Inset map
- Biscina
- Valfabbrica
- Assisi

Valfabbrica
C. Nova
257
289
F. Chiascio
Zona Artigianale
C. Capanne basse
404
S. Donato
548
318
256
C. Ruspetta
392
-bassa
Busicchia-
433
-alta
il Pioppo
363
C. Maioli
301
525
C. Bastia vecchia
Rio Grande
440
389
C. Torraccia
Badia
C. Monte
Villano
589
la Casicola
539
C. Salsa
470
Podere la Pieve
598
603
Pieve S. Nicolò
691
Il Belvedere
Paganzano
637
813
C. il Biscio
549
613
C. Caruce
M. delle Croci
808
M. Murce
707
494
-alto
C. Coppe
542
803
C. Pune-
-basso
C. Valenza
608
le Torrellazze
Petrata
597
C. Bagnaia
481
C. Nocigliano I
S. Fortunato
538
C. Torre Zampa
433
462
C. Castiglione
C. Mosciole
550
Case Rufole
236
Col Caprile
619
S. Bartolo
336
275
Ponte S. Croce
Madonna di
Colderba
F. Tescio
444
147
S. Francesco
C. Tor Giovannetto
N
505
la Rocca
Assisi
Montarone
Porta
Cappuccini
l'Ospizio
S. Chiara
Madonna
delle Grazie
Valecchio
le Carcerelle

De Biscina a Assis

DISTÂNCIA:	**26,5 km**
DESNÍVEL EM SUBIDA:	**450 m**
DESNÍVEL EM DESCIDA:	**610 m**
TEMPO:	**8 horas**
NÍVEL DE DIFICULDADE:	**difícil (a partir de Valfabbrica, média)**

Onde dormir

Assis: desde 31 de outubro de 2010, a *Foresteria della Perfetta Letizia*, em Santa Maria degli Angeli, que, por cinco "temporadas peregrinas", abriu seu portãozinho para os peregrinos de todo o mundo, fechou em definitivo. Mas há uma novidade! Para saber, ligue para Angela: 333-99.85.141. Ela saberá informar como está o "renascimento em outro lugar".
Ostello della Pace, via di Valecchie, 177; tel.: 075-81.67.67. Bela pousada (ass. internacional), em região muito tranquila, em meio às oliveiras, a 15 minutos da Basílica de São Francisco e a 30 minutos de São Damião; 64 vagas em camas, em quartos com 6 a 8 leitos ou em quartos familiares de 2 a 4 camas. Pernoite, café da manhã e jantar. Fechado em janeiro e fevereiro. Para chegar, da Basílica de São Francisco desça até o cruzamento com a via que leva a Santa Maria degli Angeli; preste atenção porque, depois de mais ou menos 200 m do cruzamento, deve-se pegar a estradinha à esquerda (seta para a pousada ou para a *country house*). ✆
Hospitale di San Giacomo e San Francesco, via Egidio Albornoz, 31, tel.: 075-57.36.381, info@confraternitadisanjacopo.it. Para pessoas sozinhas e pequenos grupos.
Hotel Posta, via San Paolo, 11 (bem perto da *piazza* del Comune), possibilidade de jantar; preços para peregrinos; mostre o guia ou a credencial. Tel.: 075-81.25.58.
Camping Fontemaggio. Bem localizado em um parque a 800 m da Porta Cappuccini: via Eremo delle Carceri, 24, na estrada asfaltada que leva ao *Eremo delle Carceri* [Ermida das Prisões]; 49 camas em quartos com banheiro (1, 2 ou 4 camas); pernoite e café da manhã. Também bangalôs com banheiro e cozinha para 4 pessoas. Possibilidade de jantar. Tel.: 075-81.36.36.
Osteria dei Priori, via Giotto, 4; pequeno restaurante muito bonito, menu para peregrinos, tel. do chef Luigi: 348-70.82.940 ou 075-81.21.49.
Pizzeria d'Asporto San Francesco (e muito mais da boa tradição siciliana e umbra). Preços especiais para peregrinos, tel.: 075-90.71.934.

**Para quem parou em Biscina, a etapa se inicia na trilha, para depois descer até a estrada que passa por Barcaccia.
Uma bela estradinha com vistas panorâmicas levará, em seguida, a Valfabbrica. Antes de Assis, atravesse a última colina por uma trilha íngreme, imersa no bosque. A basílica é visível, quase solitária, a partir de uma perspectiva singular. A subida a partir da ponte de Santa Croce nos prepara para passar pela porta de San Giacomo e para descer até a basílica, que abrirá seus braços aos peregrinos que chegarem a essa meta cheia de luz!**

8 — DE BISCINA A ASSIS

Percorra a avenida que leva ao castelo e depois siga pela estrada de terra que ladeia a avenida, passando à sua esquerda. Neste trecho do percurso em zigue-zague com suaves subidas e descidas, na altura em que existe um banco, saindo 10 metros da trilha virando à esquerda, encontra-se uma fonte de água de nascente! Seguindo pelo caminho, em um cruzamento em "v" entre duas estradas de terra, pegue a da esquerda, no plano (ATENÇÃO! Não siga as placas que indicam para subir à direita). A estradinha passa então em frente a uma grande casa em ruínas. A estrada segue pelo alto e paralela à asfaltada, mais embaixo, tornando-se depois uma trilha escarpada e em descida, que se mete por um bosque para, num desfiladeiro, transpor um riacho e sair do outro lado. Depois de um outro pequeno trecho alagado, siga ao lado de um campo com vista para a estrada asfaltada. Chegando a uma estradinha asfaltada, vire à esquerda e, na estrada principal, siga por ela, que tem um tráfego mínimo, até Barcaccia (4 km do início) para depois virar à direita, deixando Barcaccia (antigo albergue e hospital de onde partiam os barcos que atravessavam o Chiascio) à esquerda, pelo itinerário do *Sentiero della Pace*. Seguindo pouco mais adiante, entre em uma agradável estradinha, entre um prado e um denso arvoredo, que desliza paralela ao rio, mais elevada e que permite chegar em cerca de meia horinha aos pés de **VALFABBRICA**.

Saia de Valfabbrica subindo em direção à parte alta do povoado. Do centro do povoado, siga pela *via* Castellana e então vire à esquerda. Seguindo as placas, entre na estrada para Pieve San Nicolò e logo saia dela pegando uma trilha estreita à direita da estrada, acompanhando o curso de uma vala, o *Fosso delle Lupe*.

A trilha sobe íngreme por um matagal (em caso de chuva, aconselha-se evitar esse trecho, porque fica muito enlameado e escorregadio, sendo preferível seguir pela estrada asfaltada até Pieve San Nicolò), para depois chegar em subida ao carreador que corre pelo alto da colina; vire à esquerda. Daqui, pela primeira vez, é possível observar a colina do Subásio, que domina Assis. Prossiga até o cemitério. Virando à esquerda, é possível chegar a Pieve San Nicolò.

Para voltar ao caminho, deve-se retornar pelo mesmo trajeto até o cemitério, seguir reto, em descida, para depois dobrar à esquerda (ATENÇÃO com o início da trilha: está entre os barracões, em frente a um *agritur*). A estradinha desce suavemente até um pequeno alagado, de onde existem duas possibilidades: ou virar à direita, subindo por um caminho que ganha altura bem rapidamente, chegando à estrada de terra com vista panorâmica que segue plana e, depois, em descida, levando até à estátua do padre Pio; ou seguir reto, em subida, pela estradinha asfaltada que se junta mais adiante com aquela que acabamos de descrever.

Assis fica cada vez mais próxima, e, à direita do Subásio, se distingue o campanário da basílica superior, mas ainda há um longo trecho de estrada a ser percorrido. Desça da colina até a estátua do padre Pio, vire à esquerda em uma estrada asfaltada e depois entre à direita na Ponte dei Galli (bela igrejinha

ASSIS. *A cidadezinha vista de baixo, sob o sol quente do verão.*

de Santa Croce), que fica logo depois de uma casa; o peregrino encontrará em seguida uma bifurcação com placa: agora, nos horários ali assinalados, é possível chegar à Basílica de São Francisco diretamente pegando o caminho que sobe à direita ou então se pode virar à esquerda e reingressar na subida de San Giacomo mais em cima (aconselho, contudo, seguir o itinerário original para admirar o belo vilarejo recentemente restaurado pela Fai). Daqui começa a subir a longa e íngreme estrada que leva à Porta San Giacomo dei Galli, nome que lembra a peregrinação de Santiago de Compostela!

Finalmente se entra em Assis. O último quilômetro de forte subida é recompensado pela descida por uma ruela para depois chegar à grande esplanada em frente à basílica. O primeiro importante destino do caminho foi atingido, e não resta outra opção senão descer as escadinhas da cripta para saudar o companheiro de peregrinação. É lá, sob as duas grandes igrejas, em um santuário no interior de uma pilastra, que descansa São Francisco.

O que ver

Valfabbrica A história de Valfabbrica está ligada aos acontecimentos do mosteiro beneditino de Santa Maria *in Vado Fabricae* (*vado* = vau). A antiga abadia, constante dos documentos desde o ano 820, ergue-se nas vizinhanças do rio Chiascio. Na Idade Média, a aliança com Assis levou a abadia e o castelo a uma grande prosperidade, mas, no início do século XIII, os conflitos com os feudatários perusinos provocaram a destruição da cidadezinha por obra de Perugia. A abadia se submete à Regra de Nonantola, enquanto o castelo, no final do século XV, passou ao duque de Urbino, Guidobaldo I, senhor de Gubbio.

8

Assis

Chegamos ao nosso primeiro grande destino, e um dia de pausa é o mínimo que podemos dedicar a ele! Nunca se acaba de explorar Assis, especialmente quando, visitados os lugares que todo mundo visita, o peregrino se dirige às ruelas mais solitárias e sem tanto comércio de suvenir ou se ele passa horas muito agradáveis envolto na atmosfera maravilhosa de San Damiano. É inútil repetir a descrição da basílica do santo ou de Santa Clara, a cidadezinha está suficientemente abastecida de todos os tipos de guias no comércio; na *piazza* del Comune, o centro de informações turísticas também pode fornecer todo tipo de folheto; vamos nos limitar a sugerir a visita de alguns lugares de nossa predileção ou que têm um significado particular para nós, peregrinos: antes de tudo, a tumba de Francisco, a igreja de San Giacomo al Murorupto [Santiago no Muro Roto], o Oratório dos Peregrinos e a pequena e esplêndida igreja de Santo Stefano, passando pela casa natal de Francisco, no santuário da Chiesa Nuova [Igreja Nova], deixando por último a pérola, o lugar em que sentimos mais próximas as presenças de Clara e Francisco: San Damiano.

O que ver

SAN GIACOMO AL MURORUPTO Na parte interna do convento das irmãs angelinas, na *via* Santa Margherita (toque a campainha para abrirem a igreja). Em sua extrema simplicidade, a igreja é muito bonita; parece também que foi a igreja frequentada por Francisco quando criança. É uma das mais antigas da cidade: de fato, foi construída em torno do ano 1000 por um fidalgo chamado Ubertino, que tanto aprontou em vida que fazia jus a trezentos anos de penitência. Naquele tempo, o modo mais simples de "expiar" os pecados era peregrinando a Santiago de Compostela. Mas, em vez disso, já que era muito arriscado e cansativo, o bom Ubertino pensou em construir uma igreja dedicada a San Giacomo Maggiore, o apóstolo, em um terreno que doou ao abade da poderosíssima abadia de Farfa, na região italiana de Sabina. A igreja foi erguida sobre as ruínas de um templo romano, junto aos muros da cidade, e isso explica a etimologia do nome Murorupto.

É bom pensar que, mil anos depois, os peregrinos, por opção própria, têm a possibilidade de visitar a igreja que outra pessoa foi obrigada a construir em homenagem ao santo protetor de todos os peregrinos!

Peça às irmãs o carimbo na credencial, que é muito bonito!

ORATORIO DEI PELLEGRINI [ORATÓRIO DOS PEREGRINOS] Capela quadrangular que se encontra mais ou menos na metade da *via* San Francesco, a longa e retilínea ligação entre a basílica superior e o centro da cidade (vindo da basílica, à direita). Está escondida atrás de uma porta de vidro, e é fácil não notá-la; em sua quietude existe um clima propício para uma pausa e para observar as lindas pinturas com toda tranquilidade. O oratório era a igreja do albergue dos peregrinos,

ASSIS 8

> **Túmulo de Francisco** [✍]
> Sob a basílica inferior, em uma robusta pilastra, estão guardados os ossos de Francisco. Nos quatro cantos, como sentinelas, estão as urnas de seus irmãos mais próximos: freis Leão, Ângelo, Rufino e Masseo; entre as duas escadas que levam à cripta, a urna de sua amiga mais chegada, aquela que ficou com ele até o fim e o segurou entre os braços no momento de seu passamento, a única mulher que ele já chamou de irmão: frei Jacoba dei Settesoli. Foram amigos e companheiros em vida, e aqui estão reunidos para sempre: uma mensagem de ardorosa fraternidade, que tem o calor de um abraço para quem se dispuser a ficar alguns instantes aqui.
>
> *Na foto, um detalhe da basílica inferior.*

que não existe mais, e oferecia abrigo aos peregrinos; aqui em Assis, a caminho de Roma, vinham render homenagem ao túmulo de Francisco.

No tempo de Francisco, havia seguramente uns quatro albergues para peregrinos.

O oratório e o albergue foram construídos pelas irmandades de Santo Antônio abade e Santiago de Compostela, em meados do século XV; do mesmo período são os fantásticos afrescos, que decoram a capela por inteiro, de Matteo da Gualdo e Pierantonio da Foligno, os quais fizeram as pinturas, juntamente com Andrea d'Assisi, discípulo de Perugino.

A capela, naturalmente, foi dedicada aos dois santos das irmandades que a construíram: assim, à esquerda estão retratadas histórias que dizem respeito a Santo Antônio, ao passo que à direita está pintado talvez um dos mais belos afrescos do milagre dos galos de Santo Domingo de la Calzada (veremos um outro afresco belíssimo na igreja de San Giacomo, próximo a Spoleto). Na parede atrás do altar, uma bela *Virgem com o Menino* e os dois santos peregrinos com o bastão em mãos. É interessante notar, na parede da entrada, os brasões das duas irmandades, a concha de Santiago e o Tau de Santo Antônio.

SAN DAMIANO [✍] Tudo aqui é perfeito: as oliveiras e os ciprestes que circundam o convento parecem feitos justamente para dar suaves pinceladas a uma paisagem que passeia até o outro extremo do vale. A estradinha que ladeia o muro demarcatório do convento é íngreme o suficiente para permitir ao peregrino descer rapidamente, imerso no perfume das oliveiras e das giestas; o silêncio, especialmente quando evitadas as horas mais "turísticas" e se vai logo para os Louvores, é o silêncio cheio de vida das áreas rurais italianas. Tudo prepara o peregrino para entrar em uma igrejinha simples e verdadeira, absolutamente franciscana. As paredes vazias, a abóbada deteriorada, sua *madonnina*, a imagem do Cristo bizantino que falou a Francisco, tudo faz que o silêncio dos visitantes tenha um toque singular. A gente se sente envolvido.

Esse lugar trabalha dentro de você sem que você se dê conta disso, porque conserva a presença de Francisco e de Clara, como se as paredes estivessem impregnadas da presença deles; as horas canônicas – aqui cantadas junto com os noviços – e a missa têm uma engrenagem a mais, e assim todos, talvez até os desafinados, cantam e participam das leituras com o espírito em coro e uma perfeição única. Logo que se retorna à Assis turística, onde Francisco é uma estatueta de gesso, fica patente o contraste.

A igrejinha restaurada por Francisco em torno de 1207 havia sido construída no século VII. Primeiro abrigo do santo e de seus companheiros, foi mais tarde doada por ele a Clara e às irmãs que, pouco a pouco, a ela se juntavam para juntas viverem na extrema pobreza desses muros; aqui, as clarissas viveram de 1211 a 1260. Da igrejinha se passa ao convento, onde tudo está parado no tempo de Clara: o coro, o refeitório, o horto e o jardim. Sob o convento foi erguida a *"cappannuccia"* [cabaninha] – para onde Francisco se retirou adoentado e com os estigmas, no inverno de 1224, e onde compôs o *Cântico do irmão Sol* – e por fim o dormitório. Foi neste que Clara foi ao encontro de Francisco no céu, em 11 de agosto de 1253. O claustro, durante a primavera, fica coberto de flores, cujo intenso colorido se sobressai sobre o fundo quente e pacato das cores das pedras. Quem fica aqui por uns instantes vai voltar muitas vezes!

Santa Maria Degli Angeli [✍] Aos pés do Subásio, onde o monte se transforma em planície, está Santa Maria degli Angeli, o povoado e a grande basílica que guarda dentro de si a pequena, mas extremamente importante, igrejinha da Porciúncula. Infelizmente, parece que para construir a basílica foram destruídas algumas capelas contendo afrescos de pintores da escola de Giotto.

A Porciúncula é o lugar onde nasceu a comunidade dos irmãos de Francisco, em 1209. Naquele tempo, era de propriedade dos beneditinos do Subásio, que depois a doaram a Francisco. Ao fugir de casa, Clara buscou refúgio aqui e foi recebida pelo santo e seus irmãos; muitos acontecimentos importantes na vida da comunidade tiveram lugar entre suas modestas paredes. Era o lugar para onde voltar, o ponto de apoio em torno do qual se reuniam depois de tanto peregrinar. Na cabana logo no limite de sua área, que agora se chama *cappella del Transito*, Francisco terminou a sua vida terrena. A belíssima obra atrás do altar da Porciúncula é do final do século XIV e foi pintada por Ilario de Viterbo; as cores brilham como esmaltes entre as rudes pedras das paredes, mas falta

Hospitaleiros dos peregrinos

Os sonhos sonhados em muitos não morrem... Quando nascer, a nova pousada, que até já tem nome – "La ruah, o del vento sottile" –, vai precisar da ajuda de pessoas de boa vontade. Se quiser ser hospitaleiro e dedicar uma semana, dez dias ou até mais à construção do "sonho", envie um e-mail para Angela, jacobadue@yahoo.it, ou ligue diretamente para ela: 333-99.85.141.

ASSIS. *Convento de San Damiano.*

algo... Ir atrás do sol e das nuvens além da janelinha! O convento contíguo contém muitas memórias franciscanas, como o roseiral, a estátua da qual as lindas pombas vivas não parecem jamais querer se despregar e o museu, que contém um fiel retrato de São Francisco, pintado por Cimabue.

Santo Stefano Igrejinha belíssima, construída em 1166, que se acha na parte alta de Assis, acessível pela *via* San Paolo. Vale uma visita também porque poucos entram aqui, já que fica um pouco fora das ruas mais frequentadas. Mesmo as ruazinhas ali do entorno são solitárias, inclusive nos dias de maior afluência de turistas.

Santuario Della Chiesa Nuova [✍] A igreja em si não é particularmente bela ou instigante, mas uma igreja barroca como tantas; o que a torna importante é o fato de ter sido construída sobre a casa anteriormente ali existente e sobre o armazém de Pietro di Bernardone, pai de Francisco. Foi aqui que Francisco nasceu em 1181, e aqui se deram os acontecimentos que prepararam o caminho de sua conversão.

O padre G. M. Polidoro, nas páginas que podem ser lidas no interior da igreja, sublinha como os anos da juventude displicente de Francisco foram fundamentais na sua evolução e como muita coisa aconteceu entre as paredes do lar e na *bottega* do pai. Na área da igreja está incluída também a rua (agora homenageando o "maltratado" pai, Pietro di Bernardone), que antigamente delimitava o armazém; fantasiando um pouco, é bonito imaginar Francisco atrás do balcão vendendo brocados; enquanto isso, na igreja, ainda se pode ver o cubículo onde o pai o prendeu.

Rivotorto [✍] Seguindo a via que passa em frente à estação ferroviária de Santa Maria degli Angeli, depois de poucos quilômetros, encontra-se a igreja de Rivotorto. A construção atual é do século xix e não é particularmente bonita. No seu interior foi reconstruída uma casinha, que pretende dar uma ideia do que foi o casebre em que Francisco e os seus primeiros companheiros viveram.

8 ASSIS

Francisco em Assis

De todos os importantíssimos acontecimentos da vida de Francisco em Assis, escolhemos os que nos pareceram mais significativos. Quem quiser aprofundar o conhecimento sobre a vida do santo poderá encontrar na bibliografia as obras principais.

O nascimento e a vida antes da conversão
Santuario della Chiesa Nuova

O jovem Francisco

Francisco, oriundo da cidade de Assis, que está situada nas extremidades do Vale de Espoleto, foi primeiramente chamado de João por sua mãe, mas depois foi cognominado de Francisco pelo pai – em cuja ausência nascera –, no momento em que este voltou da França. Depois que se tornou adulto e perspicaz de inteligência, exerceu o ofício do pai, isto é, o comércio, mas de maneira muito diferente, pois era mais alegre e liberal do que ele, aficionado aos divertimentos e aos cânticos, percorrendo a cidade de Assis de dia e de noite em companhia dos que eram iguais a ele, muito pródigo em gastar, a ponto de dissipar, em banquetes e outras coisas, tudo o que podia ter e lucrar.

Por causa disso, muitas vezes era repreendido pelos pais que lhe diziam que ele fazia tão grandes despesas consigo mesmo e com os outros que não parecia filho deles, mas de algum grande príncipe. Mas, porque seus pais eram ricos e o amavam com extrema ternura, toleravam-no em tais coisas, não querendo perturbá-lo. Sua mãe, quando os vizinhos comentavam a respeito de sua prodigalidade, respondia: "Que pensais sobre meu filho? Pela graça, ainda será um filho de Deus".

Ele, porém, não era liberal, ou melhor, pródigo somente nisto, mas também se excedia de múltiplas maneiras nas vestes, fazendo roupas mais caras do que lhe convinha ter. E também era tão frívolo na excentricidade que, de vez em quando, na mesma veste mandava costurar um pano muito caro a um pano extremamente barato. (Legenda dos Três Companheiros, Capítulo I, 2)

A conversão
San Damiano

O "sonho de Spoleto" forçou Francisco a fazer o caminho de volta; o tempo de buscar a glória nas batalhas ou a farra com os amigos ficara no passado.

Certo dia, quando rezava fervorosamente ao Senhor, foi-lhe dada a resposta: "Francisco, se queres conhecer a minha vontade, é necessário que desprezes e odeies tudo o que amaste carnalmente e desejaste ter. Depois que começares a fazer isto, as coisas que antes te pareciam suaves e doces serão para ti insuportáveis e amargas, e naquelas coisas que antes te causavam horror haurirás grande doçura e imensa suavidade."

Alegrando-se nestas palavras e confortado no Senhor, ao cavalgar nas cercanias de Assis, encontrou um leproso. E porque se acostumara a ter muito horror de leprosos, fazendo a violência a si mesmo, desceu do cavalo e ofereceu-lhe uma moeda, beijando-lhe a mão. E, depois de ter recebido do mesmo [leproso] o ósculo da paz, montou novamente em seu cavalo e prosseguiu seu caminho. A partir de então, começou cada vez mais a desprezar a si mesmo até chegar de maneira perfeita, pela graça de Deus, à vitória sobre si. (*Legenda dos Três Companheiros*, Capítulo IV, 11, 1-6)

[...] *estando ele a andar nas proximidades da igreja de São Damião, foi-lhe dito em espírito que entrasse na mesma para a oração. Entrou nela e começou a rezar com fervor diante de uma imagem do Crucificado que piedosa e benignamente lhe falou, dizendo: "Francisco, não vês que minha casa está destruída? Vai, portanto, restaura-a para mim". Tremendo e admirando-se, ele diz: "Fá-lo-ei de boa vontade, Senhor". Ele entendeu que lhe fora dito daquela igreja que, por causa da extrema antiguidade, ameaçava uma ruína próxima. Por causa desta palavra que lhe foi dita, ficou repleto de tanto júbilo e iluminado de tanta luz que na sua alma sentiu verdadeiramente que fora o Cristo Crucificado quem lhe falara.* (*Legenda dos Três Companheiros*, Capítulo V, 13, 6-10)

Estabelecendo morada, *portanto, no dito lugar, seu pai, como um zeloso investigador,* percorreu os arredores, procurando *o que era feito de seu filho. Ao ouvir que ele, tão transformado, vivia desta maneira no lugar já citado,* tocado pela dor no interior do coração *e perturbado por causa do súbito evento das coisas,* depois de convocar os amigos e os vizinhos, correu com toda a pressa até ele. (*Legenda dos Três Companheiros*, Capítulo VI, 16, 7-8)

A ira do pai

Francisco escondeu-se em uma gruta, mas quando saiu dela o pai...

[...] *Sem manter nenhuma moderação, corre como um lobo contra a ovelha e, olhando-o com olhar feroz e com rosto enrijecido, sem piedade lança as mãos contra ele. Arrastando-o para casa e enclausurando-o num cárcere tenebroso por muitos dias, ameaçava, por palavras e por açoites, dobrar-lhe o ânimo para a vaidade do mundo.* (*Legenda dos Três Companheiros*, Capítulo VI, 17, 8-9)

Francisco se despoja

Mas de nada adiantou levar Francisco de volta à antiga rotina. Ficou muito conhecido o momento em que Francisco devolveu todos os bens ao pai, até porque Giotto pintou essa cena com perfeição na basílica superior.

E, entrando em um quarto do bispo, despiu-se de todas as suas vestes e, colocando o dinheiro sobre elas, apresentou-se nu diante do bispo, do pai e de outros que estavam presentes, e disse: "Ouvi todos e compreendei. Até há pouco tempo, chamei a Pedro Bernardone de meu pai, mas, porque propus servir a Deus, restituo-lhe o dinheiro, pelo qual ele estava perturbado, e todas as vestes que obtive de seus bens, querendo agora dizer: Pai nosso, que estais no céu, não pai Pedro Bernardone". [...]
Mas o bispo, considerando diligentemente a coragem do homem de Deus e admirando vivamente seu fervor e constância, acolheu-o entre os braços, cobrindo-o com seu manto. [...] (*Legenda dos Três Companheiros*, Capítulo VI, 20)

O capítulo das esteiras
Porciúncula, Santa Maria degli Angeli

Em bem poucos anos, Francisco acabou seguido por muitos e muitos jovens. No dia de Pentecostes de 1219, milhares vieram de toda Europa para reunir-se em Capítulo, junto à Porciúncula. Era o início da Ordem.

Quando São Francisco estava no Capítulo geral em Santa Maria da Porciúncula, Capítulo chamado das esteiras, por não haver ali acomodações senão de esteiras, e se reuniram cinco mil frades [...] (*Espelho da perfeição (maior)*, III, Capítulo 68, 1)

Qual regra?
Os doutos frades queriam convencê-lo a seguir esta ou aquela Regra, para levar uma vida religiosa bem ordenada, mas Francisco lhes respondeu...

[...] Meus irmãos, meus irmãos, Deus chamou-me pela via da humildade e mostrou-me a via da simplicidade: não quero que me mencioneis regra alguma, nem a de Santo Agostinho nem a de São Bernardo nem a de São Bento. E disse-me o Senhor que queria que eu fosse um novo louco no mundo; e Deus não quis conduzir-nos por outra via, a não ser por esta ciência; mas Deus há de confundir-vos por vossa ciência e sabedoria. [...] (*Compilação de Assis*, 18, 5-6)

Trânsito
Santa Maria degli Angeli

Francisco sabe que está prestes a deixar este mundo e escreve uma belíssima e breve carta a frei Jacoba para que ela vá ao seu encontro antes que ele morra:

Frei Jacoba
[...] Saiba, caríssima, que Deus, por sua graça, revelou-me que o fim de minha vida enfim está próximo. Por isso, se quiseres encontrar-me vivo,

ao veres esta carta, apressa-te a vir a Santa Maria dos Anjos. Se não vieres antes de sábado, não me acharás vivo. E traze contigo um pano escuro, no qual tu possas envolver o meu corpo, e círios para a sepultura. Rogo-te também que me tragas aqueles doces, que tu costumavas dar-me quando me achava doente em Roma. (Cartas de Francisco, 254)

O doce italiano que Francisco amava

Nova receita testada com sucesso por "Jacoba 2" que, sob a supervisão do querido Alberto, que agora não está mais entre nós, passou um 3 de outubro produzindo esses doces em grande quantidade para os irmãos de San Damiano.

300 g de farinha refinada, 150 g de mosto de uvas, 80 g de açúcar, 30 g de azeite de oliva, 45 g de levedura de cerveja, sementes de anis e uvas-passas à vontade, uma pitada de sal.

Aqueça o mosto e acrescente a ele o levedo; acrescente todos os ingredientes à farinha, menos a uva-passa, que será acrescentada por último, e misture com a espátula. Forme doze bolinhos e deixe-os fermentar por cerca de meia hora. Leve ao forno aquecido a 180° por quinze minutos. Retire do forno e deixe esfriar sobre uma grelha.

Impressionam a humanidade, a simplicidade e a liberdade extremas da carta de Francisco, ele, que sempre havia renunciado a tudo, na hora da morte, pede docinhos à amiga!

Irmão Jacoba chegou a tempo; e, à porta da Porciúncula, antes que o frade partisse para Roma com a carta, trouxe consigo tudo o que Francisco havia pedido, até os doces. Francisco a recebeu com o mesmo afeto que transparecia nas palavras da carta:

[...] *Bendito seja Deus, que nos enviou nosso irmão, Senhora Jacoba! Abri as portas e introduzi-a, pois o decreto que proíbe a entrada de mulheres não vale para Frei Jacoba!* (Frei Tomás de Celano, *Tratado dos Milagres*, Capítulo VI, 37, 8-9)

Celano esboça de maneira bem viva os últimos instantes da vida de Francisco, assistidos por frei Jacoba.

A morte de Francisco
Enfim, particularmente banhada em lágrimas, conduzindo-a com discrição e entregando-lhe nos braços o corpo do amigo, o vigário do santo diz: "Eis aqui, toma nos braços, depois de morto, aquele a quem amaste quando vivo". Derramando lágrimas ardentes sobre o corpo do santo, repetia palavras suaves e soluços, abraçando-o com lânguidos abraços e ósculos; afasta

o sudário para ver o revelado. O que mais? Contempla o vaso precioso em que o precioso tesouro estivera escondido, ornado com cinco pedras preciosas. Contempla aquela obra de arte que só a mão do Onipotente realiza para a estupefação de todo o mundo. E assim, cheia de alegrias incomuns, reviveu no amigo morto. Logo lhe pareceu que tão inaudito milagre não devia permanecer oculto por mais tempo, mas que por sábia decisão deveria ser manifestado aos olhos de todo o mundo. Sucessivamente a multidão acorre para admirar tal espetáculo; e admiram pasmados a maravilha que Deus não havia feito jamais a nenhuma outra nação.
(Frei Tomás de Celano, *Tratado dos Milagres*, Capítulo VI, 39, 1-6)

Na tarde do dia de sábado, depois das Vésperas antes da noite em que o bem-aventurado Francisco migrou ao Senhor, muitas aves que se chamam cotovias voavam não muito alto sobre o telhado da casa em que o bem-aventurado Francisco jazia e, cantando, moviam-se em forma de círculo.
(*Compilação de Assis*, 14, 1)

Francisco em Rivotorto

O abandono da choupana

Vivia, até então, o feliz pai com os filhos em um determinado lugar perto de Assis, que se chamava Rivotorto, onde havia um tugúrio abandonado por todos. Este lugar era tão apertado que aí mal podiam sentar-se ou descansar. Aí também, faltando muito frequentemente o pão, comiam somente rábanos que, na penúria, mendigavam aqui e acolá. O homem de Deus escrevia os nomes dos irmãos nas vigas daquele tugúrio, para que cada um, querendo descansar ou rezar, conhecesse seu lugar e para que, na estreiteza e pequenez do lugar, o rumor excessivo não perturbasse o silêncio da mente. [...]

Mas um camponês local achou por bem usar o casebre para seu jumento e tentou entrar empurrando o animal para dentro.

Francisco experimentou um sentimento de hostilidade contra aquele intruso e disse aos companheiros:

[...] *"Sei, irmãos, que Deus não nos chamou para preparar hospedagem para um burro nem para ter frequentes visitas de homens, mas que devamos perseverar principalmente nas orações e ações de graças, pregando de vez em quando aos homens a via da salvação e propondo-lhes conselhos salutares".*

Deixaram, portanto, o dito tugúrio para o uso dos pobres leprosos, transferindo-se a Santa Maria da Porciúncula, junto da qual haviam morado antigamente em uma casinha, antes de obterem a mesma igreja. (*Legenda dos Três Companheiros*, Capítulo XIII, 55, 1-8)

Clara com e por Francisco

> [...] *em uma noite de lua cheia, Francisco se curvou sobre a boca de um poço e, levantando a cabeça, disse alegremente a Leão: "O que achas que vi neste poço?". "A lua que nele está refletida", respondeu Leão. "Não, não é a lua que vi, mas o verdadeiro rosto de Clara."* [...]

E, no final do capítulo sobre Clara, Piero Bargellini acrescenta:

> [...] *Os companheiros, os filhos, os netos podiam abandoná-lo e ter pena dele; Clara era a única criatura do mundo com a qual ele podia contar. Clara não traía, não decepcionava: era uma parte de sua alma. Trancada na torre da pobreza, ela se defendia de todos os ataques. Não quis perder a alegria espiritual em favor do bem-estar material. Francisco havia se casado com a pobreza. Para que a ligação com Francisco fosse indissolúvel, era preciso que Clara fosse pobre. Rebelou-se contra aqueles que quiseram libertá-la das amarras da pobreza como se a quisessem libertá-la das amarras da fidelidade. Resistiu ao próprio papa até o fim: "Santo Padre, livrai-me de meus pecados, não do dever de seguir Nosso Senhor Jesus Cristo". Francisco poderia duvidar de todos, exceto de Clara. Clara não fazia parte de sua família: representava algo mais que uma mãe ou uma filha. Algo mais até do que uma irmã.*
>
> *Clara era a mulher cuja alma se casara com a de Francisco; era a eleita, a companheira; aquela que não trai e sobre a qual o cansaço do homem encontra repouso.* (Piero Bargellini, *San Francesco d'Assisi*)

As últimas palavras de Clara, sussurradas ao agonizar, encerram a graça que os peregrinos, talvez, sentem em seus corações... É, para todos nós, o presente dela, uma "mulher no caminho".

> [...] *E bendito sejais Vós, Senhor, que me criastes!* (*Legenda de Santa Clara*, 46, 5)

9 DE ASSIS A SPELLO

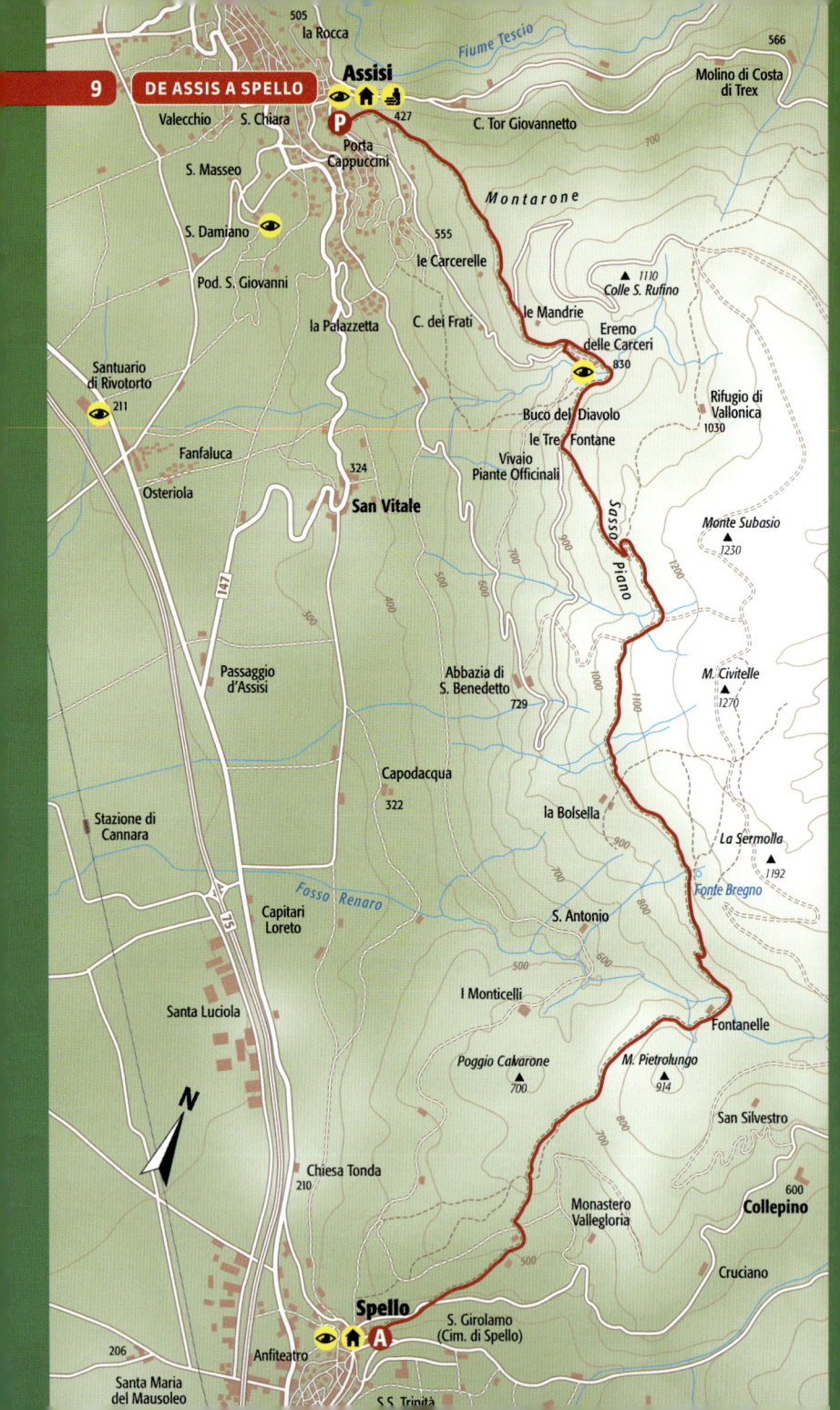

Assisi
505 la Rocca
Valecchio
S. Chiara
S. Masseo
Porta Cappuccini
427
Fiume Tescio
566 Molino di Costa di Trex
C. Tor Giovannetto
Montarone

S. Damiano
Pod. S. Giovanni
la Palazzetta
555 le Carcerelle
C. dei Frati
le Mandrie
1110 Colle S. Rufino
Eremo delle Carceri 830
Rifugio di Vallonica 1030

Santuario di Rivotorto 211
Fanfaluca
Osteriola
324
San Vitale
Buco del Diavolo
le Tre Fontane
Vivaio Piante Officinali
Sasso Piano
Monte Subasio 1230

Passaggio d'Assisi
147
Abbazia di S. Benedetto 729
M. Civitelle 1270

Stazione di Cannara
Capodacqua 322
la Bolsella
La Sermolla 1192
Fonte Bregno

S. Antonio
I Monticelli
Capitari Loreto
Fosso Renaro

Santa Luciola
Poggio Calvarone 700
M. Pietrolungo 914
Fontanelle
San Silvestro

N
Chiesa Tonda 210
Monastero Vallegloria
Collepino 600
Cruciano

Spello
S. Girolamo (Cim. di Spello)
206
Anfiteatro
Santa Maria del Mausoleo
S.S. Trinità

De Assis a Spello

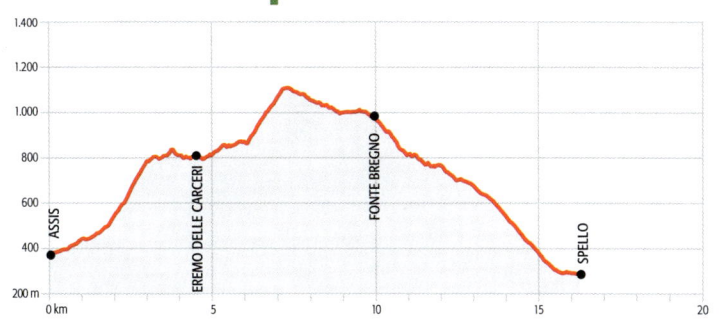

DISTÂNCIA:	**16,3 km**
DESNÍVEL EM SUBIDA:	**830 m**
DESNÍVEL EM DESCIDA:	**930 m**
TEMPO:	**7 horas**
NÍVEL DE DIFICULDADE:	**média**

Onde dormir

Spello: no *Convento Piccolo San Damiano*, das irmãs franciscanas missionárias do Coração Imaculado de Maria, existe, finalmente, um autêntico albergue de peregrinos! Tel.: 0742-65.11.82; para chegar, ver descrição desta etapa.
Entre belos dormitórios com beliches (40 leitos, e, em caso de necessidade, podem ser mais) e ótimos serviços, uma ampla cozinha em regime de autogestão e uma capelinha à disposição dos hóspedes. As irmãs estão habituadas a receber muitos peregrinos e o fazem com alegria! Possibilidade de jantar e café da manhã.
Convento Santa Maria Maddalena, das irmãs agostinianas; em pleno centro, na via Cavour, 1, tel.: 0742-30.22.59, preço para peregrinos.
Struttura Ricettiva In Urbe, *via* Giulia, 97; a poucos metros da rua que desce do monte Subásio. Quartinhos com banheiro privativo, 24 leitos no total. Possibilidade de almoço e jantar, preço para peregrinos. Bar. Tels.: 0742-30.11.45 / 339-34.34.019. ❷

Por uma trilha, subiremos o místico monte Subásio, empreitada que vamos interromper para visitar o solitário Eremo delle Carceri. Esta etapa é toda em sobe e desce, com vistas magníficas do monte que domina Assis. Uma das mais belas etapas do caminho!

De manhã bem cedo, saia de Assis, descendo a partir de sua porta mais alta, a dos capuchinhos; é mágico!

Para encontrar a porta e o caminho, siga as indicações que dizem *Eremo delle Carceri* e, passada a porta, pegue a trilha 50, à esquerda, que nos permite logo adentrar ao verde das encostas do Subásio; é uma trilha íngreme, mas constitui um atalho que encurta muito esse primeiro trecho do percurso. Ao chegar à estrada asfaltada, vire à direita e desça em direção à ermida. Se não visitou a ermida no dia anterior (dedicado à visita a Assis), a parada torna-se obrigatória.

As construções de pedra agarradas à montanha estão escondidas na floresta úmida e escura de azinheiras. A atmosfera é muito mais austera do que a de San Damiano; aqui, Francisco fazia seus retiros para orar nas grutas que

EREMO DELLE CARCERI. *O pátio do claustro.*

ainda se encontram na floresta. Ao sair do recinto da ermida, siga pela estrada asfaltada que leva ao convento de San Benedetto e passa justamente sobre a ermida. Ignore o cruzamento para a trilha 50 e siga na estrada caminhando por uns dez minutos, até aparecer, à esquerda da estrada, a indicação vermelha e branca da trilha 60, que sobe diagonalmente entre as árvores. A trilha, que está muito bem sinalizada, é íngreme, mas fácil de ser percorrida, e bem rapidamente se sai do bosque, emergindo de seu verde espesso, na fronteira de uma vegetação de pradaria do cume do Subásio. Ali existem placas indicando Le Carceri e, à frente, uma cerca; quem quiser ir até a cruz deve virar à esquerda e caminhar 50 metros. Daqui, a vista é maravilhosa! Atrás do peregrino, embaixo, estão Assis e o vale da região de Spoleto, e, em frente, Trevi, com Spoleto ao longe; Spello fica escondida pela pequena colina que a divide do Subásio. É difícil ir embora deste mirante natural!

Voltando pelo mesmo caminho, siga reto, tendo a cerca à esquerda; o caminho segue suave e quase plano, sempre ao lado de um campo, para, depois, descer à direita e seguir de um lado ou de outro da cerca. A trilha 60 junta-se de novo com a 50, que desce do topo do monte, logo depois da fonte Gregna, onde se encontra uma interessante escultura moderna que representa a Irmã Água. Entre pela íngreme trilha 50, descendo no bosque até um pequeno vale que liga o Subásio ao monte Pietrolungo. Depois de poucos metros de subida, a trilha se torna um carreador longo mas agradável, que segue sempre descendo, à medida que o bosque se faz mais esparso. Em um cruzamento com uma estrada de terra, Atenção: não entre, mas siga sempre reto por uma trilha que continua a descer. Na ligação seguinte com outra estrada de terra, vire à direita.

Esse último trecho está imerso nos olivais e nos campos altos da cidadezinha e desce suavemente até **Spello** [✍]. Ao final, há uma pequena fonte com uma ótima água de nascente. Entre na cidade por uma das portas; quem pernoitar em Piccolo San Damiano pode ir diretamente para lá seguindo o muro do convento das clarissas para depois descer à direita, pela via Fontevecchia, onde, depois de 600 metros, à direita da rua, está o convento das irmãs.

O que ver

Spello Nascida como fortificação romana, conserva daquela época três belas portas incrustadas nas muralhas que ainda a circundam: Porta Venere, com as suas duas torres altas, Porta Consolare e Porta Urbicale. A cidadezinha tem o típico aspecto de todas as cidadezinhas da Úmbria, agarrada a uma colina; mas o que mais impressiona é como a estrutura medieval, com as estradinhas tortuosas e íngremes, permaneceu intacta no tempo, apesar do transcurso da história e de tantos terremotos que a sacudiram.

Não se pode perder a belíssima igreja de Santa Maria Maggiore, que compreende a capela Baglioni, inteiramente coberta de afrescos de Pinturicchio. A *Natività* é realmente uma obra-prima!

E a igreja de Sant'Andrea, do século XIII, antes estabelecimento dos franciscanos na cidade, cedida a eles pelos beneditinos, em 1254. Sobre o altar maior, um belíssimo crucifixo em madeira da escola de Giotto, tendo São Francisco aos pés. Ao lado, uma maravilhosa pintura de Pinturicchio.

Além disso, é possível ver as ruínas do anfiteatro romano do século I d.C., antigamente parte de um grandioso complexo.

Infiorata di Spello [Tapete de flores de Spello] Para a festa de *Corpus Christi*, em junho, os habitantes de Spello criam um fantástico tapete de pétalas de flores que a passagem da procissão irá destruir num instante. Vale uma viagem na noite do sábado para admirar o trabalho delicado, devotado e sapiente de toda uma cidade para criar esse hino à beleza da criação, que só fotos podem fixar em sua mágica precariedade.

Francisco e a natureza

> [...] *E quando encontrava grande quantidade de flores, de tal modo lhes pregava e as convidava ao louvor do Senhor, como se elas fossem dotadas de razão. Assim também, com sinceríssima pureza, admoestava ao amor divino e exortava a generoso louvor os trigais e vinhas, pedras e bosques e todas as coisas belas do campo, as nascentes das fontes e todo o verde dos jardins, a terra e o fogo, o ar e o vento.* [...] (Frei Tomás de Celano, *Primeira vida de São Francisco*, Primeiro Livro, Capítulo XXIX, 81, 3-4)
>
> *Igualmente, quando lavava as mãos, escolhia um lugar tal que aquela [água da] ablução depois não fosse calcada com os pés. Quando ele precisava andar sobre as pedras, andava com temor e reverência, por amor daquele que é chamado de pedra.*
>
> *Por isso, quando dizia aquele versículo do salmo em que se afirma:* Exaltastes-me sobre a pedra, *dizia por grande reverência e devoção: "Exaltastes-me sob os pés da pedra".* (*Compilação de Assis*, 88, 1-3)

Ao frade que cortava a lenha para o fogo, recomendava que não cortasse inteiramente a árvore, mas que deixasse uma parte dela. Deu essa ordem também a um irmão do lugar em que se hospedava.

> *Também a um irmão que cuidava da horta dizia que não cultivasse toda a terra da horta somente para ervas comestíveis, mas destinasse uma parte da terra para produzir ervas verdejantes que, a seu tempo, produzissem irmãs flores. Mais ainda, dizia que o irmão hortelão devia fazer belo jardim de uma outra parte da horta, colocando e plantando ali de todas as ervas aromáticas e de todas as ervas que produzem belas flores para que, a seu tempo, elas convidassem quantos as olhassem ao louvor de Deus, porque toda criatura diz e proclama: "Deus me fez, ó homem, por causa de ti".* (*Compilação de Assis*, 88, 5-7)

Francisco em Spello

Das fontes franciscanas não se depreende que Francisco tenha ficado nessa pequena cidade, seguramente próspera em seu tempo, ainda que não seja difícil imaginar que possa ter passado por aqui.

Mas, na *Primeira vida de São Francisco*, de Tomás de Celano, conta-se que:

> *Um cego de Spello, diante do túmulo do sagrado corpo, reencontrou a visão por longo tempo perdida.* (*Terceiro Livro*, II, 136, 3)

DE ASSIS A SPELLO

No *Tratado dos Milagres*, também de Tomás de Celano, também se mencionam outros milagres ocorridos na cidadezinha.

Quando então, provavelmente no Pentecostes de 1219, no "capítulo das esteiras", convergiram para a planície de Santa Maria degli Angeli cinco mil frades para encontrar Francisco, as pessoas da planície *spoletana*, inclusive os habitantes de Spello, levaram o alimento necessário para aquela multidão de jovens de toda a Europa.

> [...] *Mas o principal pastor, Cristo bendito, querendo mostrar como cuida de suas ovelhas e tem singular amor aos seus filhos, logo e logo inspirou aos habitantes de Perusa, de Espoleto, de Foligno, de Spello e de Assis e de outras terras circunvizinhas que levassem o que comer e beber àquela santa congregação. E eis que subitamente chegam das ditas terras homens com jumentos, cavalos, carros carregados de pães e de vinho, favas, queijos e de outras boas coisas de comer, como os pobres de Cristo necessitavam. Além disso, traziam toalhas, púcaros, garrafas, copos e outros vasos de que tal multidão havia mister.* [...] (*I Fioretti*, Capítulo 18)

As vielas de Spello

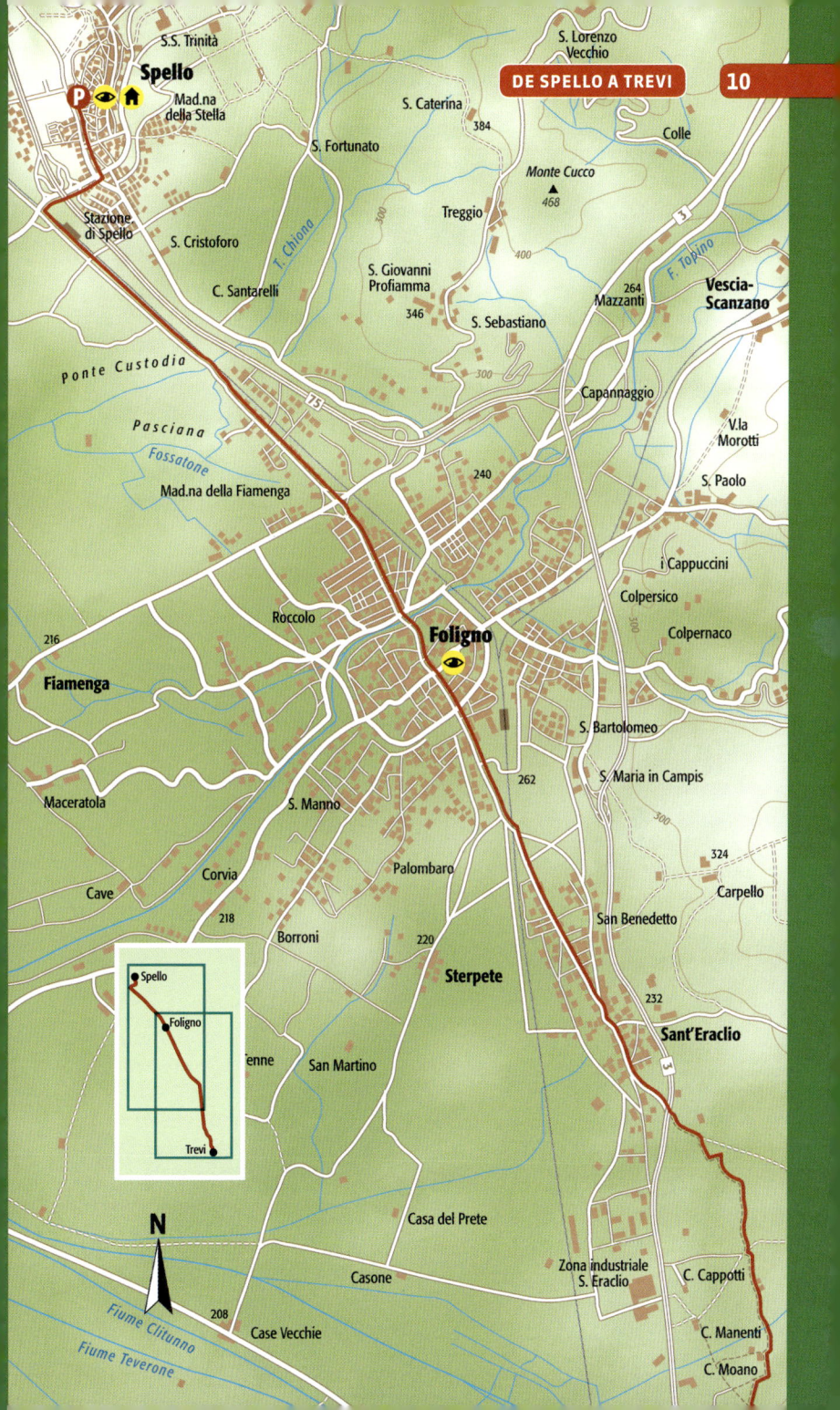

DE SPELLO A TREVI   10

Spello
S.S. Trinità
Mad.na della Stella
S. Lorenzo Vecchio
S. Caterina
S. Fortunato
Colle
Monte Cucco 468
Treggio
Stazione di Spello
S. Cristoforo
T. Chiona
C. Santarelli
S. Giovanni Profiamma 346
S. Sebastiano
Mazzanti 264
F. Topino
Vescia-Scanzano
Ponte Custodia
Capannaggio
V.la Morotti
Pasciana
S. Paolo
Fossatone
Mad.na della Fiamenga
240
i Cappuccini
Colpersico
216
Roccolo
Foligno
Colpernaco
Fiamenga
S. Bartolomeo
S. Maria in Campis
Maceratola
S. Manno
Corvia
Palombaro
324
Cave
Carpello
218
Borroni
San Benedetto
220
Sterpete
232
San Martino
Sant'Eraclio

Spello
Foligno
Trevi

N

Casa del Prete
Casone
Zona industriale S. Eraclio
C. Cappotti
Fiume Clitunno
208
Case Vecchie
C. Manenti
Fiume Teverone
C. Moano

10

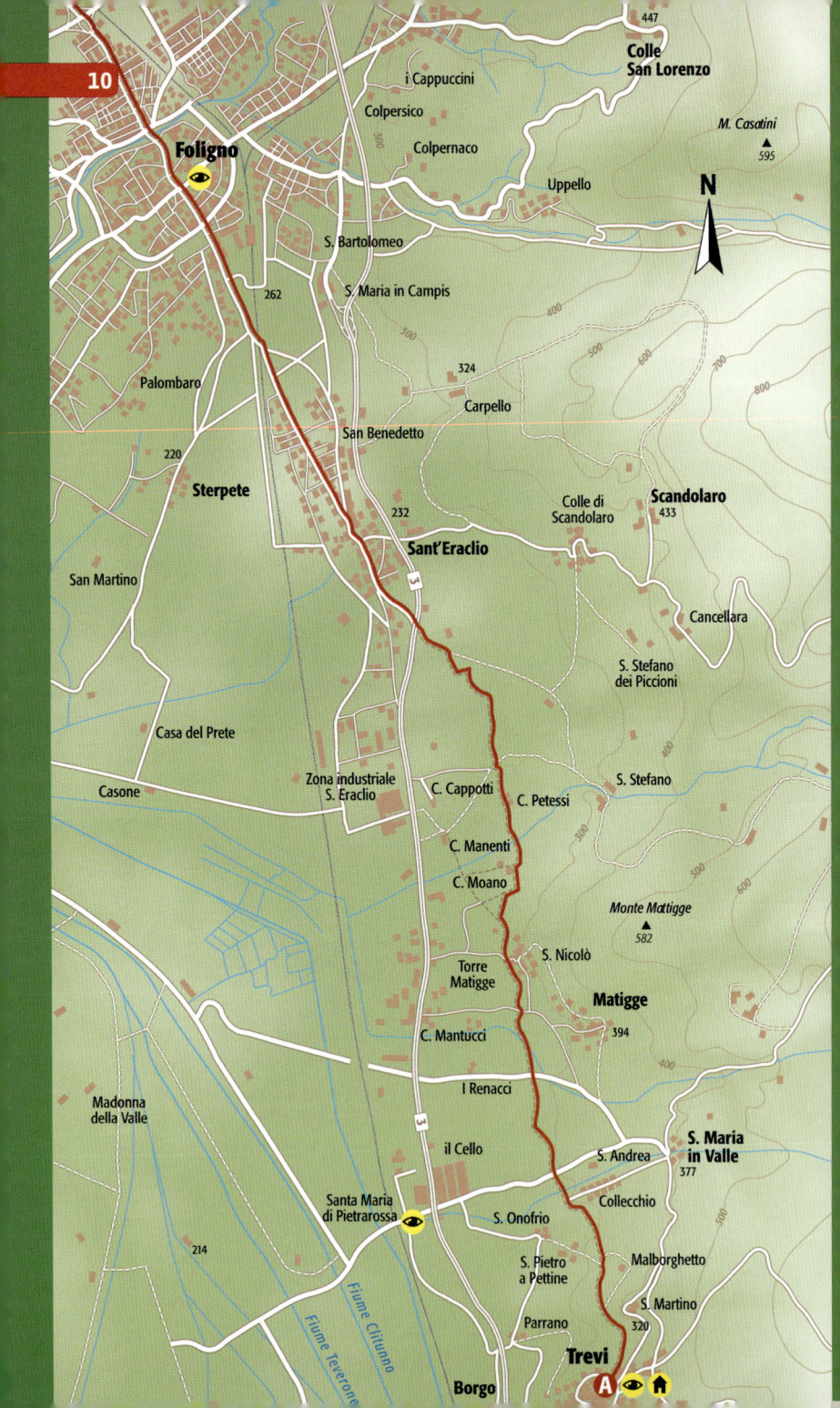

De Spello a Trevi

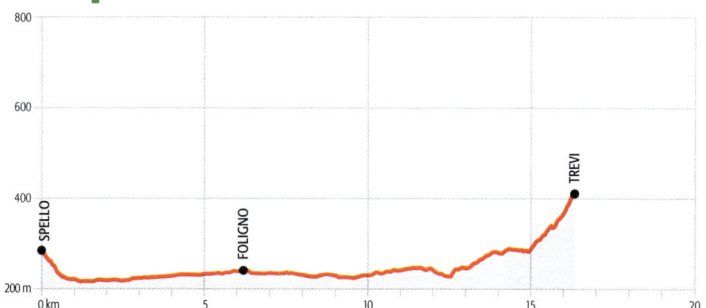

DISTÂNCIA:	**16,4 km**
DESNÍVEL EM SUBIDA:	**220 m**
DESNÍVEL EM DESCIDA:	**100 m**
TEMPO:	**4/5 horas**
NÍVEL DE DIFICULDADE:	**fácil**

Onde dormir

Trevi: *Convento di San Martino*, no começo do povoado; as queridas irmãs clarissas mudaram-se para lá e hospedaram com prazer cinco peregrinos de Francisco; pernoite e café da manhã mediante contribuição, tel.: 0742-78.216.
Monastero Santa Chiara, no lugar onde estavam as clarissas; agora é uma nova comunidade religiosa, que terá prazer em hospedar os peregrinos! De abril a outubro, 9 quartos, com 17 camas, mediante contribuição, com café da manhã; santachiara.ccn@gmail.com, tel.: 0742-78.613 (tratar com Aldo).
Pizzeria-Trattoria La Casareccia, quartos apenas no verão. Fecha às segundas. Tel.: 0742-78.09.94.
Residence Sant'Emiliano, no centro histórico, *piazza* del Municipio: quartos duplos; preços para peregrinos em quartos triplos muito bonitos. Tels.: 348-22.85.34.43 / 380-43.93.656. ☎
Monastero di Santa Lucia, das monjas beneditinas; na cidade, no trajeto que será feito amanhã, mas longe do centro e dos restaurantes; casa de hóspedes com 30 leitos, sem café da manhã. Tel.: 0742-78.242.

Hoje é uma etapa curta, por estradinhas e caminhos mais planos, mas pontuada de lugares muito importantes para visitar, entre os quais a igreja de São Francisco, em Foligno, que conserva os restos mortais de Santa Angela de Foligno, uma das maiores místicas da história franciscana, e Santa Maria di Pietrarossa, igreja da história antiga e peregrina (no desvio). Depois, com uma breve subida, chegamos à bela Trevi, rodeada por um mar de oliveiras.

A etapa tem início na porta que fica na parte mais baixa e importante da cidade; siga reto, pelas indicações para Foligno [✍], na estrada que margeia a autoestrada à esquerda (infelizmente, o barulho dessa estrada acompanhará o peregrino até a metade da etapa seguinte).

Na placa para Foligno, continue pela estrada principal e, depois de mais ou menos 1,5 km, entre pela passagem abaixo da autoestrada para, depois, virar à direita e, logo em seguida, à esquerda, em uma pequena rotatória onde existe um pequeno oratório.

10 DE SPELLO A TREVI

TREVI. *Vista da aldeia.*

No final da rua que passa por entre as casas, vire à direita e, depois, à esquerda; em seguida, vire à direita e, pouco depois, outra vez à direita, passando por uma pequena passagem subterrânea. Vire logo em seguida à esquerda e, outra vez, à esquerda, entrando na ponte; o peregrino estará então na *via* IV Novembre. Siga por ela até a Porta Romana. Se quiser visitar a cidade, vire à direita (a igreja de São Francisco, onde estão os restos mortais da beata Angela, está daquele lado do centro) para depois voltar até a Porta Romana e seguir reto, conforme as indicações para o povoado de Sant'Eraclio.

Ao chegar à aldeola, atravesse a praça, mantendo a igreja à direita, e, depois, siga reto (antiga *via* Flaminia, no mapa) por cerca de 500 metros; pegue então a estrada à esquerda com a indicação *"strada per Pozzo Secco"*. Passe sob a estrada de quatro pistas, a Nuova Flaminia; na rotatória que se encontra pouco depois, siga reto por uma larga estrada de terra, ignorando as estradas asfaltadas laterais.

No cruzamento, pegue a direita para a estrada de terra e, em seguida, outra vez à direita, e entre em uma estradinha asfaltada que margeia uma antiga pedreira. No cruzamento seguinte, entre por uma estreita estrada asfaltada: pegue a esquerda em leve subida e, depois de 80 metros, vire à direita, ignorando a estrada que sobe reto. Essa parte do caminho não é particularmente excitante, e deve-se prestar muita atenção para não se perder por estradinhas que se parecem muito umas com as outras. A vantagem é evitar as estradas principais e manter-se à esquerda do vale para, depois, subir com facilidade para Trevi; por isso, paciência!

Nas vizinhanças de uma fábrica para a produção de areia, o asfalto termina, e a estrada continua por terra, entre duas fileiras de carvalho. Ao chegar

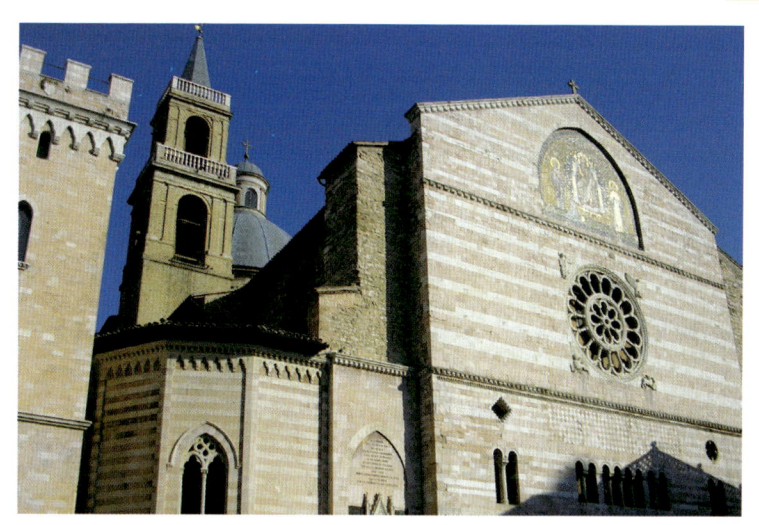

FOLIGNO. *A catedral.*

à fábrica de cimento, desça à direita pelo asfalto por poucos metros, para logo pegar, à direita, a estrada de terra com carvalhos à esquerda e uma pedreira à direita. A estrada, em meio a oliveiras, faz uma curva em subida para a esquerda: siga reto pela estrada de terra entre duas fileiras de carvalho e uma nova pedreira à direita. Depois de aproximadamente 500 metros há uma ligação com uma estrada de terra; vire à direita em direção a uma casa e, imediatamente, vire à esquerda, passando em frente dela; no final da estrada que margeia os campos, vire à direita e, em seguida, à esquerda e, outra vez, à esquerda. No cruzamento em "v", pegue a estrada à direita e, no final, à esquerda. No final, entre na estrada em subida à esquerda; Trevi corta o horizonte. No cruzamento marcado por uma cruz de ferro, bem no meio da estrada, atravesse a via e suba reto até a primeira curva, onde se entra em uma estradinha de terra que vira à direita.

Depois de atravessar duas estradas asfaltadas, siga reto pela *via* delle Ginestre, passe por um edifício escolar e continue reto. Sendo esta uma etapa curta, se estiver a fim de caminhar alguns quilômetros mais para visitar a igreja de **Santa Maria di Pietrarossa**, faça o seguinte: quando começar a ver Trevi, no cruzamento onde está a placa *"Agriturismo Residenza Paradiso"* e a *via* Collecchio, vire à direita e, depois de 1 km de descida, atravesse a Vecchia Flaminia; a igreja está a 300 metros do cruzamento, à esquerda. Para visitar o interior da igreja, ligue para o responsável, o gentilíssimo sr. Enrico Cagnoni, tel.: 333-86.72.773.

Para retomar o caminho para Trevi, volte pelo mesmo trajeto; logo que atravessar a Flaminia, à direita, está uma casa particular fechada, onde era o leprosário de San Lazzaro e Tommaso, e onde aconteceu o episódio entre

Francisco e o leproso, narrado nos *Fioretti*. Seguindo adiante, vire à direita na *via* Vocabolo San Tommaso, em subida; depois de 800 metros, à direita, depois de um portão particular mantido sempre aberto, pode-se visitar a igrejinha de San Pietro al Pettine, com um pequenino campanário. Depois de poucos passos, já se está de novo no caminho para Trevi.

Seguindo adiante, encontra-se o letreiro "Agriturismo Residenza Paradiso" e um grupo de casas com um pequeno santuário; entre na estrada de terra que segue em descida e, ignorando os cruzamentos à esquerda e à direita, siga pela estrada asfaltada que surge abaixo; siga-a em subida, passando por um pequeno monte com um pequeno santuário e ignorando o cruzamento à esquerda para Marborghetto.

Então, no asfalto, tem início uma subida íngreme, que leva diretamente à praça de **Trevi** [✍]. Essa última parte do percurso é muito bonita e compensa os quilômetros percorridos entre terras não cultivadas e pedreiras.

O que ver

Foligno Ao contrário da maioria das cidadezinhas da Úmbria, Foligno fica numa planície, na confluência dos rios Topino e Mentore. A localização sempre favoreceu seu desenvolvimento econômico.

A cidade, fundada pelos umbros, foi conquistada pelos romanos, tornando-se, primeiro, *municipium* romano, e depois, no século II, um ponto de trocas comerciais. Foi saqueada pelos sarracenos e pelos húngaros nos séculos VIII e IX, em seguida se tornou uma comuna livre, no século XII. Foi conquistada no final do século XIII pelo Estado Pontifício. O período mais glorioso aconteceu sob a *signoria* guelfa da família Trinci, quando conquistou o domínio sobre as cidades de Assis, Spello e Montefalco.

Não se pode deixar de ver a *piazza* del Duomo e a igreja de São Francisco, que guarda os restos mortais de Santa Angela, mística franciscana pouco posterior a Francisco que, com seu cenáculo e seus escritos, é um marco do mundo feminino franciscano!

Santa Maria di Pietrarossa O nome da igreja deriva de uma pedra vermelha (*pietra rossa*) com um furo no meio, que se encontra em uma das pilastras à direita da nave central. Os fiéis, diante do templo à deusa Juno, atribuíam propriedades curativas e poder fertilizante à pedra. Tais ritos de fecundidade inspiraram mais tarde, na época cristã, as belíssimas imagens da Virgem com o Menino que cobrem as paredes, sejam externas, sejam internas da igreja. Perto da igreja estava o leprosário de que falam os *Fioretti* e o poço de San Giovanni, com cujas águas milagrosas Francisco teria lavado as chagas do leproso.

Trevi Pequena cidade cuja fundação é atribuída aos umbros, ainda que achados pré-históricos indiquem a existência anterior de uma colônia paleolítica.

Desenvolveu-se, ao longo da estrada, a *via* Flaminia, na época romana, durante a era imperial. Foi citada por Plínio com o nome de Trebae e como uma das mais antigas cidades da Úmbria. Aliada de Perugia nas lutas contra Spoleto, foi completamente destruída em 1214 pelo ducado de Spoleto. Na metade do século XV, a cidade contribuiu para a drenagem dos pântanos que invadiam a parte plana do vale *spoletino*.

No final do século XV, Trevi era famosa por sua geografia. Não se deve deixar de visitar, logo do lado de fora dos muros da cidade, a igreja de Santa Maria delle Lacrime [Santa Maria das Lágrimas], finalizada em 1522: conserva belos afrescos de Lo Spagna e a *Epifania* de Perugino. Também se recomenda a visita à igreja de São Francisco, erguida em 1213, em memória de sua pregação na praça da cidade, além do museu anexo, e ao Museo Regionale della Civiltà dell'Olio [Museu Regional da Civilização do Azeite].

A boa água de Spello

Francisco em Foligno e em Trevi

Francisco em Foligno

Na *piazza* del Duomo de Foligno, Francisco começou a se libertar dos bens terrenos: agiu por impulso, seu novo caminho ainda não estava definido, mas esse gesto já o tornou mais leve.

> *Levanta-se, por conseguinte, munindo-se com o sinal da santa cruz e, tendo preparado o cavalo, monta sobre ele e, levando consigo panos escarlates para vender, dirige-se apressado à cidade que se chama Foligno. Aí, tendo vendido, como de costume, todas as coisas que levara, o feliz comerciante, depois de ter recebido o preço, deixou também o cavalo em que então montava e, voltando de lá, tendo deposto o fardo, pensava com religioso intuito o que faria do dinheiro. Total e rapidamente convertido de modo admirável à obra de Deus, sentindo-se muito pesado por carregar aquele dinheiro ainda que por uma hora e considerando como areia todo aquele ganho, apressa-se por desfazer-se dele o quanto antes. E, ao voltar para a cidade de Assis, descobre perto da estrada uma igreja que outrora havia sido construída em honra de São Damião, mas que ameaçava ruína próxima devido à demasiada antiguidade.* (Frei Tomás de Celano, *Primeira vida de São Francisco*, Primeiro Livro, Capítulo IV, 8, 3-6)

Francisco ofereceu o dinheiro ao pobre sacerdote que ali vivia e lhe pediu para viver com ele.

Depois de muito insistir, venceu as hesitações do padre ancião que, no entanto, não aceitou o dinheiro, por temer as reações do pai de Francisco, Pietro di Bernardone, e...

> [...] [Francisco,] *o verdadeiro desprezador do dinheiro*[,] *atira* [o dinheiro] *em uma janela e considera como pó.* (Frei Tomás de Celano, *Primeira vida de São Francisco*, Primeiro Livro, Capítulo IV, 9, 7)

Francisco em Santa Maria di Pietrarossa

O leproso de corpo e alma

> [...] *adveio* [...] *servirem os frades em um hospital a leprosos e enfermos, no qual havia um leproso tão impaciente e insuportável e arrogante que cada um acreditava certamente, e assim o era, estar possuído do demônio. Porque aviltava com palavras e pancadas tão cruelmente a quem o servisse e, o que era pior, com ultrajes blasfemava contra Cristo bendito e sua Santíssima Mãe, a Virgem Maria* [...]

Os frades falam com Francisco, "[...] o qual vivia então em um convento próximo dali", parece que em Bovara. O leproso lastima junto a Francisco a maneira como o servem os frades; Francisco ora por ele e depois se oferece para cuidar dele, dizendo: "Farei o que quiseres". O leproso quis que Francisco o lavasse completamente e...

> *Então São Francisco mandou ferver água com muitas ervas aromáticas: depois lhe tira a roupa e começa a lavá-lo com as suas mãos [...]. E por divino milagre, onde São Francisco tocava com suas mãos, desaparecia a lepra, e a carne ficava perfeitamente curada. E quando começou a carne a sarar, também começou a alma a sarar [...] (I Fioretti, Capítulo 25)*

Francisco em Trevi

Francisco fala com um jumento

Bartolomeu de Pisa, em *De Conformitate*, conta que, em Trevi, enquanto Francisco pregava na praça da cidade, um jumento ali entrou zurrando e correndo loucamente, assustado com a presença de tantas pessoas:

> *[...] o beato Francisco, diante de todos, lhe disse: "Irmão asno, fique quieto e deixe que eu faça a pregação". E eis que o asno logo se acalmou, abaixou a cabeça em direção às patas e ficou quieto, em completo silêncio [...]*

Santa Angela de Foligno

Vários trechos de seu *Memoriale* ou do que já se escreveu a seu respeito poderiam ser reproduzidos neste livro. Fervorosa terciária franciscana, Santa Angela nasceu aproximadamente 22 anos após o falecimento de Francisco e é uma das maiores franciscanas e místicas de todos os tempos. Peregrina dos poucos – e, para ela, vívidos – quilômetros que separam Foligno de Assis; formidável Peregrina do Infinito. Recomendo, a quem deseja mergulhar nas leituras inspiradoras a respeito de Santa Angela, os livros de padre Bernardo Commodi. Para "saborear" seu fervor, leia-se o que declara Angela na instrução XXXIV:

> *Ao descobrir que Deus é bom, a alma O ama por Sua bondade, e amando-O deseja possuí-Lo; desejando-O, a alma se dispõe a dar tudo que tem ou porventura terá, até mesmo ela própria, para ser capaz de possuí-Lo, e, ao possuí-Lo, sente e saboreia Sua doçura; possuindo, sentindo e saboreando Deus, a doçura suprema e infinita, a alma experimenta o deleite máximo. E eis que a alma, enamorada de seu doce Amado, anseia guardá-lo junto a si, e, ansiando guardá-lo junto a si, abraça-O; abraçando-O, prende-se e reúne-se a Deus e vice-versa, com a suprema doçura do amor. Nesse momento o poder do amor transforma o amante em Amado, e o Amado em amante, ou seja, a alma, inflamada pelo amor divino, graças ao poder do amor se transforma no Deus que ela ama com tamanha doçura.*

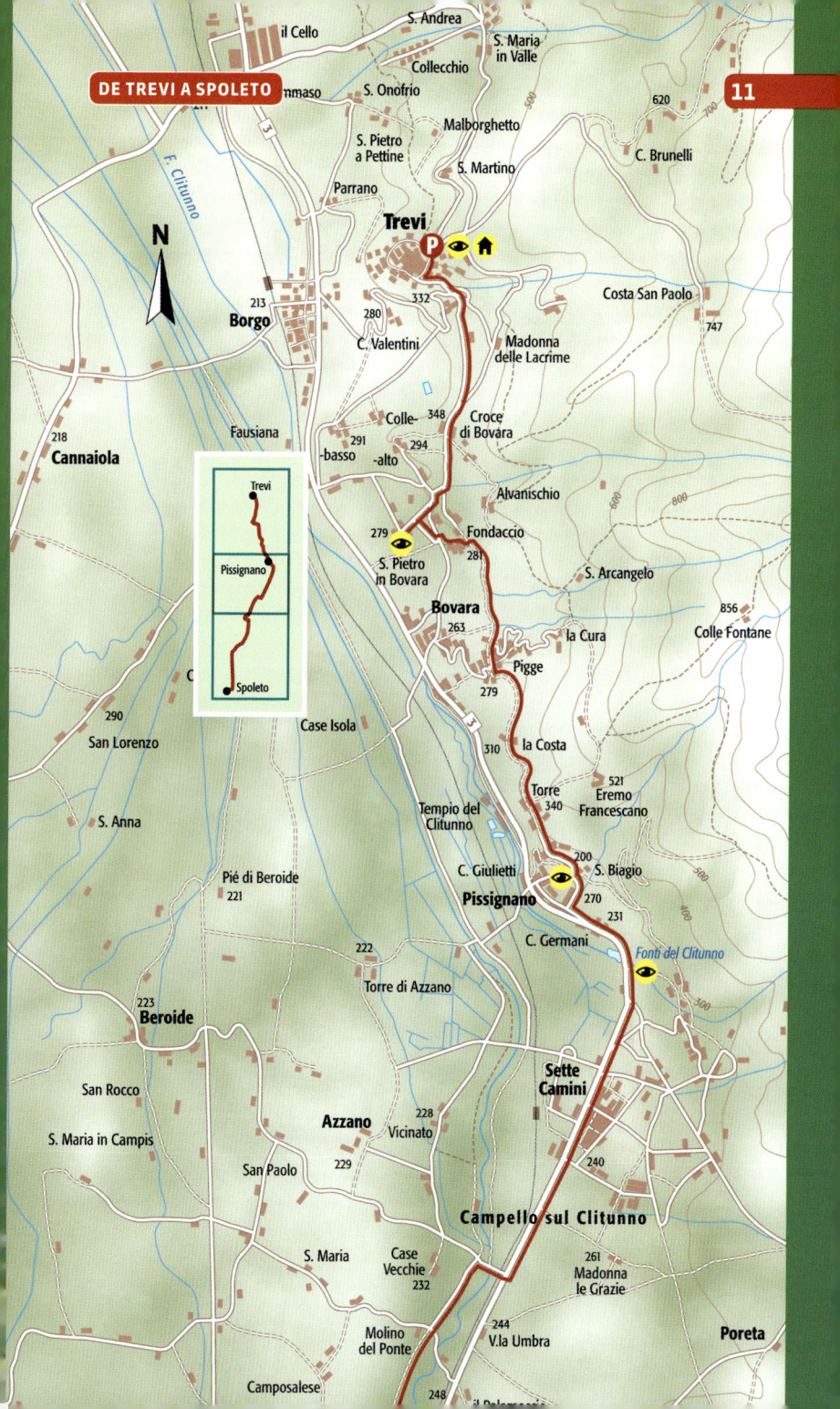

DE TREVI A SPOLETO

11

11

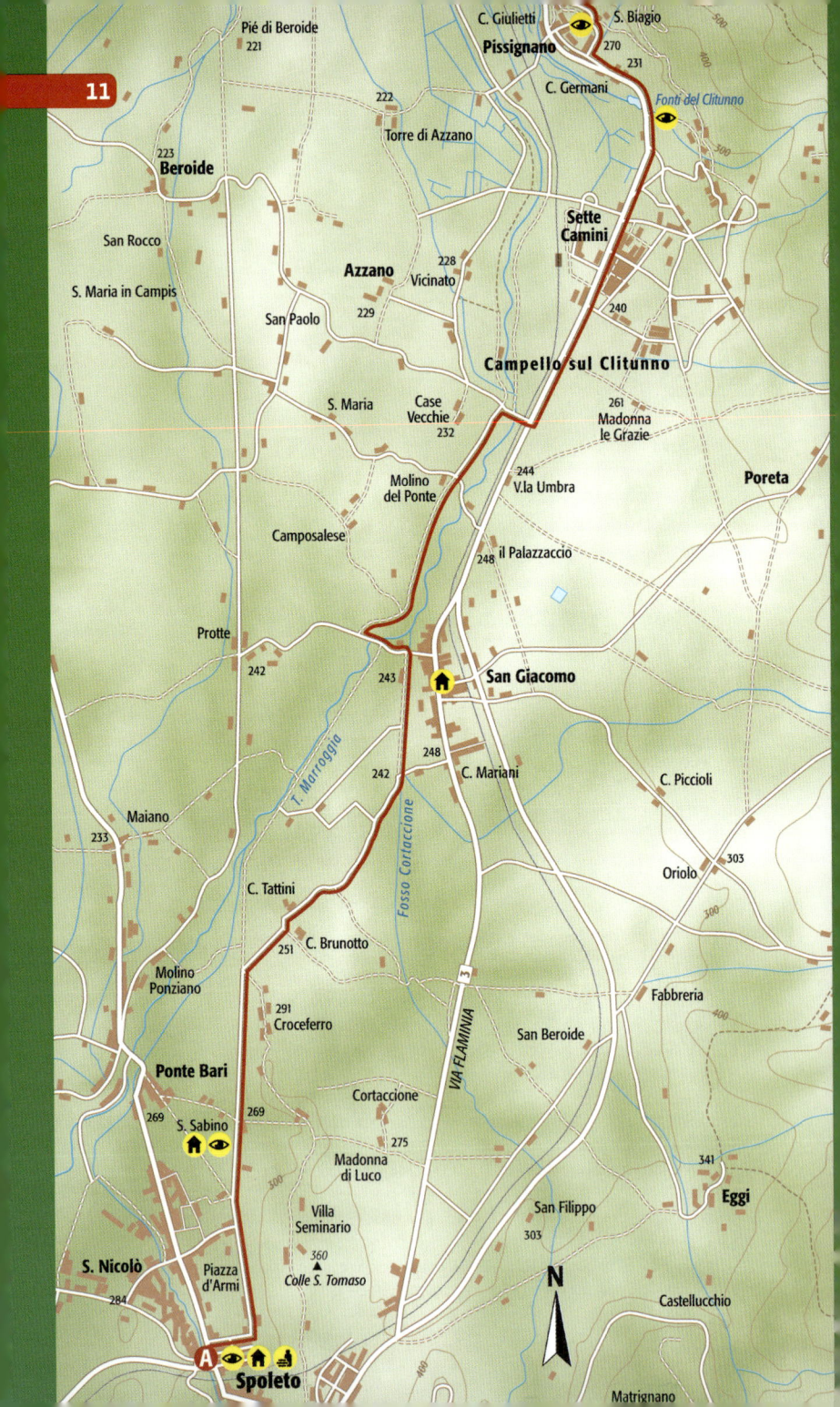

De Trevi a Spoleto

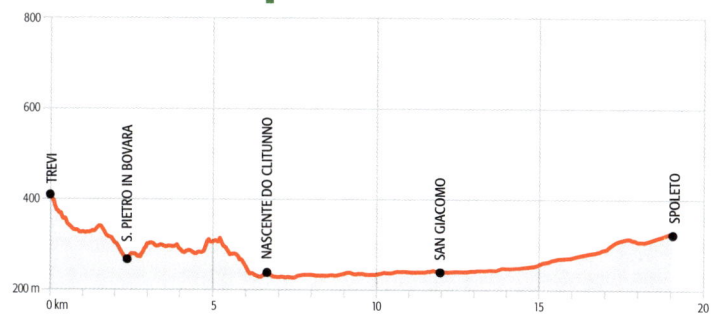

DISTÂNCIA:	**19,1 km**
DESNÍVEL EM SUBIDA:	**80 m**
DESNÍVEL EM DESCIDA:	**110 m**
TEMPO:	**5 horas**
NÍVEL DE DIFICULDADE:	**média**

Onde dormir

San Giacomo: (5 km antes de Spoleto) *B&B Piccola Parigi*, 3 quartos, 8 leitos. Café da manhã, uso da cozinha, máquina de lavar roupa. Preços com desconto para peregrinos. Tels.: 0743-27.73.19 / 335-43.06.95. ✆

Spoleto: *Parrocchia di San Sabino*, poucos quilômetros antes de Spoleto, em um lugar muito importante na vida de Francisco. Dom Mirco tem prazer em receber os peregrinos nas instalações paroquiais: hospedagem pobre mas confortável, mediante contribuição. No momento, tem 9 leitos, mas, no futuro, haverá mais. Tels.: 329-44.85.400 / 0743-26.11.77.

Ostello per la Gioventù, via di Villa Redenta, 1; tel.: 0743-22.49.36. Na parte baixa da cidade, partindo da estação ferroviária, percorra o caminho que leva à cidade e, ao chegar a um monumento moderno, no meio do caminho, vire à esquerda na *via* Flaminia Vecchia; o albergue está a 700 m; 45 leitos (quartos com 1 a 4 camas, com banheiro, roupa de cama e café da manhã inclusos). Preços para peregrinos. O jantar pode ser encomendado. Aberto o ano todo.

B&B Villa Massaccesi, via xvii Settembre, 11, travessa da *via* Flaminia Vecchia, 4 a 5 leitos. Acolhida calorosa e familiar; desconto de 10%; café da manhã farto, servido também no jardim. Lavadora de roupa e cozinha, tels.: 0743-48.015 / 339-41.78.982. *Ristorante dei Pini*, a 250 m da Villa Redenta, na *via* Flaminia Vecchia, sentido San Giacomo, para um jantar típico muito bom, a preços de pizzaria, imbatível! Tel.: 0743-48.156, fechado às segundas. Possibilidade também de dormir em quartos com duas camas (29 leitos), preços para peregrinos.

Casa di Accoglienza San Ponziano, via Basilica San Salvatore, 2, tel.: 0743-22.50.86. Em uma pequena colina à esquerda da cidade, vindo da estação. Ao lado da igreja de San Ponziano, que merece uma visita; hotel com aspecto de hotel! São 30 quartos (banheiro e roupa de cama), com 2 a 4 camas. Baixa temporada (outubro a março): sem café da manhã; alta temporada: café da manhã em bufê e jantar. Preços bem altos.

Albergo Villa Cristina. Na estrada que vai de Spoleto a Romita di Cesi (600 m depois do pronto-socorro do hospital da *via* Loreto), passando por Collerisana; 20 leitos. Preços para peregrinos, possibilidade de café da manhã, almoço e jantar. Tratar com Anna Maria. Aberto o ano todo. Tels.: 0743-22.28.58 / 0743. 48.036. ✆

Hotel Aurora, em pleno centro, *via* dell'Apollinare, 3; 42 leitos; quartos com 1 a 4 camas, preços para peregrinos, farto café da manhã! Tel.: 0743-22.03.15, info@hotelauroraspoleto.it. ✆

Monteluco: é possível se hospedar a preço único no *Hotel Paradiso*, tels.: 0743-22.30.82 / 348-79.02.759. Jantar e café da manhã.

Convento di San Francesco. Sendo um local de formação religiosa, normalmente não existe possibilidade de hospedagem. Mas pode valer a pena tentar ligar para o frei responsável, tel.: 0743-40.711.

11 DE TREVI A SPOLETO

Em meio às oliveiras, encontramos a igreja de Bovara, reduto de memória franciscana. Vamos descer então para as românticas Fonti del Clitunno. Às portas de Spoleto, faremos uma parada em San Sabino, onde aconteceu o sonho que levou Francisco de volta a Assis para dar início à sua nova vida.

O início do percurso do dia depende de onde se passou a noite. Se foi no centro da cidade, o caminho mais curto começa na *piazza* Garibaldi (grande estacionamento), descendo depois pela *via* delle Fonti; na primeira placa de "pare", vire à esquerda e, depois de poucos passos, pegue a estradinha que desce à direita daquela em que o peregrino estava. No final dessa estradinha, vire à esquerda, atravesse a estrada e, logo em seguida de novo, vire à direita na estrada de terra que beira o muro do parque atrás da igreja da Madonna delle Lacrime. Se quiser admirar os lindos afrescos de Perugino abrigados na bela igreja do Renascimento, antes de seguir caminho entrando na estradinha, vire à direita e, em seguida, desça os cerca de 100 metros que separam a estrada principal de sua entrada. Para abrirem a igreja, o peregrino tem de tocar a campainha no instituto ao lado, e uma gentil irmã virá atender. Quem passou a noite nas clarissas ou nos beneditinos que se encontram na parte baixa da cidade deve percorrer a *via* del Crocifisso e, depois de ter passado a porta da cidade onde essa rua termina, descer até a estrada mais abaixo, virar à esquerda e seguir até a estradinha de terra descrita acima, onde se deve virar.

A estradinha atravessa uma linda bacia coberta de oliveiras e, em menos de 1 km, conduz à *strada provinciale* Trevi-Pigge-Mattigge, onde se vira à direita, a caminho, em subida, da passagem entre este vale e o seguinte. Seguindo depois a estrada provincial em descida, ignore os desvios, passe o cruzamento à direita que indica "Osteria la Cantinetta" e, depois de uma dupla curva, com numerosos desvios, pegue uma estrada asfaltada à direita que desce reto para a igreja de SAN PIETRO IN BOVARA.

A partir da igreja, caminhe mais ou menos 150 metros e vire na primeira travessa à direita, seguindo até a *strada provinciale*. Desça por poucos metros e, no cruzamento, suba pela via em cujo início existe uma cruz de ferro. Chega-se a um grupo de casas (Fondaccio); não tome o caminho plano e, em vez dele, suba à esquerda, passando em frente à fonte do aqueduto de Campello. A via é estreita e sobe entre as casas para, depois, tornar-se uma trilha curta entre as oliveiras; saia na estrada de asfalto, virando à direita. Caminhe no plano, passando pela fábrica de azeite Lucentini; no alto está a igreja de Sant'Arcangelo, que se destaca sobre a planície. Ignorando as travessas, chega-se a um nucleozinho urbano pertencente à comuna de Trevi, a *frazione* Pigge. A estrada em que o peregrino está vai até uma estrada asfaltada; siga até um campanário, a estrada logo depois vira à direita em descida. Na curva que dobra à direita, atravesse e, na lavanderia que fica abaixo, pegue uma trilha que, por poucos metros, desce para a estrada vizinha (passando por

SPOLETO. *O castelo e a ponte das torres.*

trás de uma casa) e se enfia pelo meio das oliveiras; não entre no cruzamento que sobe, vá até o pé do muro do **Castello di Pissignano**. Convém visitar o castelo antes de iniciar a descida por uma breve, estreita e tortuosa estradinha asfaltada.

Ao descer, encontramos uma igreja e, mais adiante e à direita, entre as oliveiras, uma pequena *pieve*, com uma estradinha de terra em frente, para depois, no cruzamento, entrar na estrada asfaltada. Pegue a estrada na parte plana, à direita (*via* Plinio il Giovane), que, depois, numa descida íngreme, conduz à rua principal do povoado de Pissignano. Vire à esquerda na *via* delle **Fonti del Clitunno** (ótimo bar à esquerda, no cruzamento com a *via* Flaminia), atravesse depois a Flaminia e chegue às fontes. Lugar agradável, imerso no verde, mas "poluído" pelo barulho da *via* Flaminia, que passa ao lado. Nada como esses dias de caminhada entre Spello e Spoleto para poder compreender o que significa "poluição sonora".

Daqui em diante, o percurso é todo em asfalto, mas as estradinhas são muito tranquilas e planas. Saia das fontes, siga a Flaminia Vecchia, estrada em que já se está; depois de poucos metros, passe em frente à igrejinha de San Sebastiano (belos afrescos de Lo Spagna) e, a aproximadamente 900 metros, atravesse um semáforo, seguindo reto por 1,7 km. Até o fim desse trecho estão em curso trabalhos de construção de um trevo da autoestrada; passando as obras, vire à direita em uma estradinha (letreiros para Azzano), passando por uma passagem de nível, depois embaixo de um viaduto e em cima de uma pequena ponte sobre o rio Maroggia. Vire logo em seguida à esquerda e caminhe até entrar numa estrada asfaltada maior. Nesse trecho estão construindo uma agradável ciclovia onde também se pode caminhar. Vire novamente à esquerda, atravesse uma ponte e siga reto, entrando no povoado de San Giacomo.

11 — DE TREVI A SPOLETO

Carta de próprio punho de Francisco a frei Leão

É um pedaço de pergaminho retangular perfeitamente conservado, de 13 cm x 6 cm.

Frei Leão, teu irmão Frei Francisco deseja-te saúde e paz. Assim te digo, meu filho, como mãe: coloco brevemente nesta frase todas as palavras que falamos pelo caminho e [te] aconselho; e, se depois precisares por motivo de conselho vir a mim, assim te aconselho: qualquer que seja o modo que te pareça melhor agradar ao Senhor Deus e seguir suas pegadas e sua pobreza, faze-o com a bênção do Senhor Deus e com minha obediência. E se te for necessária outra consolação para tua alma e se quiseres vir a mim, Frei Leão, vem.

Esse pequeno desvio era obrigatório para os peregrinos, porque, no centro do povoado, encontra-se a igreja de San Giacomo, com belíssimos afrescos de Lo Spagna retratando o milagre de Santo Domingo de la Calzada, ocorrido no Caminho de Santiago. Há anos não podem ser apreciados pelos peregrinos, por causa do desabamento do telhado da igreja, e é de se perguntar em que condições estariam agora os afrescos! O desvio é, de todo modo, aconselhado para admirar o antigo vilarejo e saborear a ótima *pizza salata*, da padaria da praça.

Em seguida, volte pelo mesmo caminho e, passada a ponte, vire à esquerda, entrando em uma estradinha que beira um canal. Spoleto aparece à frente, no topo de uma colina. A estrada se distancia do canal quando, à esquerda, cruza com uma outra via. Siga sempre reto por 1,7 km até dar numa estrada maior; entre nela, virando à esquerda. Agora o peregrino está no trecho final: depois de 1 km mais ou menos, à direita, um pouco escondido pela estrada, está San Sabino [✍]. Depois da visita – o pároco é muito gentil e solícito –, retorne à *strada principale*; aí não há nada a fazer senão seguir reto até as portas de **Spoleto**. Sugerimos ficar duas noites em Spoleto para ir um dia a Monteluco.

Passando o dia em Monteluco

A colina de Monteluco, com 800 metros de altura, está recoberta por um denso bosque de carvalhos seculares.

Partindo da *piazza* Garibaldi (aos pés da cidade velha), suba até a parte alta da cidade, seguindo pelo Duomo e, depois, pela Ponte delle Torri. Depois de passar por essa ponte espetacular, vire à direita e, logo depois, à esquerda, seguindo as placas "Cai 1" que existem num caminho construído com proteção contra erosões; esse caminho sobe bem inclinado e entra num bosque de azinheiras, escuro e interessante. O trajeto passa por uma série de construções que no passado eram ermidas, mas agora foram transformadas em vilas. Depois

O Festival dos Dois Mundos

Spoleto é mundialmente conhecida pelo "Festival dei Due Mondi", que acontece entre o final de junho e a metade de julho: é um evento que inclui as mais altas expressões do teatro mundial e envolve a cidade toda, levando a seus teatros, igrejas e praças espetáculos de dança, teatro, canto lírico e concertos. No período do festival, a cidade muda a cara, lotada de gente e de atividades de todo tipo, para depois voltar a ser uma cidade provinciana, ao apagar das luzes da ribalta.
Na foto, o Duomo de Spoleto.

de 2 km, atravesse a estrada asfaltada e prossiga, ainda no bosque, até beirar o convento de San Francesco, ao lado do grande prado, vizinho aos hotéis.

Para visitar as grutas dos eremitas, siga a trilha 1 até a propriedade rural Aie, para depois entrar na trilha 7, que passa sob as grutas e desce para Spoleto, agora na trilha 6; todas as trilhas, bem sinalizadas e que formam um grande anel, levam o peregrino de volta ao sopé da cidade.

O que ver

Trevi CHIESA DELLA MADONNA DELLE LACRIME Fora dos muros da cidade de Trevi e finalmente após um longo período de restauração, foi reaberta a grandiosa igreja do Renascimento, construída logo depois que, por milagre, a imagem de uma Virgem "chorou", em 5 de agosto de 1485. Ampla, luminosa, ornada com afrescos maravilhosos de Perugino (capela dos Magos), de Lo Spagna (capela de Sant'Alfonso) e de muitos outros artistas, é um dos monumentos máximos do Renascimento na Úmbria. O portal, por si só uma obra-prima, é o que restou dos ornamentos danificados por vários terremotos. Aconselha-se a quem ficar em Trevi visitar essa igreja na tarde do dia de chegada, uma vez que é necessário pedir às irmãs do Instituto Médico Pedagógico, no convento anexo, para abrirem a igreja.

11 DE TREVI A SPOLETO

San Pietro in Bovara A abadia beneditina de San Pietro e a igreja anexa são "recantos" muito interessantes do nosso roteiro. O nome "Bovara" [vaqueiro] deriva do costume de levar os bois para se purificarem nas águas do Clitunno, antes do sacrifício; com efeito, onde agora se ergue a igreja existia um templo pagão. A igreja, erguida no século XII, apresenta uma bela fachada, com decoração do século V. O interior, a despeito das reestruturações, conserva uma bela e alta nave central e as duas laterais mais baixas, com abóbadas cilíndricas. A atmosfera é muito austera e mística. Em uma capela lateral está guardado o crucifixo de madeira que as tradições populares relacionam às visões do irmão Plácido, embora, na verdade, deva remontar a uma época mais recente, ao século XIV. No curso dos séculos, a abadia também foi muito importante para os trabalhos de recuperação dos pântanos, realizados pelos monges.

A 500 metros da igreja de San Pietro ergue-se a oliveira mais antiga da Úmbria, que tem uns 1.700 anos! O tronco tem um perímetro de 9 metros. É considerada uma raridade botânica; aqui, a média de idade de uma oliveira é trinta anos.

Castello di Pissignano Do século XIII, conquistado pelo ducado de Spoleto, ora era um posto avançado de Spoleto contra Trevi, ora centro de rebelião de todas as comunas contra a própria Spoleto, no século XV. Atualmente, está em fase de restauração.

Fonti del Clitunno Pequeno paraíso naturalista, conhecido desde os tempos dos romanos e considerado sagrado por eles. Às margens da lagoa formada pelas fontes do rio homônimo, surgiam templos, termas e vilas. Desde aquele passado distante, sua beleza sempre foi cantada por poetas como Lord Byron, Giosuè Carducci e Plínio, o Jovem, que, nas *Epístolas*, escreveu: "Já viu as fontes do Clitunno? Se ainda não – e, se não me engano, creio não ter falado delas –, vale a pena ver. Eu fui vê-las há pouco e me arrependo de tê-lo feito tão tarde".

Spoleto Tem uma história antiquíssima que remonta à Idade do Ferro. Fundada pelos umbros, tornou-se domínio romano a partir do século III a.C. e *municipium* em 90 a.C.; desse período, conserva vestígios que testemunham sua importância dentro do Império. Conheceu as invasões bárbaras. Depois, foi a vez de Carlos Magno, que, conquistando o reino longobardo, dominou também Spoleto. Na metade do século XV, o papa confiou o governo da cidade a Lucrécia Bórgia. A estrutura da cidade conserva sua planta medieval, e o centro histórico ergue-se sobre a antiga cidade romana. O que impressiona na cidade são as muralhas, que contam sua história (podem-se identificar pedras dos séculos I e III a.C.). Mas três monumentos a fizeram famosa.

IL DUOMO [A CATEDRAL], com uma fantástica fachada do período românico, precedida de um pórtico do século XVI, que surge no fim de uma insólita praça em descida. Na abside, a belíssima *Coroação da Virgem*, de Filippo Lippi e muitas outras obras. Na capela das relíquias, na nave à esquerda, a letra de próprio punho de Francisco num escrito a frei Leão. É digno de emoção o fato de ter chegado até nós!

La Rocca [A Fortaleza], erguida a partir da metade do século XIV por vontade do papa Inocêncio VI, foi em grande parte construída com material recuperado do anfiteatro romano.

Il Ponte Delle Torri [A Ponte Das Torres], ao lado da Rocca: construída no século XIV, provavelmente sobre uma construção romana precedente, para levar a água até a parte alta da cidade; compõe-se de dez arcos dispostos sobre altíssimos pilares (o mais alto tem 80 metros). Passa-se aqui para ir a Monteluco, e sua altura é mesmo para causar vertigens!

Monteluco Na *Lex Spoletina* do século III a.C., lê-se: "Ninguém profane este bosque sagrado, e ninguém leve em carro ou nos braços aquilo que ao bosque pertence, nem o corte, senão no dia do sacrifício anual; em tal dia, será lícito cortá-lo sem cometer ato ilegal, na medida em que se o faça para o sacrifício. Se alguém [contra essas disposições] o profanar, proceda à expiação oferecendo um boi a Júpiter e, além disso, pague 300 asses de multa [...]".

Desde aquele tempo longínquo foi uma montanha sagrada. Em suas grutas, eremitas e santos fizeram retiros, entre eles o nosso Francisco, que, do alto do monte, admirando o vale, parecia dizer: "Nunca vi nada mais extasiante do que meu vale *spoletano*!".

Convento de São Francisco, pequeno e interessante; à entrada está o poço, lugar central do pequeno convento. Visite em seguida a gruta de Francisco, transformada em capela, e as minúsculas celazinhas, "as células" de vime revestido de cal com portinhas estreitas e baixas. A capela de Santa Caterina do Egito, dedicada à santa oriental dos eremitas siríacos do século VI que aqui viveram, é uma das construções mais antigas e deu nome à ermida, antes de ser dedicada a São Francisco. Outras três igrejinhas fazem parte do complexo: a do século XVI, de São Francisco, a capela de São Bernardino de Siena, o santo que deu impulso ao convento, e a mais recente, dedicada a Santo Antônio.

No limite do jardim encontra-se um belvedere de onde se diz que Francisco admirava o seu magnífico vale; a vista é, de fato, fantástica, e em dias sem nuvens chega-se a ver Assis!

11

Francisco em San Pietro in Bovara e San Sabino

Noite em San Pietro in Bovara

O fato se dá na igreja de San Pietro in Bovara (igreja então pouco frequentada porque Trevi havia sido arrasada em 1214): é a visão de frei Pacífico, que vê "o trono no céu preparado para Francisco".

> *Numa ocasião, o bem-aventurado Francisco ia pelo vale de Spoleto, e ia com ele Frei Pacífico que era de Marca de Ancona e que no mundo se chamava "rei dos versos", nobre e cortês mestre de cânticos. E eles se hospedaram no hospital dos leprosos de Trevi. E disse o bem-aventurado Francisco a Frei Pacífico: "Vamos à igreja de São Pedro de Bovara, porque quero ficar lá nesta noite".*
> *Aquela igreja, pois, estava não muito distante do hospital, e ninguém ficava lá, mormente porque naqueles tempos o castelo de Trevi estava tão destruído que ninguém ficava no mesmo castelo ou na vila.*
> *E aconteceu que, enquanto o bem-aventurado Francisco ia para lá, disse a Frei Pacífico: "Volta para o hospital, porque quero ficar sozinho aqui nesta noite, e amanhã bem cedo volta a mim".*
> *E como o bem-aventurado Francisco tivesse ficado lá sozinho e tivesse rezado as Completas e outras orações, quis descansar e dormir, mas não pôde; e o espírito dele começou a temer e a sentir tentações diabólicas. E imediatamente se levantou e saiu da casa e se persignou, dizendo: "Da parte de Deus onipotente vos digo, demônios, executai tudo o que vos tiver sido concedido por Nosso Senhor Jesus Cristo para prejudicar meu corpo, porque estou preparado para suportar tudo, pois que o maior inimigo que eu tenho é meu corpo; donde, me vingareis de meu adversário e inimigo". E imediatamente cessaram aquelas tentações. E ele voltou ao lugar onde se deitava, descansou e dormiu em paz.*
> *E quando amanheceu, Frei Pacífico voltou para perto dele. O bem-aventurado Francisco estava em oração diante do altar dentro do coro; Frei Pacífico estava de pé e esperava-o fora do coro diante do crucifixo, rezando ao mesmo tempo ao Senhor. E quando Frei Pacífico começou a rezar, foi elevado em êxtase – se no corpo, se fora do corpo Deus sabe –, e viu muitas cadeiras no céu, entre os quais viu uma mais iminente do que as outras, gloriosa e refulgente, e ornada com toda espécie de pedra preciosa; e admirando-se da beleza dela, começou a pensar consigo mesmo de que espécie e de quem seria aquela cadeira. E logo ouviu uma voz que lhe dizia: "Esta cadeira foi de lúcifer, e no lugar dele sentar-se-á o bem-aventurado Francisco".*

E, voltando a si, o bem-aventurado Francisco saiu logo até ele. Este imediatamente se lançou aos pés do bem-aventurado Francisco em modo de cruz, considerando como se ele já estivesse no céu, [...] dizendo-lhe: "Pai, perdoa-me meus pecados e roga ao Senhor que me perdoe e tenha misericórdia de mim". E o bem-aventurado Francisco, estendendo a mão, ergueu-o e reconheceu que ele tinha visto alguma coisa na oração.
Ele parecia quase todo mudado e falava ao bem-aventurado Francisco não como alguém que vivia na carne, mas como a quem já reinava no céu. Depois, porque não queria contar a visão ao bem-aventurado Francisco, Frei Pacífico, falando por rodeios, [...] dizendo-lhe: "O que achas de ti, Irmão?". Respondeu o bem-aventurado Francisco e disse-lhe: "Acho que sou o homem mais pecador do que qualquer que haja neste mundo".
E imediatamente foi dito a Frei Pacífico no coração: "Nisto podes reconhecer que esta visão que tiveste é verdadeira; porque, como lúcifer por sua soberba fora expulso daquela cadeira, assim também por sua humildade o bem-aventurado Francisco merecerá ser exaltado e sentar-se-á nela".
(Compilação de Assis, 65)

Francisco em San Sabino

Na primavera de 1204, Francisco voltou para Apúlia para unir-se ao conde Gentile e ganhar, pela batalha, a "nobreza" que não conseguiu pelo nascimento; um sonho revelador o deteria e produziu em sua vida uma reviravolta decisiva e completa.

O sonho é conhecido como "o sonho de Spoleto" e, na verdade, parece ter acontecido às portas da cidade, na basílica de San Sabino, que se encontra em nosso itinerário. Sustentam essa hipótese dois fatos. O primeiro é que por ali passava a fronteira política do ducado *spoletano*, que não se podia cruzar com armas, e Francisco estava indo à guerra, armado até os dentes; o segundo é que, na igreja, que é muito antiga, estão guardados os restos mortais de São Sabino, bispo e mártir que é patrono de Assis, juntamente com Rufino, que os cristãos invocavam ao partir para a guerra.

Junto à basílica, para comemorar esse momento da vida de Francisco, celebra-se, anualmente, no terceiro sábado de maio, a festa dos jovens do lugar, que, como Francisco, pedem a Deus: "Senhor, o que queres que eu faça?".

Senhor ou servo?

Como tivesse empreendido viagem até Espoleto [...], começou a adoecer levemente. Preocupado, no entanto, com sua viagem, ao entregar-se a um sono profundo, ouviu, meio dormindo, alguém que o interrogava para onde desejava dirigir-se. Como Francisco lhe revelasse todo o seu propósito, aquele acrescentou: "Quem pode ser-te mais útil? O Senhor ou o servo?". Como lhe respondesse: "O Senhor", de novo lhe disse: "Por que então deixas o Senhor pelo servo e o Príncipe pelo vassalo?" Francisco diz-lhe: "Que quereis que eu faça, Senhor?". *Diz-lhe:* "Volta para a tua terra, e ser-te-á dito o que deves fazer. *Pois é preciso que compreendas de outra maneira a visão que tiveste [anteriormente]".*

Despertando, começou a pensar com muita diligência sobre esta visão e, como na primeira visão saíra quase totalmente fora de si por causa de grande alegria, desejando a prosperidade temporal, do mesmo modo nesta [visão] recolheu-se todo em seu interior, admirando e considerando tão diligentemente a significação dela que naquela noite não pôde mais dormir.

Logo que amanheceu, volta às pressas para Assis, alegre e exultando muitíssimo, esperando a vontade do Senhor, que lhe mostrara estas coisas, e o conselho que lhe seria dado pelo mesmo [Senhor] a respeito de sua salvação. Transformado já na mente, recusa-se a ir à Apúlia e deseja conformar-se à vontade divina. (Legenda dos Três Companheiros, Capítulo II, 6, 3-13)

Duomo di Spoleto

12

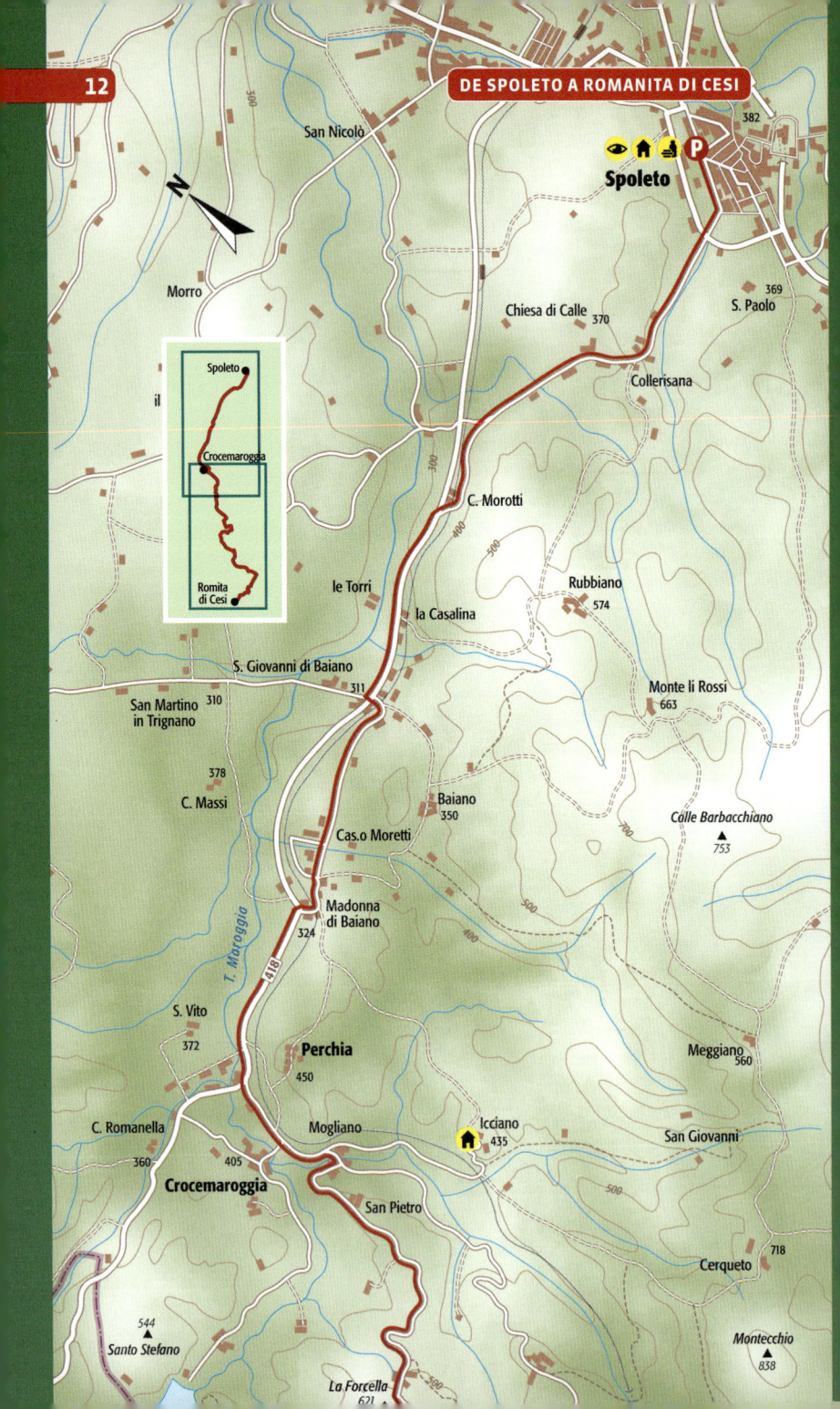

DE SPOLETO A ROMANITA DI CESI

- San Nicolò
- Spoleto 382
- Morro
- S. Paolo 369
- Chiesa di Calle 370
- Collerisana
- C. Morotti
- Rubbiano 574
- le Torri
- la Casalina
- Monte li Rossi 663
- S. Giovanni di Baiano 311
- San Martino in Trignano 310
- C. Massi 378
- Baiano 350
- Colle Barbacchiano 753
- Cas.o Moretti
- Madonna di Baiano 324
- T. Maroggia
- S. Vito 372
- Perchia 450
- Meggiano 560
- C. Romanella 360
- Crocemaroggia 405
- Mogliano
- Icciano 435
- San Giovanni
- San Pietro
- Cerqueto 718
- Santo Stefano 544
- Montecchio 838
- La Forcella 621

Inset map
- Spoleto
- il
- Crocemaroggia
- Romita di Cesi

12

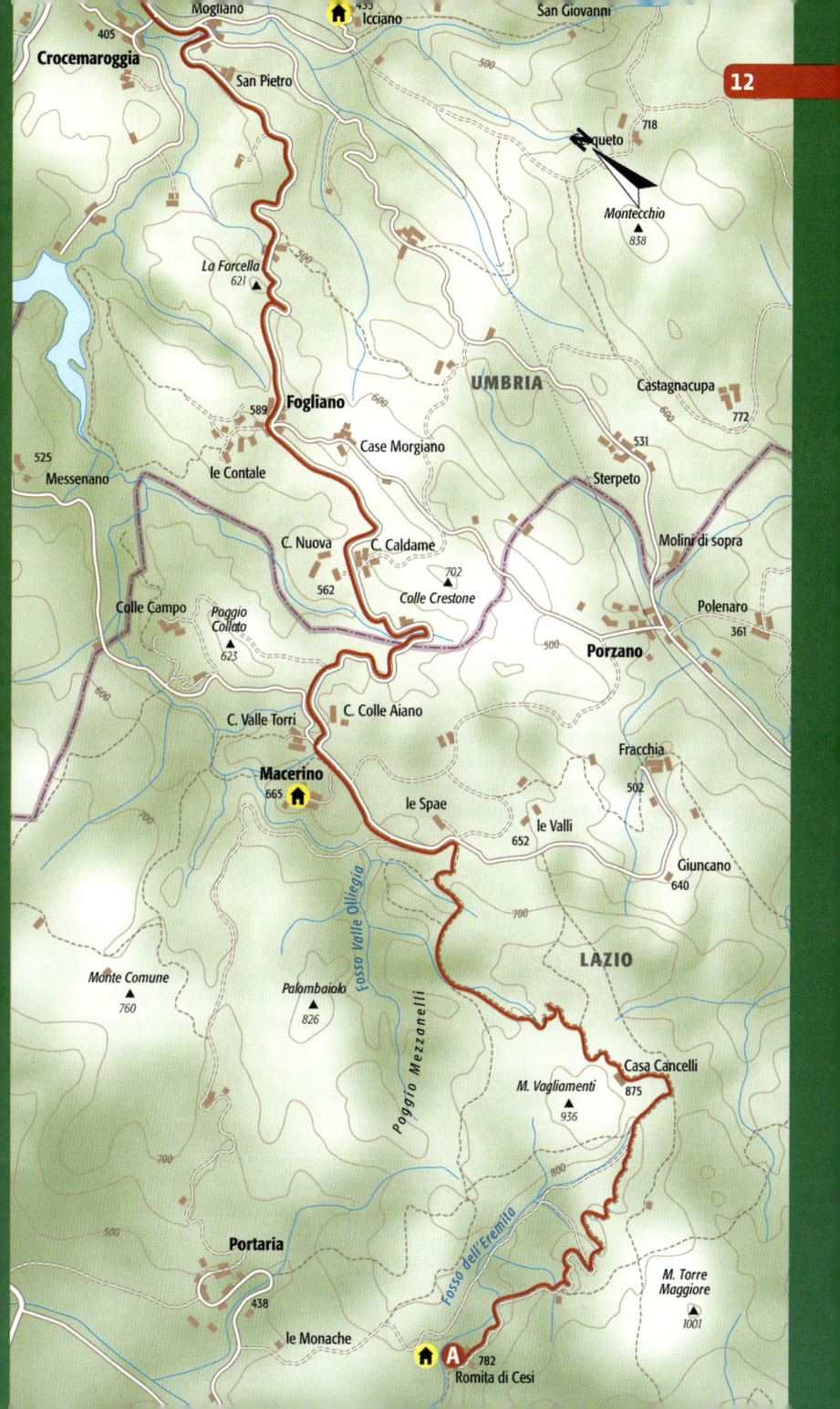

- Crocemaroggia 405
- Mogliano
- Icciano
- San Giovanni
- San Pietro
- 718
- Montecchio 838
- La Forcella 621
- UMBRIA
- Castagnacupa 772
- Fogliano 589
- Case Morgiano
- 531
- Messenano 525
- le Contale
- Sterpeto
- C. Nuova
- C. Caldame
- Molini di sopra
- Colle Campo
- 562
- Colle Crestone 702
- Poggio Collato 623
- Polenaro 361
- Porzano
- C. Valle Torri
- C. Colle Aiano
- Macerino 665
- le Spae
- Fracchia 502
- le Valli 652
- Giuncano 640
- Monte Comune 760
- Palombaiolo 826
- LAZIO
- Poggio Mezzanelli
- Fosso Valle Ollegia
- M. Vagliamenti 936
- Casa Cancelli 875
- Fosso dell'Eremita
- M. Torre Maggiore 1001
- Portaria 438
- le Monache
- Romita di Cesi 782

De Spoleto a Romita di Cesi

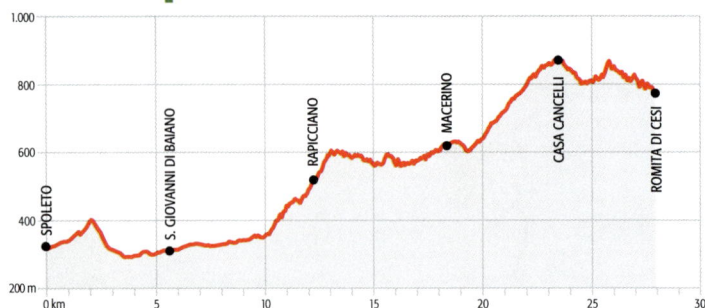

DISTÂNCIA:	**28 km**
DESNÍVEL EM SUBIDA:	**730 m**
DESNÍVEL EM DESCIDA:	**300 m**
TEMPO:	**9 horas**
NÍVEL DE DIFICULDADE:	**difícil**

Onde dormir

Macerino d'Acquasparta (2 horas antes de Romita di Cesi)**:** *Casa Vacanza Arcus*, localizada numa pitoresca vila medieval. Trata-se de um antigo castelo. Preços especiais para peregrinos, com alojamento também em beliches e cozinha em regime de autogestão. Os proprietários são muito prestativos! Possibilidade de almoço para peregrinos, para quem vai seguir viagem.
Tels.: 0744-94.17.97 / 340-90.35.246. ❶
Para fazer uma parada na **Romita**, avise frei Bernardino de sua chegada, tels.: 0744-28.30.06 / 346-41.07.908. ❶

Iniciamos o caminho precisando de um ônibus, para evitar quilômetros em uma estrada com muito tráfego: é uma exceção "pouco peregrina", mas que permite desfrutar, com toda a calma, da beleza das *Colli Martani*, colinas que se estendem até Macerino, um vilarejo medieval muito bonito. Em meio a bosques e campos, encontraremos a maravilhosa acolhida de frei Bernardino e de sua pequena comunidade: Romita di Cesi.

Excetuando-se o começo e o final da etapa de hoje, toda ela se passará imersa na natureza. É indispensável levar uma provisão de água e o alimento necessário para se manter até o fim da jornada. Desça na parte baixa da cidade e, a partir da *piazza* Vittoria, siga pela *via* Martiri della Resistenza, que sai da cidade em direção ao hospital; em seguida, entre pela *Statale* 418. Infelizmente, é preciso caminhar pela estrada, ainda que, de manhã cedo (e hoje se deve sair cedo por causa da extensão da etapa), não tenha tráfego em demasia. Quem quiser evitar esse primeiro trecho de estrada pode pegar um ônibus na *piazza* Garibaldi para San Giovanni in Baiano. Não é lá muito "peregrino", mas, no curso dos anos, a maioria dos peregrinos acabou optando por essa solução, encurtando assim a etapa e evitando o longo trecho em estrada.

O primeiro povoado que encontramos (com um bar, para um merecido café) é San Giovanni in Baiano. A paisagem é muito suave, o vale se estreita e as colinas ao redor, mesmo que ainda não muito altas, parecem não oferecer uma passagem para nosso destino. Finalmente, em Crocemaroggia, saímos da estrada para virar à direita, junto a uma placa muito grande, com diversas indicações: o peregrino deve seguir a seta para Fogliano. Passe Crocemaroggia e Mogliano, e,

DE SPOLETO A ROMITA DI CESI | 12

ROMITA DI CESI. *A ermida franciscana e seu grande cedro.*

depois de 1 km, deixando à esquerda o cruzamento para Icciano, continue até uma antiga casa-torre, um antigo moinho; em seguida, vire à direita e prossiga por cerca de 2 km até a aldeota de Rapicciano. Daqui em diante, o peregrino está na região conhecida por "Terre Arnolfe", antigo feudo anterior ao ano 1000 que foi objeto de disputas entre a Igreja, Todi e Spoleto.

A estrada vira à direita, segue em subida por uma curva bem estreita e, depois de 1 km, torna-se plana e desce levemente até o cruzamento que leva ao povoado de Fogliano.

Fique à esquerda por alguns metros, até um outro cruzamento que indica as direções Giuncano, à esquerda em subida, e Macerino, à direita, no plano. Pegue a direita, seguindo por 4 km, até chegar a um lugar de onde se vê Macerino sobre uma colina, antiga sede das Terre Arnolfe Alte. No povoado há restaurantes e novas acomodações particulares. Seguindo na direção sul, chega-se a uma trifurcação: siga para Terni.

Ao chegar ao passo da montanha, pegue a estrada de terra à direita, em subida, passe a cancela, sempre aberta, e continue sempre pelo carreador maior, ignorando os cruzamentos. Caminhe por cerca de 4 km, permanecendo à direita do morrete Mezzanelli e do monte Vagliamenti.

Em uma bifurcação em "v", com uma árvore no meio (o símbolo da cruz de Tau gravado acima), tome a trilha da esquerda. O trajeto sobe constantemente até chegar a um belo campo, de onde a vista pode divagar e onde se encontra a Casa Cancelli, uma grande e antiga residência, a 875 metros de altura. Siga dobrando à esquerda. A estradinha é uma descida íngreme por um vale estreito; mais ou menos na metade do vale se passa por uma cancela (mantenha-a fechada!).

Quando chegar ao fim da descida, vire à direita e caminhe por um carreador até uma ruína, coberta de vegetação: da Casa Cancelli até aqui são 1.500 metros. Siga então à esquerda, em descida, e, depois, por uma subida íngreme, passando ao lado de uma grande rede de alta tensão; chega-se, assim, a uma casa à esquerda, e pouco depois começa a descida. Continue a descer até chegar à estrada de terra que vem de Carsulae e vai para **Romita**. Atenção! Dê a volta por cima para a esquerda (confira setas e Tau), e, primeiro em descida, depois com leves subidas e descidas, em menos de 2 km chega-se à ermida que vai surgir de repente à direta, entre as árvores onde o peregrino se encontra. Bela, ampla e radiante, tendo no meio seu majestoso e secular cedro do Líbano.

O que ver

Romita di Cesi Uma autêntica ermida franciscana de antiga história, que se inicia com a presença dos eremitas siríacos, mais ou menos no mesmo período em que povoaram a montanha de Monteluco. Depois foi a vez dos beneditinos, que, por volta do século x, construíram a capelinha que, em 1213, São Francisco restaurou e é o núcleo de origem de todo o complexo. Na magia desse lugar de pedra e cal, há 800 anos, Francisco compôs o primeiro esboço do *Cântico do irmão Sol*, a *Exortação ao louvor de Deus*. Naquele tempo, em torno da capela, surgiram as celas dos frades, cabanas feitas de gravetos e argila, e somente em 1230 foi construído aqui um primeiro convento, ainda pequeno, mas depois ampliado no curso dos séculos.

A igreja é românica, do século xiii, enquanto o pequeno claustro, as celas e o lugar dos noviços de San Bernardino foram todos construídos a partir do século xiv, até o século xvi, enquanto o grande refeitório é do século xviii. Aqui, até a segunda metade do século xix, viveu e floresceu uma bela comunidade franciscana, que, depois, na época da supressão dos conventos, foi obrigada a fugir. A natureza a engoliu, e os registros de seu estado de abandono em fotos, até 1991, a retratam como uma espécie de Machu Picchu italiano: aqui em cima só chegavam os "caçadores de tesouro", porque se dizia que sob aqueles destroços estava escondido algo precioso, e assim foi até quando a montanha foi escalada por um intrépido franciscano com problemas renais, como o seu ilustre homônimo e coirmão santo. Desde então, frei Bernardino, com uma multidão de amigos, quase todos de além-Alpes, limpou e reconstruiu, pedra por pedra, uma ermida das dimensões de um importante convento. As pessoas começaram a subir de novo a trilha que cortava os bosques, e jovens, peregrinos e amigos de Francisco reencontraram ali o espírito presente nas origens. É um ponto de parada genuinamente franciscano: o som do saltério de Bernardino, o frio das celas, a água que, como ele diz, "é corrente quando alguém pega um balde nas mãos e sai correndo", a ausência de luz elétrica, mas, por certo, não de flores, de animais, de alegria e de espírito de partilha, que são abundantes ali, porque agora o "tesouro" foi desenterrado. Aqui, numa cerimônia que ficará na memória de todos os presentes como algo absolutamente especial e que teria agradado a Francisco, se casaram Michela e Davide, que estão entre os primeiros peregrinos pioneiros deste caminho.

Do comportamento dos frades nas ermidas

Como escreveu Mariano de Florença: "Os louvores se encontram em uma determinada mesa colocada como ornamento do altar na capela de São Francisco, no lugar do Eremita (ou *Romita*) [...] costuma-se dizer que tais louvores foram escritos pelo Santo de próprio punho, sobre dita mesa [...]" (essa mesa, infelizmente, não voltou a ser encontrada).

Exortação ao louvor de Deus

Temei ao Senhor e prestai-lhe honra.
Digno é o Senhor de receber o louvor e a honra.
Todos vós, que temeis o Senhor, louvai-o.
Ave Maria, cheia de graça, o Senhor é contigo.
Céu e terra, louvai-o.
Rios todos, louvai o Senhor.
Filhos de Deus, bendizei o Senhor.
Este é o dia que o Senhor fez, exultemos e alegremo-nos nele [...]

Aqueles que querem viver religiosamente nos eremitérios sejam três irmãos ou no máximo quatro; dois deles sejam as mães e tenham dois filhos, ou um pelo menos. Esses dois, que são as mães, levem a vida de Marta, e os dois filhos levem a vida de Maria [...] *Os filhos, no entanto, assumam de vez quando o ofício das mães, em revezamento, pelo tempo como lhes parecer melhor estabelecer* [...] (*Regra para os eremitérios*)

13

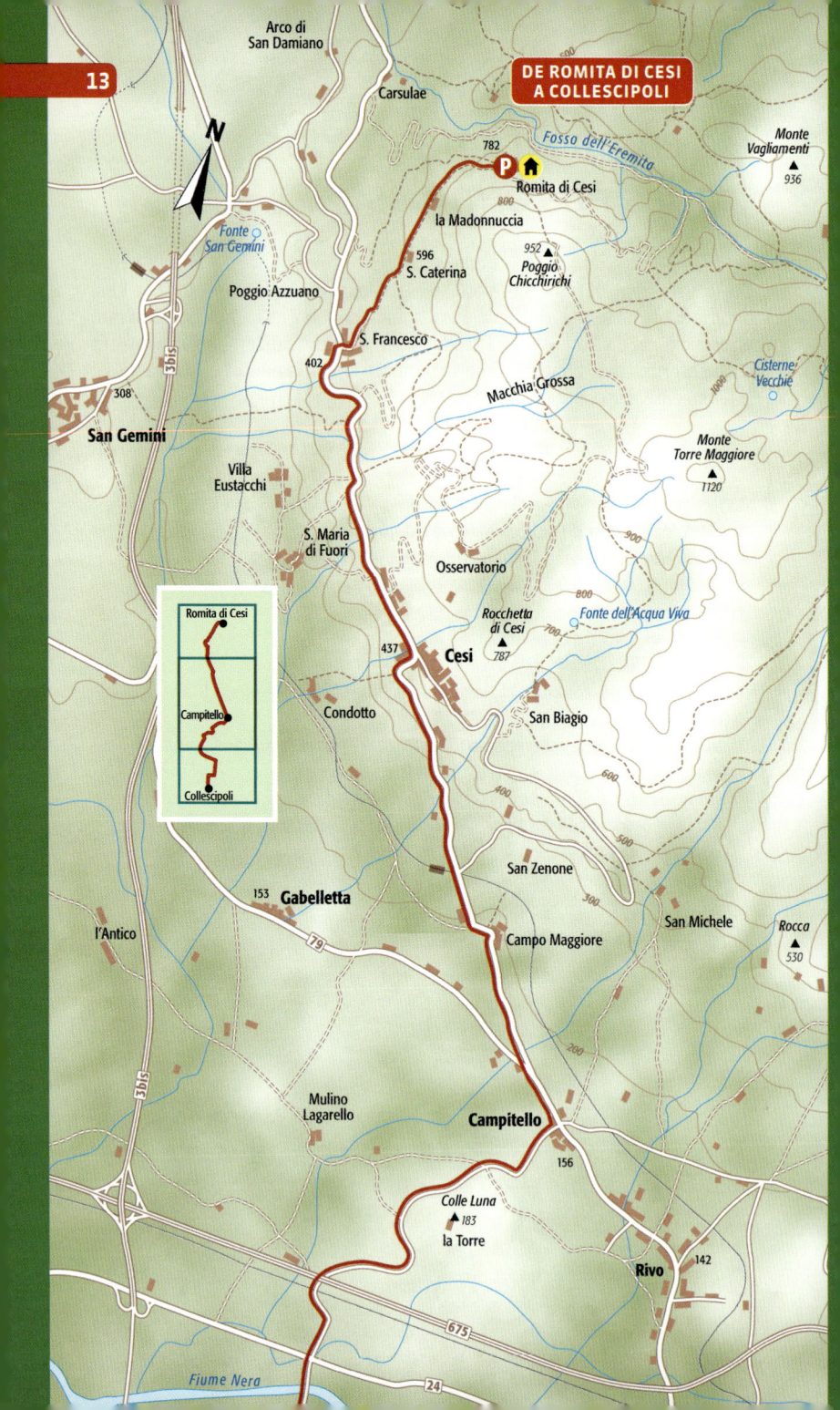

DE ROMITA DI CESI A COLLESCIPOLI

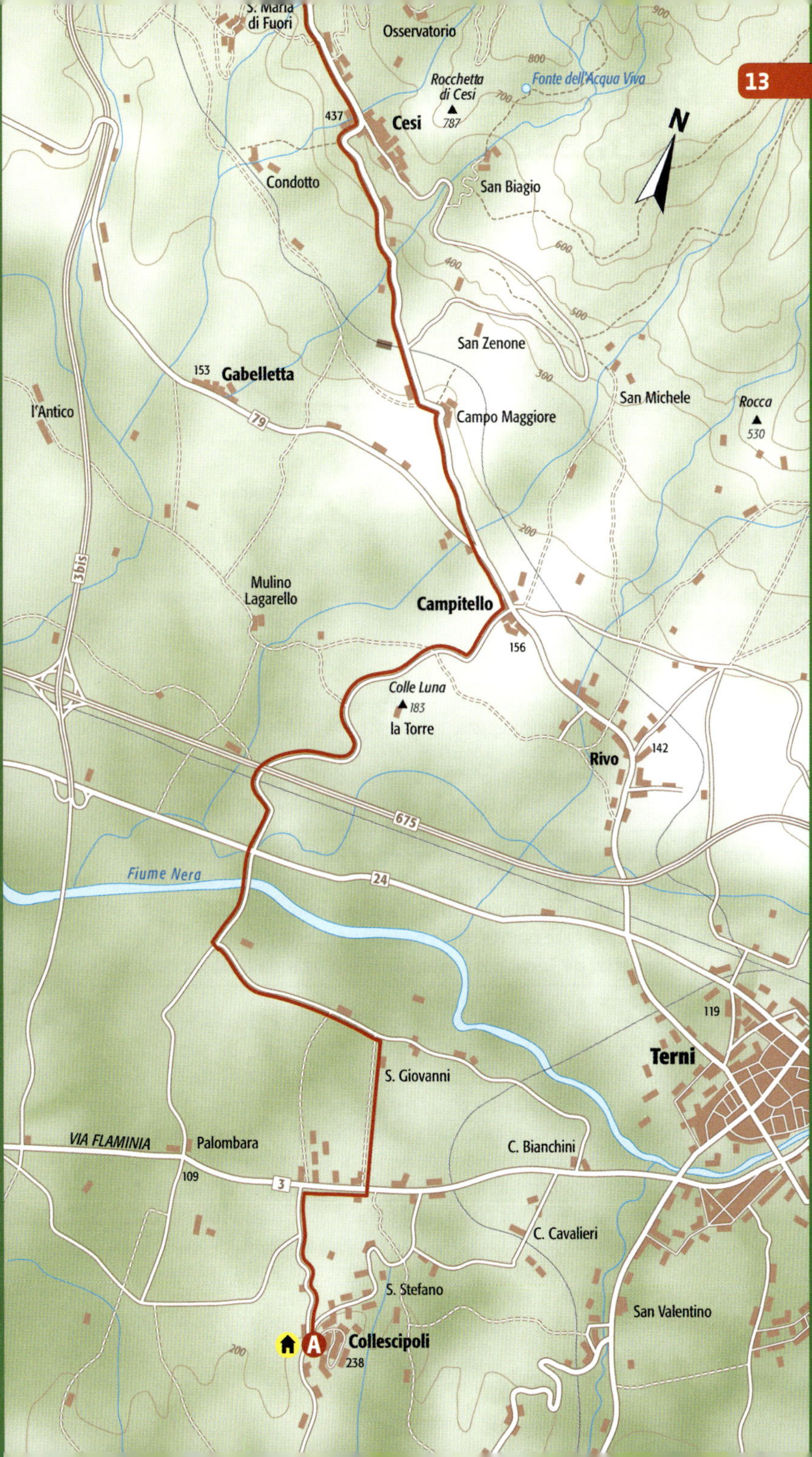
S. Maria di Fuori
Osservatorio
Rocchetta di Cesi
787
Fonte dell'Acqua Viva
900
800
700
437
Cesi
N
Condotto
San Biagio
600
400
500
San Zenone
300
San Michele
Rocca
530
153
Gabelletta
l'Antico
79
Campo Maggiore
200
3bis
Mulino Lagarello
Campitello
156
Colle Luna
183
la Torre
Rivo
142
675
Fiume Nera
24
119
Terni
S. Giovanni
VIA FLAMINIA
Palombara
C. Bianchini
109
3
C. Cavalieri
S. Stefano
San Valentino
A
Collescipoli
238
200

13 De Romita di Cesi a Collescipoli

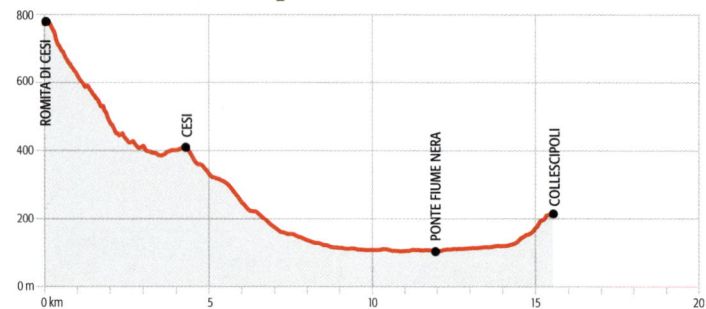

DISTÂNCIA:	**15,6 km**
DESNÍVEL EM SUBIDA:	**120 m**
DESNÍVEL EM DESCIDA:	**680 m**
TEMPO:	**4/5 horas**
NÍVEL DE DIFICULDADE:	**fácil**

Onde dormir

Collescipoli: *Ostello dei Garibaldini* (cadeia internacional de albergues da juventude), *corso dei Garibaldi*, 61; ligue antes (tel.: 0744-80.04.67). Apresente o guia ou a credencial de peregrino. Acolhedor, ambiente familiar. Pernoite e café da manhã; existe um restaurante no povoado com preços para peregrinos. ❶
Country-house Il Pozzo, a 300 m do Caminho Franciscano, pouco depois de Collescipoli; 24 leitos, 8 quartos, todos com serviço de quarto e *wi-fi*. Serviço de pizzaria e restaurante com especialidades da Úmbria. O preço para peregrinos inclui o café da manhã. Tratar com Fabio, tels.: 0744-81.30.69 / 340-46.84.417.
B&B Le Storie di Bambù (a 600 m do povoado, no caminho da próxima etapa, estrada de Collescipoli), 9 leitos. Ligar para a gentil proprietária no tel.: 328-04.99.110.

Com um pouco de dor no coração por deixar Romita para trás, vamos caminhando por entre campos, casas e instalações industriais em direção à aldeia de Collescipoli. Esta não é uma etapa particularmente interessante, mas permite fazer a passagem da planície industrial de Terni para reencontrarmos uma Úmbria mais bela.

Com Romita atrás de si, o peregrino deve virar à direita, e, depois de 100 metros em uma avenida sombreada, cercada por um grande muro de pedras à direita e por poucas mas reconhecíveis ruínas de uma estação da *Via Crucis*, à esquerda, começa a descida por uma trilha no bosque. À direita, nota-se uma área fortificada pré-romana assentada sobre blocos de rocha. Aqui começa a secular floresta de azinheiras; depois de 1 km, sempre descendo, chega-se a um cruzamento que, à direita, leva a Carsulae (onde existem ruínas de uma colônia romana). Siga reto por outros 500 metros, passando próximo às ruínas da igreja românica de Santa Caterina. Continue a descer por uma vala entre as rochas até cruzar uma trilha que vem da esquerda; aqui, continue a descer e então siga em subida, rumo ao sul. Depois de atravessar um terreno inclinado com pouca vegetação, retome a trilha, que, depois de algumas dezenas

DE ROMITA DI CESI A COLLESCIPOLI   13

Descendo da Romita di Cesi.

de metros, termina, à direita, em uma cerca de mourões de metal. A trilha prossegue até encontrar uma estrada que desce à esquerda e leva ao povoado de Poggio Azzuano. Seguindo a descida, a estradinha se junta com a *strada provinciale* Carsulana; vire à esquerda e siga até Cesi, a principal cidade das Terre Arnolfe, a 3 km. Nas primeiras casas de Cesi, a poucos metros de um bar, pegue em descida a estrada da Pittura que, depois de 100 metros, após uma curva encoberta, passa ao lado dos muros ciclópicos de importância arqueológica e prossegue por pouco mais de 2 km até a ferrovia Terni-Perugia.

Nos anos passados, ao chegar a esse ponto, era preciso virar à esquerda, e as setas que indicam esse caminho ainda estão lá; só que, depois, descobrimos outro caminho que evita um ponto confuso, razão pela qual, nesse ponto, o peregrino deve virar, antes da ferrovia, à direita, na estrada de Mazzanello, passar em frente à estação de Cesi e descer pela estrada que passa sob a ferrovia. Logo depois, em uma curva, vire à direta na *via* Gabelletta. No cruzamento, ao final da estrada, atravesse e pegue a estrada de Rotale, depois siga sempre reto; a estradinha asfaltada vira de terra, cruzando os campos.

Em razão de obras que, por ora, eliminaram uma ponte descrita na edição anterior, quando chegar ao fim da estrada de Rotale, vire à esquerda e, depois de mais ou menos 100 metros, vire à direita para a *via* Maratta Alta e siga até um viaduto que leva o peregrino para o outro lado da autoestrada e da ferrovia; na rotatória, vire à direita e, na segunda rotatória, à esquerda, para a *via* Flagello; passe sobre o rio Nera e, no fim da estrada, vire à esquerda, seguindo as indicações para a *via* Flaminia.

Passado o canal Recentino, caminhe por 1.200 metros, sempre seguindo as indicações para a *via* Flaminia, para, depois, virar à direita na *via* Narni;

13 DE ROMITA DI CESI A COLLESCIPOLI

> **San Valentino**
> San Valentino tornou-se o primeiro bispo da cidade, no ano de 197, e é considerado o fundador da comunidade cristã de Terni. Perseguido pelo imperador Aureliano, foi decapitado em Roma, em 14 de fevereiro de 273, e seu corpo foi trasladado para Terni. Ele foi condenado por ter celebrado o matrimônio entre uma jovem cristã e um legionário pagão, por isso ele se tornou o protetor dos namorados. Todos pediam sua bênção nupcial, lembrada hoje pela Festa da Promessa. Todos os anos, na basílica dedicada a San Valentino, centenas de noivos dão vida a essa cerimônia, trocando promessas de amor.

caminhe a Narni por alguns metros e depois vire à esquerda na *via* del Convento. Em seguida, no cruzamento, entre na estrada à esquerda, para Mogliano, que leva o peregrino diretamente a Collescipoli.

A partir de Cesi, o trajeto não é dos mais excitantes, especialmente depois do silêncio dos bosques da Romita, mas assim se evita a Terni industrial, para cair novamente em uma aldeola com sabor antigo, porta de novas paisagens e pequenas joias que esperam o peregrino nos próximos dias; além disso, a etapa de hoje é breve, para deixar tempo para descansar ou, eventualmente, pegar um ônibus (exceção aberta) e ir visitar o santuário de San Valentino em Terni.

O que ver

TERNI Os sabinos a chamaram *Interamna Nanartium* ou "Cidade entre dois rios", o Nera e o Serra. Refundada pelos umbros, foi mais tarde conquistada pelos romanos e, na queda do Império, invadida pelos bárbaros várias vezes, estando às margens da Flaminia e, portanto, em condição especialmente vulnerável. Os godos, os bizantinos e os longobardos a dominaram.

O Barba Ruiva a destruiu e, logo depois de sua reconstrução, Terni foi submetida a um longo cerco por Federico II, que a colocou de joelhos.

Desde o século XII, tornou-se um importante centro comercial; depois, em tempos mais modernos, polo siderúrgico, ligando a própria sorte ao aproveitamento das águas da magnífica Cascata de Mármore.

Francisco em Terni

O bispo de Terni

Certa vez, quando pregava ao povo de Terni na praça diante do bispado, o bispo desta cidade, homem de discernimento e espiritual, estivera assistindo àquela pregação; então, terminada a pregação, o bispo levantou-se e, entre outras palavras de Deus que lhes falou, disse também esta: "O Senhor, desde o início, desde que plantou e edificou sua Igreja, sempre a ilustrou com santos varões que a ornavam pela palavra e pelo exemplo. Agora, porém, nesta última hora, ilustrou-a com este homem pobrezinho, desprezível e iletrado – [disse], apontando com o dedo o bem-aventurado para todo o povo –; por causa disto, deveis amar e honrar o Senhor e precaver-vos dos pecados, pois não agiu deste modo com todas as nações".

Terminada a pregação, ao descer do lugar em que pregara, o senhor bispo e o bem-aventurado Francisco entraram na igreja do bispado; e então, o bem-aventurado Francisco inclinou-se diante do senhor bispo e prostrou-se aos pés dele, dizendo: "Em verdade te digo, senhor bispo, que nenhum homem ainda me fez tanta honra neste mundo quanta me fizeste hoje, porque outros homens dizem: este homem é santo!, atribuindo a glória e a santidade à criatura e não ao Criador. Mas tu, como homem de discernimento, separaste o precioso do que é vil". (Compilação de Assis, 10, 1-8)

14

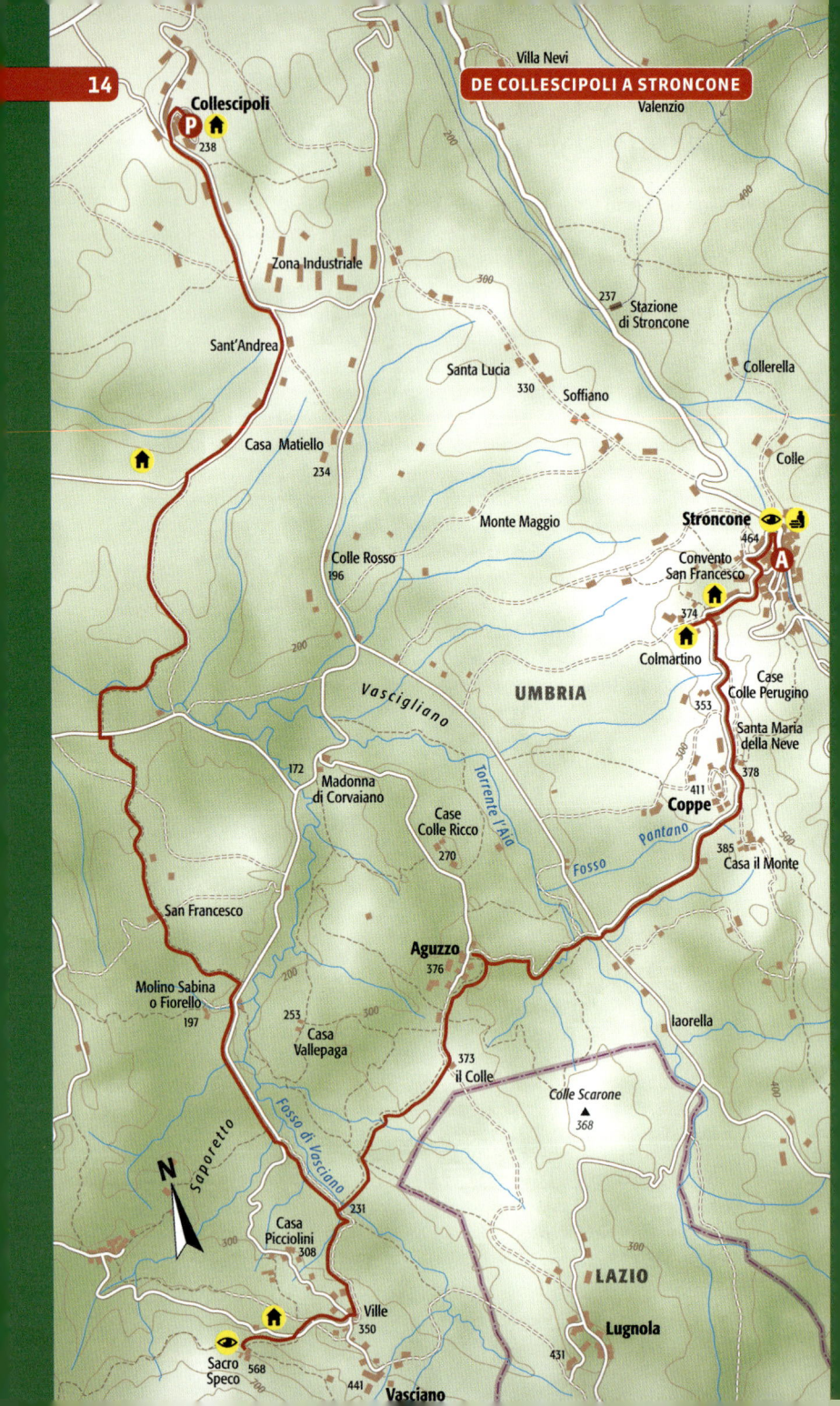

DE COLLESCIPOLI A STRONCONE

Villa Nevi
Collescipoli 238
Valenzio
Zona Industriale
Stazione di Stroncone 237
Sant'Andrea
Santa Lucia 330
Soffiano
Collerella
Casa Matiello 234
Colle
Colle Rosso 196
Monte Maggio
Stroncone 464
Convento San Francesco 374
Colmartino
Case Colle Perugino
UMBRIA
Vascigliano
Santa Maria della Neve 378
172
Madonna di Corvaiano
Case Colle Ricco 270
Torrente l'Aia
Coppe 411
Fosso Pantano
385 Casa il Monte
San Francesco
Aguzzo 376
Molino Sabina o Fiorello 197
253
Casa Vallepaga
Iaorella
373 il Colle
Colle Scarone 368
Saporetto
Fosso di Vasciano
231
Casa Picciolini 308
Ville 350
LAZIO
Lugnola 431
Sacro Speco 568
441
Vasciano

N

De Collescipoli a Stroncone

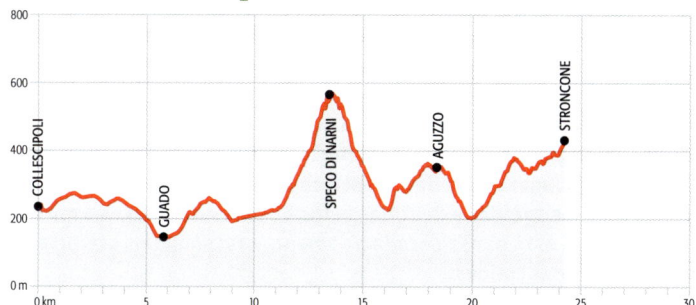

DISTÂNCIA:	**24,2 km**
DESNÍVEL EM SUBIDA:	**820 m**
DESNÍVEL EM DESCIDA:	**640 m**
TEMPO:	**6/7 horas**
NÍVEL DE DIFICULDADE:	**difícil**

Onde dormir

Sacro Speco di Narni [Gruta Santa de Narni]: é triste pensar que, quando estava em más condições, era possível se hospedar neste lugar, mas, agora que está restaurado, não. Espera-se que um dia as coisas mudem e que este lugar reencontre a sua vocação, não só eremítica, mas também de acolhida, dois aspectos que, para Francisco, eram inseparáveis.

B&B I Montanari, acolhedor, muito econômico, todo tipo de serviço, jantar mediante prévio aviso. Fica a 4 km do Speco di Narni, não no nosso trajeto, mas os gentilíssimos proprietários o buscam em Speco, levando-o lá no dia seguinte; ligue para Antonello: 339-52.78.500. ✆

Alguns quilômetros antes de stroncone, no cruzamento da *Statale* 313 com a *via* delle Sore, *Agritur Il Manoscritto*, com administração familiar. Hospedagem familiar; 15 leitos; uso da cozinha; café da manhã e jantar mediante pedido. Preços para peregrinos. Tel.: 0744-60.72.06. ✆

Stroncone (Colmartino): *Ostello La Piccola Quercia*, sr. Bonifazi, tels.: 0744-27.64.47 / 334-33.08.432. Aberto de maio a setembro; 22 leitos, em quartos com 4 a 6 camas. Esplêndida vista do vale. Pernoite e café da manhã. No momento, não há possibilidade de usar a cozinha. ✆

Convento de São Francisco, hospedagem espartana. Poucas vagas. Não custa tentar! Tel.: 0744-60.111.

Hotel Porta del Tempo, no centro histórico, *via* Contessa, 22, 15 a 20 leitos (8 quartos com banheiro privativo e todo conforto). Pernoite e café da manhã, preços para peregrinos a 25 a 30 €, conforme a estação, número de hóspedes e tipo de hospedagem (em quarto simples, duplo, triplo). Convênio com os restaurantes vizinhos para o jantar. Tel.: 0744-60.83.28, info@portadeltempo.com. ✆

B&B e Affittacamere Emily, aos pés da vila, *via* San Liberatore, 64-65. Leitos para 15 a 20 pessoas. Café da manhã incluído. Para o jantar, podem-se aproveitar os convênios com os restaurantes vizinhos. Para mais detalhes, contate Maria Cristina. Tels.: 329-81.23.292 / 074-46.07.255. ✆

Conjunto hospedeiro localizado na parte baixa da cidade medieval de Stroncone, adaptado para receber os peregrinos (45 a 50 pessoas): *Hotel San Francesco Inn*, *via* San Liberatore, 1. *Agriturismo L'Antica Aia*, *via* Cerreta, 3, com piscina.

B&B La Villetta, *via* San Liberatore, 1/p. Todos fazem preços para peregrinos. ✆ Refeições também a preços para peregrinos. Tels.: 0744-60.82.27 / 0744-60.215.

Pasto del pellegrino com preço combinado na *Taverna la Mola*, ótimo restaurante (ao lado da Porta del Tempo) e próximo do *Ristorante Grotta di Ugone* (tel.: 0744-60.81.02), na cidade velha, *vicolo* del Macello, 6/8, via que segue pelo lado de dentro dos muros. Fecha às segundas.

14 DE COLLESCIPOLI A STRONCONE

Os caminhantes mais apressados hoje podem pegar a estrada mais direta para Stroncone. Não é aconselhável, porque se perderia o prazer de caminhar por um vale escondidinho, esquecido pelos turistas, com uma natureza belíssima e diferente das etapas anteriores: grandes carvalhos, campos de pastagens e a pérola das ermidas franciscanas, o *Speco di Narni*, lugar caro a São Francisco e Santo Antônio, que ali residiram. Entre subidas e descidas pelos bosques, chegamos à antiga Stroncone, que está quase parada no tempo, com suas vias estreitas e dependuradas nas colinas.

Saia de Collescipoli pela Porta Sabina, na parte alta do vilarejo, e entre na *strada provinciale*. Passando a igreja de Santa Maria del Colle, prossiga por 1 km até uma bifurcação à direita, *strada* Contea (fonte), na qual se entra. Depois de percorridos 300 metros, entre na *strada* di Matiello. A estradinha desce entre carvalhos enormes; à frente, o vale inteiro se oferece ao olhar. No cruzamento com a *strada statale*, vire à direita, em direção a Vascigliano.

Ao atravessar o vilarejo, desça por aproximadamente 2 km até a zona industrial: este é o percurso indicado na segunda edição do guia e permanece válido para quem quiser ir diretamente a Stroncone, pulando a belíssima parte do percurso que inclui a visita ao Speco de Narni. Se optar por essa solução, ao chegar a esse ponto, vire à esquerda, seguindo pela estrada para Stroncone. Se, em vez disso, você tiver tempo, o conselho é seguir reto, quando chegar ao cruzamento da estrada de Matiello, e, no cruzamento assinalado pelo *circolo sportivo* Fiaiola, virar à esquerda na estradinha de terra agradabilíssima e sombreada, asfaltada em alguns trechos, que desce entre os campos e, sempre em descida, chega a um cruzamento onde vira à direita em direção a um solitário e romântico vau (3 km a partir da fonte). Atravesse as águas, sempre muito baixas, e, ao chegar a uma estrada asfaltada (SP64 do Aia), entre nela à esquerda, seguindo por 1 km para, depois, entrar à direita, na estrada que leva ao *Sacro Speco*; caminhe nessa estrada por 3,5 km, atravessando uma belíssima campanha, salpicada de grandes árvores. Antes de uma curva bem fechada e em subida, entre ao lado de um grande carvalho, à esquerda, onde está um carreador. A estradinha corre paralela a um pequeno curso d'água e por entre álamos e carvalhos.

No primeiro cruzamento, estão as setas "*Sentiero dello Spirito d'Amore*": pegue a direita; daqui em diante, suba rumo a Speco. À esquerda das placas, existe um pequeno vau ao qual será necessário voltar, depois da visita ao Speco, para seguir a Stroncone. Suba entre os campos até Ville di Vasciano. Atravesse a estrada asfaltada que tem um santuário à direita e suba à esquerda por uma rampa de concreto muito inclinada. Siga pela pequena trilha que vira à direita para depois cruzar novamente a *strada provinciale* (setas). Atravesse e suba por 600 metros entre as oliveiras; no cruzamento, tome a direita e, em seguida, depois de uma subida íngreme, pegue a direita e siga até o SPECCO [✍], beirando o muro inferior, para, depois, chegar à entrada.

DE COLLESCIPOLI A STRONCONE 14

O Speco di Narni, *florido e ensolarado.*

Para seguir rumo a Stroncone, volte pelo mesmo caminho até o pequeno vau, depois, passando o caminho indicado pelas setas do "Sentiero dello Spirito d'Amore", pegue uma subida bem inclinada, de 500 metros. Em seguida, desça em um pequeno vale, e, passado uma pequena ponte, a estrada volta a subir. Aproximadamente 1 km depois, a estradinha torna-se asfaltada, passando entre casas para, depois, emendar na *strada provinciale*: entre nela, virando à esquerda, e siga por 800 metros, contornando a aldeola de Aguzzo. Ao passar por um *box* de chapa metálica laminada do lado direito da estrada, pegue a pequena trilha que desce abruptamente à direita (setas). Desça por 1,7 km por um pequeno bosque de pinheiros até o vau do riacho Aia e, no plano, virando à direita e beirando uma criação de cavalos e burricos, chegue à estrada asfaltada; atravesse-a para entrar na *via* Sore, que está quase em frente.

Coragem! Essa é a última subida inclinada desta etapa! Antes de chegar ao trecho final da estrada que leva a Stroncone, passe por uma bela fonte para um bom gole d'água (se não for tempo de seca) e, no cruzamento da estrada que leva ao pequeno povoado de Coppe, passe em frente à igrejinha de Santa

14 DE COLLESCIPOLI A STRONCONE

Maria della Neve. Quem for passar a noite no albergue deve entrar na estradinha à esquerda, que leva a Colmartino; no fim (santuário), vire à esquerda, e, depois de 600 metros, chega-se a uma aglomeração de casas: o albergue é a de cor rosa, com persianas marrons. Quem, no entanto, for passar a noite em **Stroncone**, quando chegar ao fim da estrada, deve virar à direita na *strada principale* e percorrer cerca de 1 km, até o cruzamento com a estrada que vai para o povoado; à esquerda, embaixo, está o Convento de São Francisco.

O que ver

Sacro Speco A ermida de Sant'Urbano foi, quase com certeza, fundada por Francisco (1213). Mas suas origens remontam ao século XI, quando já alguns eremitas vieram viver aqui. Era dependente dos beneditinos de San Benedetto in Fundis di Stroncone e compreendia várias grutas e a igrejinha de San Silvestro. Aquilo que hoje se visita é o pequeno convento, em grande parte construído no século XV por desejo de São Bernardino de Siena, que quis cuidar deste lugar, fazendo dele um retiro para os frades.

Imerso no verde das colinas, do pátio do claustro a vista é magnífica. O oratório de San Silvestro, que é a igreja original construída no século XI e na qual São Francisco pregava, tem o ar familiar de San Damiano! Vizinho a ela, a cisterna de onde foi tirada a água que se transformou em vinho. Em volta do claustro, abrem-se o antigo refeitório e a igreja, resultado de uma ampliação realizada no século XVI.

A *viale* della Processione sobe entre as árvores até o refúgio de São Francisco. O *Speco* é formado na rocha a partir de uma fenda de 60 metros de comprimento que desce para o precipício, no vale que está abaixo. Infelizmente, o último terremoto abalou seriamente a montanha (que agora está sendo protegida com redes), mas as grutas de Francisco e de Santo Antônio, por ora, resistem à erosão da rocha muito frágil.

Stroncone Nascida como castelo, na Idade Média, pertenceu primeiro aos monges de Farfa e, depois, à Igreja. Destruída ao longo de duras lutas contra Narni e reconstruída em 1215 por desejo de Inocêncio III, por muito tempo foi uma fortaleza inexpugnável. Foi saqueada pelos lansquenês e, no final do século XVIII, resistiu ao assalto dos franceses. Vale a pena perder-se em seus becos que parecem uma espécie de casbá medieval! Em suas peregrinações em direção ao vale de Rieti, São Francisco fundou também o convento de Stroncone. No começo, foi uma pequena ermida que, sucessivamente ampliada, guarda em seu interior o corpo incorrupto do beato Antonio Vici. Na prefeitura, estão guardados nove códices iluminados do século XIV.

Francisco em Terni

O *Speco* de Sant'Urbano

E assim o glorioso pai Francisco, percorrendo o caminho da obediência e abraçando perfeitamente o jugo da submissão a Deus, conseguiu grande dignidade diante de Deus na obediência das criaturas. – Pois, numa ocasião, até a água se lhe transformou em vinho, quando enfrentava gravíssima doença no eremitério de Santo Urbano. Ao degustá-la, convalesceu com tanta facilidade que todos acreditavam que fosse um milagre, como de fato o era. – E é verdadeiramente santo aquele a quem as criaturas obedecem desta maneira e a cujo aceno os próprios elementos passam para outras utilidades. (Frei Tomás de Celano, *Primeira vida de São Francisco*, Primeiro Livro, Capítulo XXI, 61, 5-8)

Então, enquanto estava na gruta de Sant'Urbano, Cristo Jesus lhe enviou o seu anjo sob forma resplandecente e lhe revelou os privilégios, ou seja, as graças singulares que recebiam dos céus aqueles que haviam amado e observado a Regra até o final e o reconfortou ao anunciar aos frades a glória especial que Cristo preparara nos céus para aqueles que cumprem fielmente e devotamente aquela Regra e vida, e a beata elevação ao reino, sem o obstáculo das penas do purgatório [...]

(Frei Ângelo Clareno, *Crônica das sete tribulações da Ordem dos Frades Menores*)

A pobreza de Francisco

Os irmãos não se apropriem de nada, nem de casa, nem de lugar, nem de coisa alguma. E como peregrinos e forasteiros neste mundo, servindo ao Senhor em pobreza e humildade, peçam esmola com confiança; e não devem envergonhar-se, porque o Senhor se fez pobre por nós neste mundo. Esta é aquela sublimidade da altíssima pobreza que vos constituiu, meus irmãos caríssimos, herdeiros e reis do reino dos céus, vos fez pobres de coisas, vos elevou em virtudes. Seja esta a vossa porção que conduz à terra dos vivos. Aderindo totalmente a ela, irmãos diletíssimos, nenhuma outra coisa jamais queirais ter debaixo do céu em nome de Nosso Senhor Jesus Cristo. [...] (*Regra Bulada*, Capítulo VI, 2-7)

15

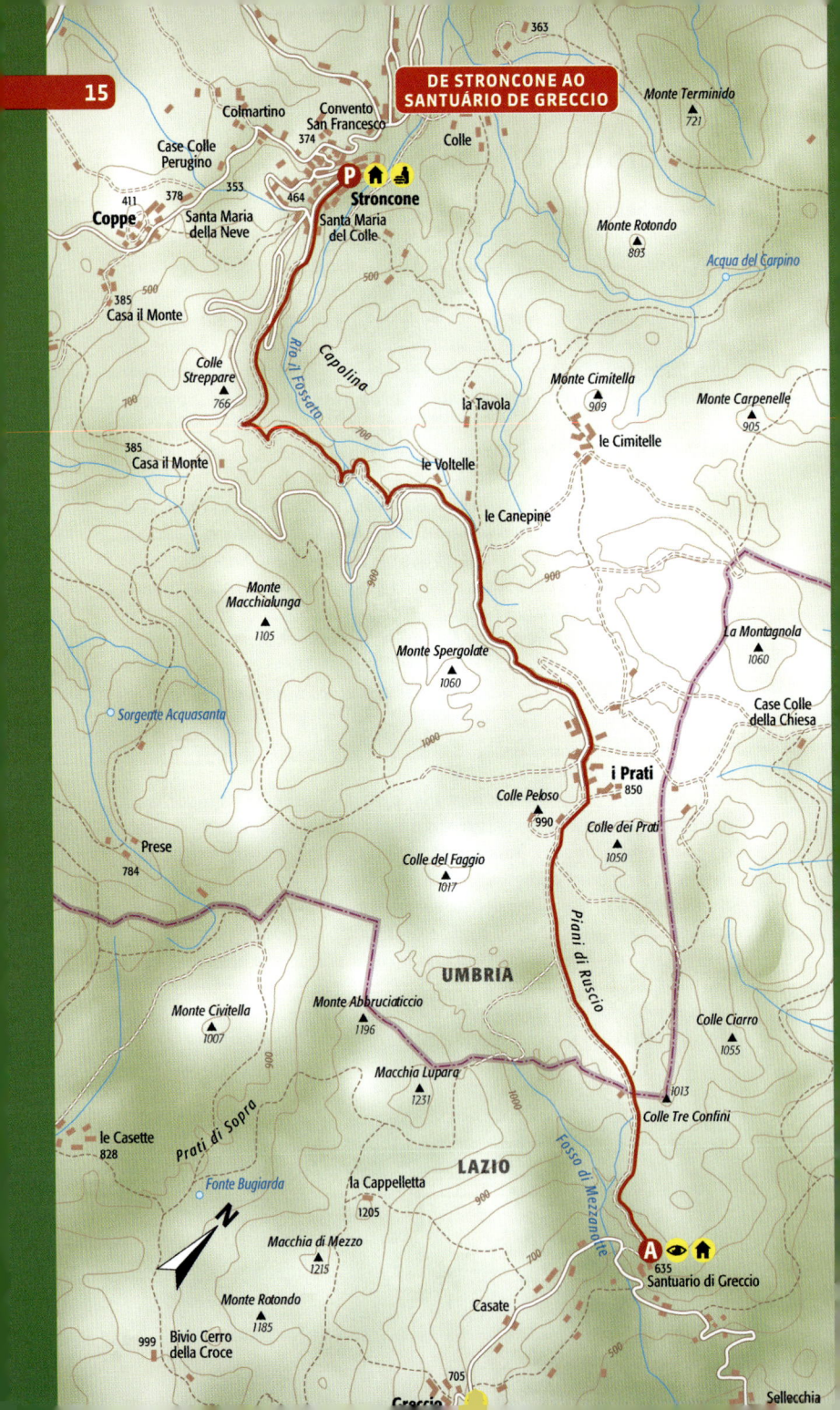

DE STRONCONE AO SANTUÁRIO DE GRECCIO

De Stroncone ao santuário de Greccio

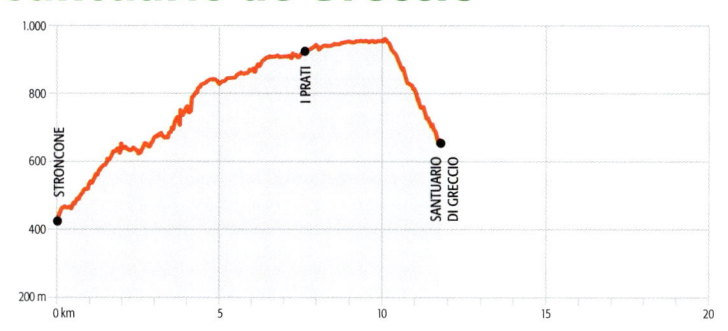

DISTÂNCIA:	**11,8 km**
DESNÍVEL EM SUBIDA:	**560 m**
DESNÍVEL EM DESCIDA:	**330 m**
TEMPO:	**4/5 horas**
NÍVEL DE DIFICULDADE:	**média**

Onde dormir

Santuário de Greccio: 6 leitos nas casinhas ao pé da ermida. Falar com o padre responsável, tels.: 0746-75.01.27 / 0746-75.01.24.
Bar ai piedi del santuario, possibilidade de refeição para quem se hospeda no santuário. Reservando com uma semana de antecedência, possibilidade de um prato de massa também para grupos numerosos, tel.: 338-86.47.014.
Casa Vacanze Colle Maggiore. Aos pés do santuário, 6 leitos. Tels.: 338-84.50.064 / 0746-75.04.95. ☎
B&B Il Cantico, *via* dei Frati. Tels.: 0746-75.00.53 / 328-96.42.247.
B&B Anna Maria, aos pés do santuário. Tels.: 0746-75.04.19 / 339-74.15.648. ☎
Greccio Paese: *Casa Vacanze Al Nido del Passero*, no centro, 5 vagas, uso da cozinha e preço para peregrinos. Tels.: 0746-75.33.21 / 333-22.43.001.
Hotel-Ristorante Belvedere, junto ao centro histórico; 18 leitos. Preços para peregrinos. Tels.: 0746-75.30.96 / 368-30.72.476.
Agriturismo Antico Borgo de Ferrari. No centro, pequeno apartamento com cozinha equipada, quarto de casal e banheiro, e um miniapartamento, na metade do caminho entre o santuário e a aldeia, com 4 leitos e uso de cozinha. Possibilidade de reservar o jantar à base de *pizza*. Preço facilitado para peregrinos. Tels.: 0746-75.31.51 / 335-52.06.816 / 389-17.92.054. ☎
B&B L'Arca di Noè, no cruzamento entre a *via* di Stroncone e a *provinciale*, a 1 km do santuário franciscano, rodeado de montanhas verdes, ideal para o repouso e a oração. Tels.: 0746-75.30.72 / 338 28.13.743. ☎
Ristorante del passeggero, na única praça da aldeia, jantar a preços para peregrinos (12 €). Maria, tel.: 0746-75.31.05.
B&B Al Casale da Chicca, a 1 km do santuário franciscano do Presépio de Greccio. Preços para peregrinos. Tels.: 0746-75.30.88 / 338-10.06.260. ☎
Alguns quilômetros depois de Greccio, na *via* dei Bifolchi, 22, *Country House Il Cammino*, administrado por um simpático casal, 200 m fora do percurso, próximo de San Pastore. Tels.: 0746-19.70.537 / 339-22.79.249. ☎

A trilha que vamos percorrer é chamada "Sentiero di San Bernardino", grande seguidor de Francisco, que teve o mérito de construir ermidas nos lugares em que Francisco viveu e nós visitamos. Estamos deixando a Úmbria, e, aos nossos pés, a planície de Rieti se descortina, tendo

15 — DE STRONCONE AO SANTUÁRIO DE GRECCIO

como orla os montes, entre os quais desponta o Terminillo. Uma descida íngreme e chegamos ao Santuário de Greccio, doce e aconchegante, onde foi encenado o primeiro presépio vivo, para agradar Francisco, que tanto amava o vale de Rieti e seus afetuosos habitantes.

O trajeto de hoje, boa parte em subida, permite atravessar o vale *reatino*, percorrendo a antiga estrada usada por São Bernardino de Siena, que, no século XV, ampliou tanto o *Speco di Narni* quanto a ermida de Greccio. Este e aquele da etapa anterior foram, com certeza, os caminhos que Francisco também percorreu, porque são o jeito mais lógico e reto de atravessar o vale de Stroncone e chegar a Greccio.

Saia do albergue, suba até Stroncone e, em frente ao belvedere com a fonte, na entrada da aldeia, siga pela escadaria coberta que leva à *via* San Benedetto. Passe pelas escolas à direita da estrada e, depois de 400 metros, chegue à igreja da Madonna del Colle; passe por ela à esquerda (placas "*Sentiero Francescano*"). Quem dormiu na aldeia deve ir até a *via* San Benedetto caminhando até o município para, depois, virar à esquerda, pegando a *via* dell'Ospedale, que leva à praça da Torre; dali, as escadinhas levam até a frente das escolas. Daqui em diante, a estrada se torna uma trilha, logo enveredando por um vale estreito e em íngreme descida. Por duas vezes, a trilha corta a estrada asfaltada que leva a *Prati di Stroncone*. Depois da segunda intersecção entre a trilha e a estrada asfaltada, vire à esquerda, chegando a uma pracinha. A estradinha continua entre arbustos altos até uma capela solitária (Madonna del Tresco). No interior, uma placa indica os pontos de interesse do percurso (Fontanella). Logo depois, no cruzamento, pegue a esquerda, descendo por um bosque fechado. A trilha, alternando subidas e pequenos desníveis, leva novamente à estrada asfaltada; entre nela, virando à esquerda.

A estrada, agora também com pequenos desníveis, atravessa belos prados, à sombra de grandes carvalhos e castanheiros. Ignore o cruzamento para Cimitelle, para, depois, passar perto de uma lápide na rocha, que lembra episódios da passagem de São Bernardino. Depois de 1,7 km da confluência com o asfalto, chega-se aos *Prati* (850 metros acima do nível do mar), um grande platô salpicado de casinhas para as férias de verão. Seguindo pela estrada, passe em frente a um restaurante, mantendo-o à direita e, pouco mais adiante, um *camping*. Existem também mercearias abertas na temporada de verão. A estrada, passadas as casas, torna-se de terra para, depois, continuar, por uma passagem muito gostosa do vale, a fluir no plano por lindos prados cobertos de giestas. O ambiente é solitário e aberto, o peregrino se encontra nas Planícies de Ruscio. No primeiro cruzamento, mantenha à esquerda até a passagem do vale: aqui é possível abraçar com os olhos todo o vale de Rieti. A vista é maravilhosa e vagueia até o Terminillo, a leste, e o monte Velino, a sudeste.

Acima da passagem do vale encontra-se uma cancela; passe por ela e, depois, desça por uma penosa trilha com o piso em pedras. É de chorar ver como é possível mutilar a natureza, cimentando pedras e transformando uma descida que tinha tudo para ser agradável em uma perigosa pista escorregadia, especialmente em caso de chuva.

Quem quiser desviar para chegar a La Capelletta, uma igrejinha que marca o primeiro lugar onde Francisco pousou nesta região e de onde é possível gozar uma vista extraordinária, pode pegar a trilha à direita, marcada D8, mais ou menos na metade dos campos de Ruscio (2 km a partir do restaurante "3 Camini" e 850 metros antes da cancela da passagem do vale). Este é um desvio que acrescenta ao percurso cerca de 3,5 horas, contando ida e volta. A trilha é predominantemente em subida. Ao voltar pelo mesmo caminho, passe a cancela e desça pela trilha com calçamento em pedras.

Para quem, todavia, seguiu adiante, ao chegar a uma vala, continue na trilha calçada com pedras e, numa curva bastante estreita (placas), vire à esquerda e siga por uma trilha estreita no bosque. Essa pequena trilha se alarga mais à frente, e, poucas curvas depois, chega-se justamente lá em cima, no santuário. Na cruz de ferro que se encontra ao descer da trilha, vire à direita, e, depois de poucos passos, o peregrino estará na escada que leva à grande praça em frente ao **Santuário de Greccio**.

O que ver

Greccio O santuário de Greccio parece estar colado à colina, envolvido por um forte abraço das árvores que o cercam por todos os lados. Uma rampa calçada leva por um plano bem inclinado ao pátio sobre o qual se abrem as portas do convento e da igreja. Daqui, a vista é magnífica e abrange toda a planície de Rieti.

A visita ao santuário começa pela gruta do presépio, transformada em capela no ano da canonização de Francisco (1228). O afresco, do século XIV, pertence à escola de Giotto; é encantador e interpreta bem a história franciscana que as fontes nos apresentam. Visite depois a pequena gruta-cela de Francisco e o refeitório. Subindo por uma escadinha estreita, chega-se ao dormitório do século XIII, do tempo de São Boaventura: são todas celas pequenas e em madeira, nas quais São Bernardino de Siena também viveu. Em seguida, passe para a primeira igreja da ermida, dedicada a Francisco; o coro, também pequeno e em madeira, é discreto. Na capela lateral, um pequeno quadro que parece um retrato verídico de Francisco foi encomendado por frei Jacoba, quando Francisco ainda era vivo. Francisco é retratado emaciado e sofrido, enquanto seca o olho doente; essa é uma reprodução do século XIV, porque o original se perdeu. No pátio, de onde se partiu para a visita ao santuário, desde 1959 se abre uma igreja nova, que não tem nenhuma beleza especial, mas oferece uma bela coleção de presépios de todo o mundo.

No alto, para além do santuário, é possível visitar outra gruta de Francisco e aquela onde o beato João de Parma viveu por 32 anos.

Francisco em Greccio

Francisco alimentava um amor especial pela ermida de Greccio e pelo vale de Rieti; nos anos iniciais da comunidade, o vale havia acolhido amorosamente o santo e seus companheiros, enquanto Assis fechava as portas àquele "bando de maltrapilhos" que já tinham sido "as jovens esperanças da cidade". O primeiro grupo viria a encontrar refúgio em Poggio Bustone, e, nos anos seguintes, os seus irmãos e o próprio Francisco frequentemente viriam a passar temporadas tanto em Greccio, Fontecolombo e San Fabiano (La Foresta) quanto na própria Rieti.

A ermida de Greccio

Vendo, pois, o bem-aventurado Francisco que aquele eremitério dos irmãos de Greccio era honesto e pobre e que os homens daquela vila, embora fossem pobrezinhos e simples, agradaram mais ao bem-aventurado Francisco do que outros daquela província, por isso, muitas vezes descansava e morava nesse eremitério, mormente porque havia lá uma cela pobrezinha que era muito afastada, na qual o santo pai ficava. (Compilação de Assis, 74, 25-26)

A ordem franciscana

Por isso, pelo exemplo e pregação sua e de seus irmãos, muitos deles entraram na religião com a graça do Senhor, muitas mulheres conservavam sua virgindade, permanecendo em suas casas, vestidas com vestes religiosas. E, embora cada uma permanecesse em sua casa, vivia honestamente em vida comum e afligia seu corpo com jejum e oração, de maneira que o modo de vida delas parecia aos homens e aos irmãos não ser [um modo de vida] entre os seculares e seus consanguíneos, mas entre pessoas santas e religiosas que por longo tempo haviam servido ao Senhor, ainda que fossem jovens e muito simples.

Por isso, muitas vezes o bem-aventurado Francisco dizia com alegria entre os irmãos sobre os homens e mulheres daquela vila: "De uma cidade tão grande não se converteram tantos à penitência quantos de Greccio, que é uma vila tão pequena". (Compilação de Assis, 74, 27-29)

Greccio é lembrada em todo o mundo como o lugar onde, pela primeira vez, foi recriada a cena do nascimento de Cristo; as fontes conferem ao fato uma vívida imagem, e o pequeno afresco na gruta do santuário onde Francisco ambientou a recriação é uma "obra-prima de ternura". A aldeia, tanto quanto Assis e Belém, são cidades irmãs, e, no santuário, existe uma bela coleção de presépios.

O primeiro presépio

Recordava-se em assídua meditação das palavras e com penetrante consideração rememorava as obras dele [de Jesus]. *Principalmente a humildade da encarnação e a caridade da paixão de tal modo ocupavam a sua memória que mal queria pensar outra coisa. – Deve-se, por isso, recordar e cultivar em reverente memória o que ele fez no dia do Natal de Nosso Senhor Jesus Cristo, no terceiro ano antes do dia de sua gloriosa morte, na aldeia que se chama Greccio.* Havia *naquela* terra um homem *de nome João, de boa fama, mas de vida melhor, a quem o bem-aventurado Francisco amava com especial afeição, porque, como se fosse muito nobre e louvável em sua terra, tendo desprezado a nobreza da carne, seguiu a nobreza do espírito. E o bem-aventurado Francisco, como muitas vezes acontecia, quase quinze dias antes do Natal do Senhor, mandou que ele fosse chamado e disse-lhe: "Se desejas que celebremos em Greccio a presente festividade do Senhor, apressa-te* e prepara diligentemente *as coisas que te digo. Pois quero celebrar a memória daquele menino que nasceu* em Belém *e ver de algum modo com os olhos corporais os apuros e necessidades da infância dele, como foi* reclinado no presépio *e como, estando presentes o boi e o burro, foi colocado sobre o feno". O bom e fiel homem, ouvindo isto,* correu mais apressadamente *e preparou no predito lugar tudo o que o santo dissera.* (Frei Tomás de Celano, *Primeira vida de São Francisco*, Primeiro Livro, Capítulo xxx, 84, 2-9)

O dia de Natal

[...] *E aproximou-se o dia da alegria, chegou o tempo da exultação. Os irmãos foram chamados de muitos lugares; homens e mulheres daquela terra, com ânimos exultantes, preparam, segundo suas possibilidades, velas e tochas para iluminar a noite que com o astro cintilante iluminou todos os dias e os anos. Veio finalmente o santo de Deus e, encontrando tudo preparado, viu e alegrou-se. E, de fato, prepara-se o presépio, traz-se o feno, são conduzidos o boi e o burro. Ali se honra a simplicidade, se exalta a pobreza, se elogia a humildade; e de Greccio se fez como que uma nova Belém.* (Frei Tomás de Celano, *Primeira vida de São Francisco*, Primeiro Livro, Capítulo xxx, 85, 1-5)

As pessoas chegam

Ilumina-se a noite como dia *e torna-se deliciosa para os homens e animais. As pessoas chegam ao novo mistério e alegram-se com novas alegrias. O bosque faz ressoar as vozes, e as rochas respondem aos que se rejubilam. Os irmãos cantam, rendendo os devidos louvores ao Senhor, e toda a noite dança de júbilo. O santo de Deus está de pé diante do presépio, cheio de suspiros, contrito de piedade e transbordante de admirável alegria. Celebra-se a solenidade da missa sobre o presépio, e o sacerdote frui nova consolação.*

15 DE STRONCONE AO SANTUÁRIO DE GRECCIO

> *O santo de Deus veste-se com os ornamentos de levita, porque era levita, e com voz sonora canta o Evangelho. E a voz dele, de fato, era uma voz forte, voz doce, voz clara e voz sonora, a convidar todos aos mais altos prêmios. Prega em seguida ao povo presente e profere coisas melífluas sobre o nascimento do Rei pobre e sobre Belém, a pequena cidade. Muitas vezes, quando queria nomear o Cristo Jesus, abrasado em excessivo amor, chamava-o de "Menino de Belém" e, dizendo "Belém" à maneira de ovelha que bale, enchia toda sua boca com a voz, mas mais ainda com doce afeição. Também seus lábios, quando pronunciava "Menino de Belém" ou "Jesus", como que o sorvia com a língua, saboreando com feliz paladar e engolindo a doçura desta palavra. [...]* (Frei Tomás de Celano, *Primeira vida de São Francisco*, Primeiro Livro, Capítulo xxx, 85-86)

Mas o Natal também era a ocasião para corrigir, por meio do exemplo, os seus discípulos:

O almoço de Natal

> *Um ministro dos frades veio ter com São Francisco, no eremitério dos frades de Rieti, para celebrar com ele a festa da Natividade do Senhor. Com o pretexto do ministro e da festa, os frades prepararam as mesas com certa distinção e capricho pelo dia do Natal, cobrindo-as com belas toalhas brancas e vasos de vidro.*
>
> *Quando Francisco desceu da cela para comer, viu as mesas postas mais no alto e preparadas com tanto cuidado. Logo se afastou secretamente, tomou o chapéu e o bastão de um pobre que naquele dia estava presente e, chamando em voz baixa um de seus companheiros, saiu para fora da porta do lugar, sem que os irmãos da casa o soubessem. [...]*
>
> *[...] Chegando, com o chapéu às costas e o bastão nas mãos, dirigiu-se à porta da sala onde os frades comiam e, como peregrino e pobre, gritou dizendo: "Por amor do Senhor Deus, dai uma esmola a este pobre e enfermo peregrino!" O ministro e os outros frades, porém, logo o reconheceram. E o ministro respondeu-lhe: "Irmão, também nós somos pobres e, sendo muitos, as esmolas que temos nos são necessárias. Mas, por amor do Senhor que tu invocaste, entra na sala e te daremos das esmolas que o Senhor nos deu".*
>
> *Quando ele entrou e parou diante da mesa dos frades, o ministro lhe deu a escudela em que comia e também pão. Ele recebeu e humildemente sentou-se por terra, perto do fogo, diante dos frades, sentados à mesa.*
>
> *E, suspirando, disse aos frades: "Ao ver a mesa preparada com tanto cuidado e elegância, pensei que não fosse a mesa de pobres religiosos que diariamente pedem esmola de porta em porta. Pois a nós, caríssimos, mais do que aos outros religiosos, convém seguir o exemplo de humildade e pobreza de Cristo, porque a isso fomos chamados e assim professamos diante de Deus e dos homens. Agora sim, creio estar sentado como um frade menor:*

pois as festas do Senhor e dos outros santos são honradas mais com a indigência e a pobreza, por meio da qual os santos ganharam o céu, do que com a opulência e o luxo, pelas quais a alma se distancia do céu".
E assim, os frades se envergonharam, considerando que ele dizia a pura verdade. E alguns deles, vendo-o sentado por terra e que tão santa e honestamente os quis corrigir e instruir, começaram a derramar copiosas lágrimas. De fato, admoestava os frades a terem mesas tão humildes e honestas com as quais até os seculares podiam se edificar e, se chegasse algum pobre ou fosse convidado pelos frades, podia sentar-se como igual, ao lado deles, e não o pobre no chão e os frades no alto. (Espelho da perfeição (maior), Capítulo 20)

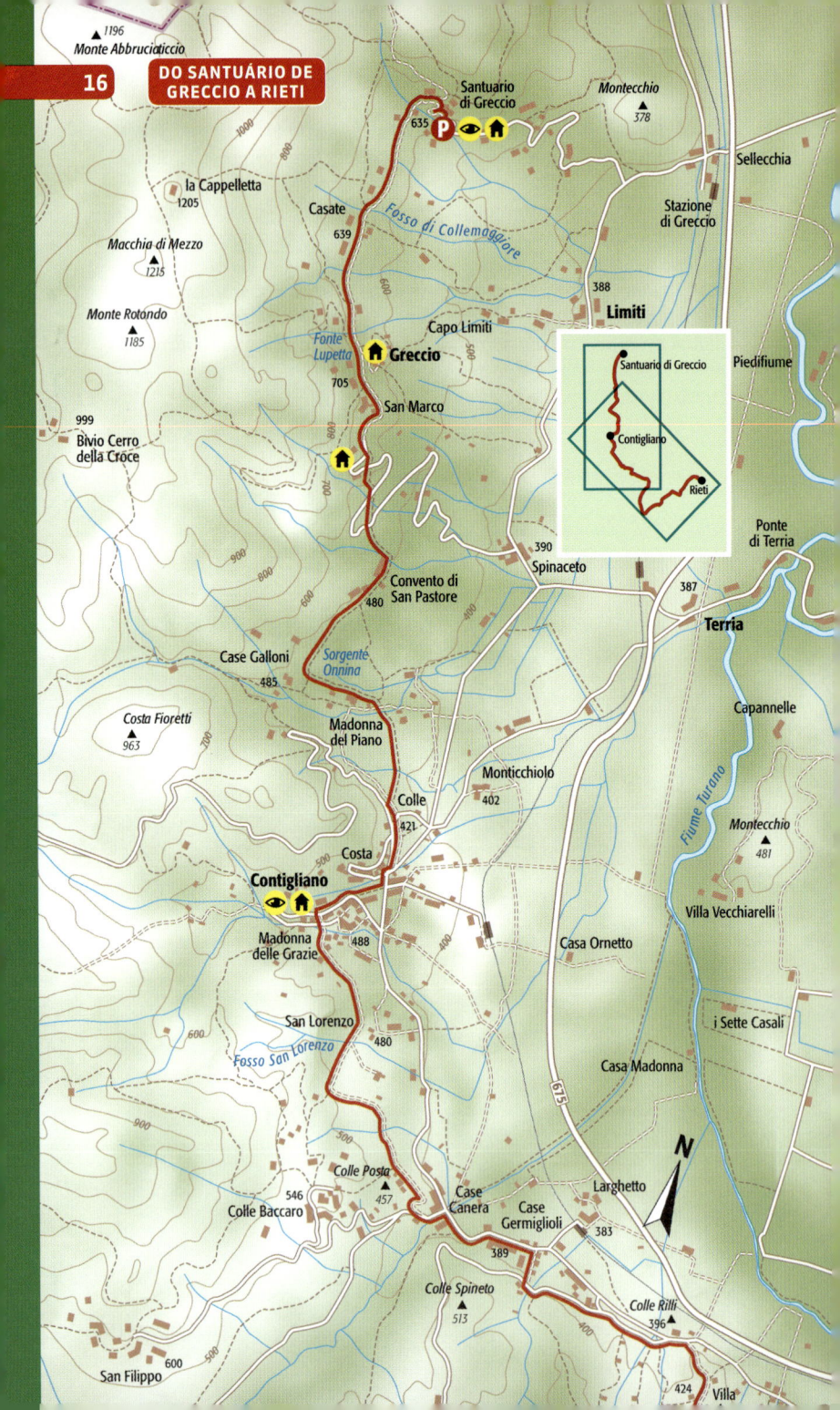

16 — DO SANTUÁRIO DE GRECCIO A RIETI

16

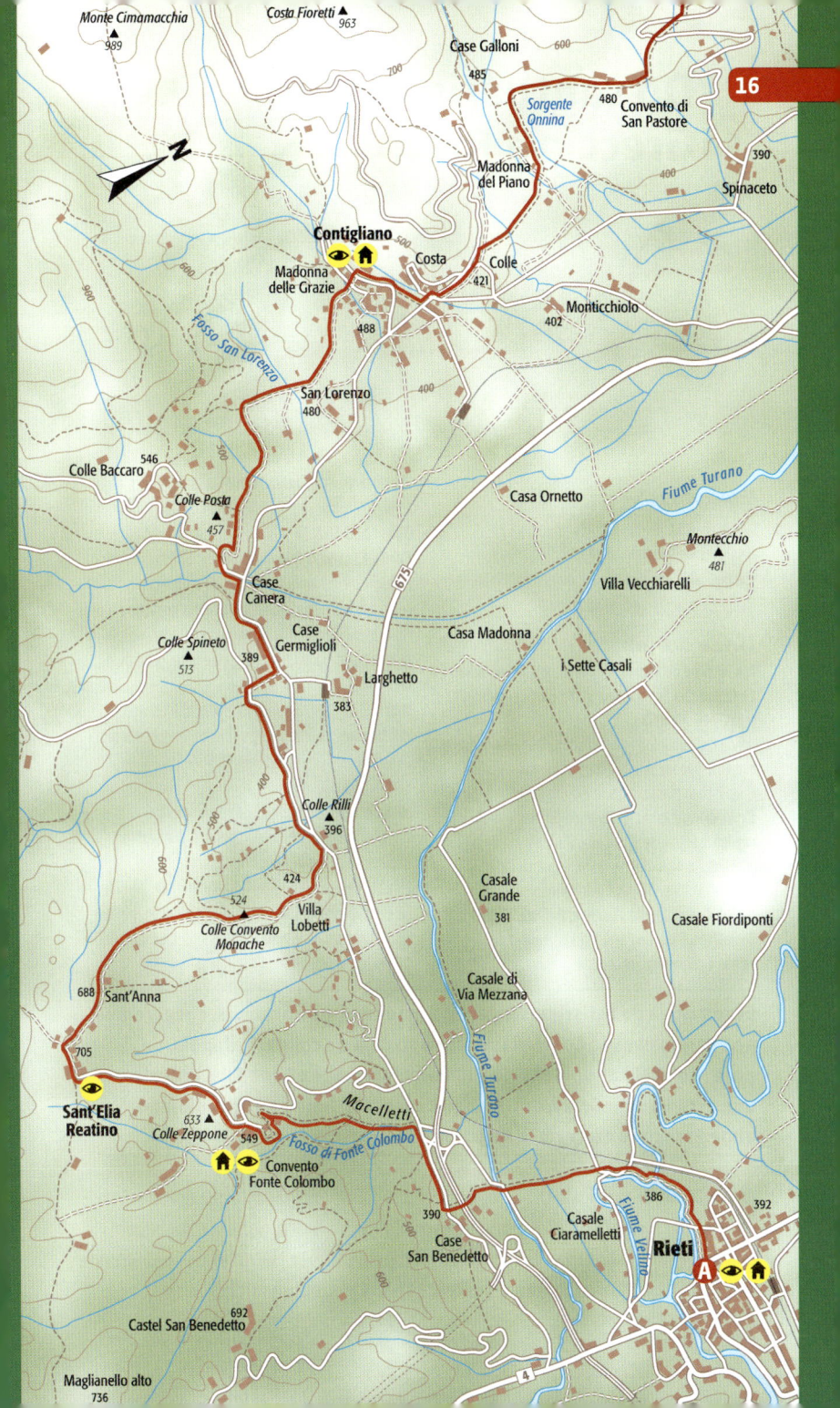

Monte Cimamacchia 989
Costa Fioretti 963
Case Galloni 485
Sorgente Onnina
Convento di San Pastore
Madonna del Piano
Spinaceto 390
Contigliano
Madonna delle Grazie
Costa
Colle 421
Monticchiolo 402
488
Fosso San Lorenzo
San Lorenzo 480
400
Colle Baccaro 546
Colle Posta 457
Casa Ornetto
Fiume Turano
Montecchio 481
Villa Vecchiarelli
Case Canera
675
Colle Spineto 513
389
Case Germiglioli
Casa Madonna
i Sette Casali
Larghetto 383
Colle Rilli 396
Casale Grande 381
Casale Fiordiponti
424
Villa Lobetti
Colle Convento Monache 524
Casale di Via Mezzana
688 Sant'Anna
705
Fiume Turano
Sant'Elia Reatino
Colle Zeppone 633
549
Macelletti
Convento Fonte Colombo
Fosso di Fonte Colombo
390
Case San Benedetto
Casale Ciaramelletti
Fiume Velino
386
Rieti 392
A
Castel San Benedetto
692
Maglianello alto 736
4

16 Do santuário de Greccio a Rieti

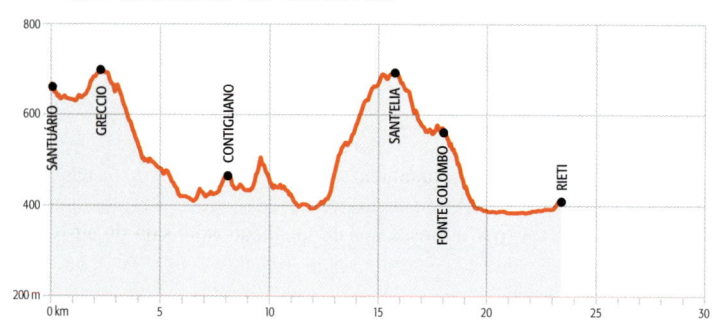

DISTÂNCIA:	**23,4 km**
DESNÍVEL EM SUBIDA:	**520 m**
DESNÍVEL EM DESCIDA:	**760 m**
TEMPO:	**6/7 horas**
NÍVEL DE DIFICULDADE:	**difícil**

Onde dormir

NA METADE DO CAMINHO, PERTO DE CONTIGLIANO: *Ostello Villa Franceschini*, via Franceschini, 7, tel.: 0746-70.61.23, www.ostellovillafranceschini.it. Belo albergue em um parque; 62 lugares em quartos para 6 pessoas, possibilidade de um ótimo jantar. ☎
CONTIGLIANO ALTA: *Ristorante La Terra di Pa*, via Umberto I, tels.: 0746-70.65.69 / 328-20.22.486 (fecha domingo à noite e segunda), preços para peregrinos.
B&B Il Girasole, via Fontecerro Sud, 18/e, 3 quartos. Nas cercanias do caminho para Fonte Colombo/Greccio. Pizzaria vizinha. Falar com Massimo Nucci, tels.: 0746-70.60.43 / 338-43.14.327 / 338-41.03.102. ☎

FONTE COLOMBO (ANTES DE RIETI): *Santuário Fonte Colombo*. Como local de formação religiosa, não pode assegurar uma contínua disponibilidade para hospedagem, mas vale a pena tentar, falando com o padre responsável, tel.: 0746-21.01.25.

RIETI: *B&B Casa Simonetti*, vizinho à estação, via Maraini, 5. Pizzaria em frente. Proprietários simpáticos! Tels.: 0746-48.33.96 / 340-07.59.816. ☎
B&B La Terrazza Fiorita, via Pelliceria, 3, em pleno centro. Uso da cozinha, 3 quartos duplos. Rita é a gentil proprietária, tels.: 0746-29.69.49 / 347-72.79.591. ☎
B&B La Bifora del Medioevo, 3 a 4 leitos, na via Sant'Agnese, 40. Paola, tels.: 333-29.44.771 / 0746-20.02.88. ☎

Etapa cheia de belíssimos lugares. Entre campos e bosques, chegaremos ao vilarejo oval de Contigliano, no topo de uma colina, e, depois, de novo, em meio a subidas e descidas, chegaremos a Sant'Elia, aldeola que está na memória franciscana. A pérola de hoje é Fonte Colombo, onde Francisco escreveu a Regra de sua Ordem.

A partir do santuário de Greccio, para as últimas duas etapas, o percurso segue por trilhas identificadas e sinalizadas do Caminho de Francisco: uma bela iniciativa levada adiante pela APT de Rieti e pela divisão florestal das comunas interessadas. Para saber mais, visite o site www.camminodifrancesco.it.

DO SANTUÁRIO DE GRECCIO A RIETI 16

Saia do santuário de Greccio caminhando pela tranquila estrada asfaltada que sai da parte de cima do estacionamento e leva ao povoado. O vilarejo é pequeno e vale um passeio por entre suas casas. O percurso em trilha começa a 500 metros da praça do povoado e, por três vezes, corta a *strada provinciale* em descida. A trilha deságua à esquerda e logo desce em um pequeno bosque. No primeiro cruzamento, passe à esquerda da placa que diz "*Cammino di Francesco*", caminhando então entre campos e grandes árvores; no segundo cruzamento, desça mais acentuadamente, passando entre algumas casas, em direção à abadia de San Pastore (recém-restaurada), que se ergue imponente na pequena colina em frente. Desça por um pequeno vale, saia do outro lado para, depois, percorrendo a trilha que segue ao lado da muralha, passar em frente à abadia. No primeiro cruzamento, vire à esquerda, descendo um belo bosque para, depois, seguir por uma estradinha asfaltada que leva a um outro cruzamento, em frente a uma lavanderia. Vire à direita e siga por uma estradinha com sombra, quase toda no plano, até às portas de **Contigliano** [🏠]. Quem desejar ir para o albergue de Villa Franceschini deve seguir reto pela *strada provinciale*, passando as casas da parte baixa da aldeia; numa cruz à esquerda da estrada, vire à esquerda, e o albergue estará a 200 metros da cruz.

Para seguir rumo a Sant'Elia e Fonte Colombo, suba e atravesse Contigliano Alta, virando na *via* Virgilio Discienti, e alcance a *piazza* Sant'Antonio; logo ao sair das muralhas, vire à esquerda na *via* della Valle e continue a descer até um cruzamento, onde se vira à direita em uma estrada de terra. A trilha agora desce por um vale pequeno, de onde se tem uma vista magnífica do povoado. Suba virando à direita e entrando em um pequeno bosque. No cruzamento seguinte, caminhe um pouco à direita, em descida, e, depois, pegue uma longa subida asfaltada que passa em frente a uma fonte; na placa, vire à esquerda, passando em meio a maravilhosas árvores. Nas casas que estão um pouco depois, siga reto, ignorando a estrada que desce.

A estrada continua por subidas e trechos quase planos, para depois descer abruptamente, com grandes curvas, até terminar na *strada provinciale* que leva a Poggio Mirteto. Na ligação desses caminhos, vire à esquerda e, depois, à direita, quando a estrada encontra uma outra, que leva a Rieti.

Atenção: tempos atrás, o trajeto do "Caminho de Francisco" foi mudado, no que diz respeito à subida, a partir da *strada provinciale* até Sant'Elia; pessoalmente, suponho que, para privilegiar a caminhada em trilhas, se obrigue os peregrinos a uma árdua subida, pouco atraente do ponto de vista paisagístico, que se torna agradável somente nas centenas de metros finais. Quem, mesmo assim, quiser percorrer esse trecho deve seguir, a partir da *strada provinciale*, as placas que foram colocadas.

Se, todavia, o peregrino seguir o caminho indicado por este guia, caminhará por 700 metros por essa movimentada *strada provinciale* para, depois, virar à direita pouco antes de um bar. O caminho então seguirá paralelo à *strada provinciale*. No fim, vire à direita, seguindo por aproximadamente 100 metros e, em seguida, novamente à direita, na estrada em subida que leva

16 · DO SANTUÁRIO DE GRECCIO A RIETI

RIETI. *O rio Velino.*

a **Sant'Elia** [✍]. Um belo caminho que sobe a colina por 3 km, oferecendo vistas muito bonitas do vale *reatino* e dos vales que ficam além das colinas.

Passado o povoado, desça por 2 km até chegar ao santuário de **Fonte Colombo** [✍]. A primeira parte da descida a partir do santuário é muito bonita: a trilha é a antiga estrada que levava à ermida e desce imersa no bosque e sob um mar de folhas, passando a capelinha com a fonte que dá o nome à ermida.

Ao fim da trilha, vire à esquerda em uma estrada de terra que leva à *strada provinciale*: atravesse-a (bar) e caminhe por ela, virando à direita; depois de 750 metros, passe sob a autoestrada e, ao chegar à primeira via à esquerda, entre nela (*via* di Carlo), passe a ponte e siga então até um cruzamento em "t", onde o peregrino deve virar à direita e, depois de poucos metros, à esquerda; depois, mais uma vez, à direita, entrando na agradável via que segue o rio e leva ao centro de **Rieti** [✍].

O que ver

Contigliano Pequeno burgo medieval do século xv; foi sob o domínio da família Sforza que o saquearam; depois, sofreu o assalto dos Bórgia. No século xvi, os contiglianeses obtiveram a permissão para ampliar a muralha que cercava a cidade e construir a imponente igreja colegiada.

Fonte Colombo Entre as ermidas de Rieti, com certeza, as mais importantes são Greccio e Fonte Colombo. A primeira, pela posição encantadora e pela acolhedora gruta do presépio; a segunda, pela atmosfera fortemente franciscana que se vivencia entre os penhascos e o verde profundo da colina, na gruta onde, em 1223, Francisco ditou a Regra a frei Leão. Há quase um século, no belíssimo volume *Il libro del pellegrino* [O livro do peregrino], Joergensen dizia: "[...] nada me deixa mais impressionado do que aquele precipício em que estivemos agora há pouco e onde me dei conta de nunca antes ter compreendido bem São Francisco de Assis. Até agora, não havia formado uma ideia correta da sua necessidade de solidão e do caráter profundamente ascético de seu temperamento [...]".

A ermida, mesmo nos tempos do escritor dinamarquês, ficava reservada para o ano de noviciado (assim como São Damião, em Assis), e, para além da beleza dos dois lugares, sentia-se, então como agora, a atmosfera de juventude e de entusiasmo espiritual. Há muito o que visitar no santuário, e gostaríamos de indicar dois lugares carregados de significado: a gruta de Francisco e a capela de Nossa Senhora, também chamada "da Madalena". Essa é uma igrejinha que já existia nos tempos de Francisco e na qual frei Leão celebrava missas. É bastante simples, suas paredes ainda guardam os afrescos do século XII e, na parede esquerda, o símbolo do Tau desenhado por Francisco; simplesmente perfeita! Dali, o peregrino desce para a gruta por uma escadaria inclinada e estreita, passando em frente à capela de São Miguel Arcanjo, que Francisco tanto venerava. Daqui em diante, as palavras faltam: o silêncio penetra o peregrino de uma maneira que não dá para descrever.

A Fonte Colombo deve seu nome a Francisco. Em uma crônica atribuída a frei Angelo Tancredi de Rieti, conta-se que "[...] o beato Francisco, guiado pelo espírito, chegou a uma montanha, distante 2 milhas de Rieti. Ela se chamava monte Rainero, mas Francisco, por causa dos veios d'água frescos e cristalinos que dali brotavam, adivinhando que no futuro muitos irmãos viriam até eles, deu-lhes o nome de **Fons Colombarum** (Fonte das pombas/Fonte dos Pombos)".

Rieti A planície de Rieti é um grande altiplano suspenso a 400 metros de altura; no passado, foi ocupada por um vasto lago formado pelo rio Velino, do qual restam os lagos de Ripasottile e Cantalice. Em 290 a.C., os romanos, conquistadores da região, abriram um canal na barragem de travertino, que represava as águas, fazendo que fluíssem em direção a Terni, no rio Nera, criando o *taglio delle Marmore* [talhe dos Mármores], um magistral trabalho de engenharia hidráulica que mudou completamente a paisagem e, ainda, criou conflitos entre Reate e Terni por causa das regras de gerenciamento das águas. Em Rieti, ainda existe a ponte romana pela qual transitavam os carros que ligavam a cidade a Roma, com a qual sempre manteve um vínculo. A cidade atual ainda está dividida pelo *cardo* e pelo *decúmano*, que são os eixos sobre os quais se articula o centro. A muralha, cinza e vigorosa, data da metade do século XIII. Seu interior está ornado de palácios importantes e igrejas.

Francisco em Contigliano, Fonte Colombo e Rieti

Francisco em Contigliano

Um costume singelo

Numa ocasião, o bem-aventurado Francisco estava no eremitério de Santo Eleutério, perto de uma aldeia de nome Quintiliano, na região de Rieti. E como não vestisse senão uma túnica, num certo dia, por causa de muito frio e grande necessidade, remendou sua túnica e a túnica de seu companheiro interiormente com alguns retalhos, de tal modo que seu corpo começou a consolar-se um pouquinho.

E, pouco depois, num certo dia, ao voltar da oração, disse a seu companheiro com grande alegria: "É necessário que eu seja modelo e exemplo de todos os irmãos, porque, embora ao meu corpo seja necessário ter uma túnica remendada, no entanto, eu preciso pensar nos meus irmãos aos quais isto também é necessário, e eles talvez não tenham nem possam ter; por isso, é necessário que eu condescenda com eles e que também eu sofra as mesmas necessidades que eles sofrem, para que eles, vendo isto, possam suportá-las mais pacientemente". (Compilação de Assis, 111, 1-5)

Francisco em Sant'Elia

O milagre dos bois

Na província de Rieti, grassava uma peste muito grave que exterminava tão cruelmente todas as ovelhas e bois que não se podia aplicar nenhum remédio. Um homem temente a Deus, de noite, foi admoestado por meio de uma visão a que se dirigisse às pressas ao eremitério dos irmãos e aspergisse sobre todos os animais a lavadura recebida das mãos e pés de Francisco, o servo de Deus. E assim, levantando-se de manhã, *chegou ao eremitério e, tendo obtido por meio dos companheiros do santo homem tal lavadura, aspergiu com ela as ovelhas e os bois doentes. Coisa admirável de se dizer! Logo que a aspersão atingia, por pouco que fosse, os animais doentes e que jaziam por terra, levantavam-se imediatamente, recuperando o antigo vigor e, como se não tivessem sentido nada de mal, se apressavam às pastagens.* (São Boaventura, *Legenda maior*, Capítulo XIII, 6, 1-4)

Francisco em Fonte Colombo

Fonte Colombo ocupa lugar central na vida de Francisco e na história de sua Ordem. Aqui, ele passou alguns períodos nos últimos anos de sua vida; aqui, ele escreveu a Regra definitiva e, sempre aqui, foi "curado" – sem sucesso – da moléstia nos olhos. E, com certeza, esta é a ermida que mais viu seu corpo sofrer e – mais ainda – o seu espírito, por causa das divisões que se instalavam entre seus irmãos.

Francisco escreve a Regra

[O beato Francisco compôs três regras: a confirmada, que não teve, no entanto, a Bula pontifícia do papa Inocêncio III; uma outra mais breve, que foi extraviada; e aquela que, enfim, o papa Honório III aprovou com a Bula, e da qual muitas coisas foram suprimidas por iniciativa dos ministros, contra a vontade de Francisco.]

Depois que se perdeu a segunda Regra que havia escrito, São Francisco subiu a um monte com Frei Leão de Assis e Frei Bonício de Bolonha para redigir outra Regra, que mandou escrever por inspiração de Cristo.
Ao mesmo tempo, porém, muitos ministros se reuniram com Frei Elias, que era vigário de São Francisco, e lhe disseram: "Soubemos que este Frei Francisco está compondo uma nova Regra; tememos que a faça tão rigorosa que não possamos observá-la. Queremos, pois, que vás até ele e lhe digas que não queremos ser obrigados àquela Regra. Que a faça para ele e não para nós".
Frei Elias respondeu-lhes que não queria ir, temendo uma repreensão de São Francisco. Como eles insistissem que fosse, disse-lhes que não queria ir sem eles. Então, foram todos juntos. Chegando perto do lugar onde estava São Francisco, Frei Elias o chamou. São Francisco respondeu e, vendo os mencionados ministros, disse-lhe: "O que querem estes frades?"
E Frei Elias respondeu: "Estes são ministros. Souberam que estás fazendo uma nova Regra e, temendo que a faças demasiado rigorosa, dizem e protestam que não querem ser obrigados a ela; que a faças para ti e não para eles".
Então, São Francisco voltou seu rosto para o céu e falou a Cristo assim: "Senhor, eu não te disse exatamente que eles não acreditariam em mim?"
Logo, todos ouviram a voz de Cristo, que respondia no ar: "Francisco, nada há na Regra que seja teu, mas tudo que ali está, é meu; e quero que a regra seja observada ao pé da letra, ao pé da letra, ao pé da letra, sem comentários, sem comentários, sem comentários". E acrescentou: "Sei quanto pode a fraqueza humana e quanto quero ajudá-los. Portanto, os que não querem observá-la, que saiam da Ordem".
Então, São Francisco voltou-se para aqueles frades e disse-lhes: "Ouvistes! Ouvistes! Quereis que vo-lo faça repetir?" E os ministros, reconhecendo sua falta, afastaram-se confusos e atemorizados. (Espelho da perfeição (maior), Capítulo 1)

"A cura"

No santuário de Fonte Colombo encontra-se a cela onde o médico cauterizou o nervo ótico de Francisco; é um quartinho vazio onde o "fogo não lhe fez mal".

DO SANTUÁRIO DE GRECCIO A RIETI

Um médico opera Francisco

Quando ele veio ao eremitério de Fonte Colombo, perto de Rieti, para o tratamento da doença dos olhos, ao qual fora coagido sob obediência pelo senhor de Óstia e pelo ministro geral Frei Elias, um dia o médico veio até ele.

Este, considerando a doença, disse a São Francisco que queria fazer uma cauterização sobre o maxilar até o seu supercílio do olho que estava mais afetado. Mas São Francisco não queria iniciar o tratamento, se não chegasse Frei Elias, porque ele havia dito que queria estar presente quando o médico iniciasse aquele tratamento. Também porque temia e lhe era muito pesado ter tanto cuidado consigo mesmo, queria que o ministro geral mandasse fazer tudo aquilo.

Tendo-o, pois, esperado e como não chegasse, porque teve muitos compromissos, finalmente permitiu que o médico fizesse o que queria. Depois que o ferro foi posto ao fogo para fazer a cauterização, querendo animar seu espírito para que não se apavorasse, São Francisco assim falou ao fogo: "Meu irmão fogo, que és nobre e útil entre as outras criaturas, sê gentil comigo nesta hora, porque outrora te amei e te amarei por amor daquele que te criou. Suplico também ao Criador que nos criou, que tempere o teu calor, de forma que eu consiga suportá-lo". Terminada a oração, traçou o sinal da cruz sobre o fogo.

Mas nós que estávamos com ele, fugimos todos por piedade e compaixão e só o médico ficou com ele. Porém, terminada a cauterização, voltamos até ele, que nos disse: "Homens medrosos e de pouca fé, por que fugistes? Na verdade vos digo que não senti dor alguma nem o calor do fogo. E até, se não estiver bem cauterizado, que se cauterize ainda melhor".

O médico ficou muito admirado e disse: "Meus irmãos, digo-vos que eu tinha receio que não só ele, por estar tão fraco e doente, mas qualquer homem muito forte não pudesse suportar tão grande cauterização; mas ele não se moveu nem mostrou o menor sinal de dor".

Foi necessário cauterizar todas as veias desde a orelha até o supercílio, mas de nada lhe valeu. Igualmente, outro médico perfurou-lhe ambas as orelhas com ferro em brasa e nada lhe valeu.

Nem devemos admirar-nos se, de vez em quando, o fogo e outras criaturas lhe obedeciam e o respeitavam. Pois nós que com ele vivemos vimos muitíssimas vezes que ele tanto se afeiçoava a elas, tanto se alegrava e seu espírito sentia tanta piedade e compaixão por elas, que não queria vê-las tratadas sem respeito. Falava-lhes com tanta alegria interior e exterior, como se fossem seres racionais, e nessa ocasião, muitas vezes, era arrebatado em êxtase até Deus. (Espelho da perfeição (maior), Capítulo 115)

A providência
Um bom almoço para o médico

[...] E, num certo dia, ao visitá-lo o médico dos olhos, da mesma cidade, e ao ficar com ele por algum tempo, como muitas vezes costumava, quando queria retirar-se, disse o bem-aventurado Francisco a um de seus

companheiros: "Ide e fazei com que o médico coma bem". Respondeu-lhe o seu companheiro, dizendo-lhe: "Pai, com vergonha dizemos que somos tão pobres que nos envergonhamos de convidá-lo e de dar-lhe [qualquer coisa] para comer". Disse o bem-aventurado Francisco aos seus companheiros: "[Homens] de pouca fé, não me façais dizer mais [nada]".

Disse o médico ao bem-aventurado Francisco e a seus companheiros: "Irmão, desde que os irmãos são tão pobres, quero comer com eles com a maior boa vontade". Aquele médico era muito rico e, como o bem-aventurado Francisco e os seus companheiros o tivessem convidado muitas vezes, nunca quis comer lá.

Portanto, os irmãos foram e prepararam a mesa e, com vergonha, colocaram um pedaço de pão e um pouco de vinho que tinham e um pouco de hortaliças que haviam preparado para si mesmos. E, tendo-se eles sentado à mesa, quando tinham comido pouco ainda, eis que alguém bateu à porta do eremitério. Levantando-se um dos irmãos, foi e abriu a porta. E eis uma mulher que trazia grande cesto cheio de belo pão e de peixes, bolinhos de camarões, mel e uvas quase frescas que ao bem-aventurado Francisco enviara uma senhora de um castelo, que distava do eremitério quase sete milhas.

Ao verem estas coisas, os irmãos e aquele médico se admiraram muito, considerando a santidade do bem-aventurado Francisco. Por isso, disse aquele médico aos irmãos: "Irmãos meus, nem vós, como deveis, nem nós conhecemos a santidade deste santo". (Compilação de Assis, 68, 2-12)

Francisco em Rieti

Nos primórdios, quando o grupo de Francisco era composto apenas por oito irmãos...

Então Frei Bernardo, juntamente com Frei Egídio, tomou o caminho de Santiago [de Compostela], e São Francisco escolheu outra direção do mundo com um companheiro, e os outros quatro, caminhando dois a dois, tomaram as direções restantes. (Frei Tomás de Celano, *Primeira vida de São Francisco*, Primeiro Livro, Capítulo XII, 30, 1)

A cítara angelical

Em 1225, no vale de Rieti, um ano antes do fim de sua vida, Francisco passava uma temporada com o futuro papa Honório, o cardeal Hugolino de Óstia.

O espírito de Francisco não se curvava ao mal; seu amor pela música e o alívio que experimentava ao ouvi-la aparecem em dois momentos de dor: na oportunidade em que está em Rieti para tratar dos olhos e na iminência da morte, quando, na casa do bispo de Assis, seus irmãos cantarão o cântico por ele composto e do qual, infelizmente, a música se perdeu.

16 DO SANTUÁRIO DE GRECCIO A RIETI

Numa ocasião, quando o bem-aventurado Francisco estava em Rieti e ficava no quarto de Teobaldo Sarraceno por alguns dias por causa da enfermidade dos olhos, num certo dia disse a um de seus companheiros que no mundo sabia tocar cítara: "Irmão, os filhos deste mundo não compreendem as coisas divinas; porque os instrumentos, a saber, as cítaras, os saltérios de dez cordas e outros instrumentos que os santos homens no tempo antigo usavam para o louvor de Deus e para a consolação das almas, eles [agora] os usam para a vaidade e para o pecado contra a vontade do Senhor. Eu gostaria, então, que em segredo adquirisses de algum homem honesto uma cítara, com a qual me tocarias uma melodia honesta, e com ela diríamos algumas palavras e louvores de Deus, mormente porque meu corpo está atormentado por grande enfermidade e dor. Por isso, eu gostaria, nesta ocasião, de levar a dor do corpo à alegria e consolação do espírito".

Pois o bem-aventurado Francisco em sua enfermidade compusera alguns Louvores do Senhor, os quais de vez em quando ele mandava seus companheiros dizerem para o louvor do Senhor, para a consolação de sua alma e também para a edificação do próximo.

Respondeu aquele irmão e disse-lhe: "Pai, tenho vergonha de adquiri-la, mormente quando os homens desta cidade sabem que eu no mundo sabia tocar cítara; temo que eles suspeitem que eu fui tentado a tocar cítara". Disse-lhe o bem-aventurado Francisco: "Portanto, irmão, deixemos".

Mas, na noite seguinte, quase à meia-noite, o bem-aventurado Francisco estava acordado, e eis que ao redor da casa em que jazia ouviu uma cítara que tocava a mais bela e deleitável melodia que jamais ouvira em sua vida. E [alguém], a tocar a cítara, ia tão longe quanto se podia ouvir e depois voltava, sempre tocando a cítara. E isto aconteceu deste modo por um grande espaço de tempo.

Donde, considerando o bem-aventurado Francisco que [isto] era obra de Deus e não de homem, encheu-se da maior alegria e, com exultação do coração, louvou com todo o afeto o Senhor, o qual se dignou a consolá-lo com tal e tão grande consolação.

E, levantando-se de manhã, disse a seu companheiro: "Roguei-te, irmão, e não me satisfizeste; mas o Senhor, que na tribulação consola seus amigos, nesta noite, se dignou a consolar-me". E, assim, contou-lhe tudo o que acontecera.

E os irmãos admiraram-se, considerando que isto era um grande milagre. E reconheceram verdadeiramente que fora obra de Deus para consolação do bem-aventurado Francisco, mormente porque, segundo o costume de uma ordem do podestà, ninguém ousaria andar pela cidade não só pela meia-noite, mas também depois da terceira batida do sino; e porque – como disse o bem-aventurado –, como era obra de Deus, em silêncio, sem voz e sem barulho da boca, ia e voltava por grande espaço de tempo a consolar o espírito dele. (Compilação de Assis, 66)

Sofrendo, mas atento a tudo e a todos...

A doação do manto

No tempo em que São Francisco se hospedava no palácio do bispo de Rieti para tratar da enfermidade dos olhos, foi ao médico uma mulher pobrezinha de Maquilone que também tinha enfermidade semelhante à do santo. Então o santo, falando familiarmente ao seu guardião, insinua estas coisas: "Irmão guardião, é necessário que restituamos o que é alheio". Ele respondeu: "Pai, se há algo conosco, que se restitua". Disse ele: "Restituamos este manto que recebemos de empréstimo *daquela mulher pobrezinha, porque ela nada tem na bolsa para as despesas". Respondeu o guardião: "Irmão, este manto é meu e não me foi emprestado por ninguém. Usa-o até quando quiseres; depois que não quiseres usar, entrega-mo de volta". Na realidade, pouco tempo antes, o guardião o havia comprado para a necessidade de São Francisco. Disse-lhe o santo: "Irmão guardião, sempre foste cortês comigo; agora, te peço, mostra tua cortesia". Respondeu o guardião: "Pai, faze como quiseres aquilo que o* espírito te sugere". *Então, chamando um secular muito devoto, disse-lhe: "Toma este manto e doze pães, vai e fala assim àquela mulher pobrezinha: O pobre a quem emprestaste o manto agradece-te pelo empréstimo; mas agora* toma o que é teu!". *Ele foi e disse como ouvira. Pensando que* era enganada, *disse-lhe a mulher* cheia de rubor: "Deixa-me em paz *com teu manto!* Não sei o que falas". *O homem insiste e coloca-lhe tudo nas mãos. Considerando ela que não havia fraude no fato e temendo que lhe fosse tirado lucro tão fácil, ela se levanta de noite e, não se preocupando com o tratamento dos olhos, volta para casa com o manto.* (Frei Tomás de Celano, *Segunda vida de São Francisco*, Segundo Livro, LIX, 92, 1-3)

Mas, quanto mais se doa, mais se recebe...

A providência

Achando-se enfermo no palácio do bispo de Rieti, trajando uma pobre túnica bastante velha, o pai dos pobres disse uma vez a um de seus companheiros que havia escolhido como seu guardião: "Irmão, caso lhe seja possível, eu queria que arranjasses para mim um pano para uma túnica". Ao ouvir isso, o guardião ficou pensando em como encontrar o tecido tão necessário e tão humildemente solicitado. Então, na manhã seguinte, muito cedo, dirigiu-se à porta para ir para a cidade para conseguir o pano: e eis que estava à porta um homem que lhe queria falar. E disse ao frade: "Por amor de Deus, irmão, receba este tecido para seis túnicas, e, tomando uma para ti, distribua as outras, para o bem de minha alma, como melhor te parecer". Todo contente, o frade volta para junto do bem-aventurado Francisco e conta sobre a doação recebida vinda do céu.
O Pai lhe respondeu: "Pega as túnicas, porque para isso aquele homem foi enviado, para socorrer desse modo minha necessidade. Assim, deem-se graças Àquele que tem cuidado conosco". (Frei Tomás de Celano, *Tratado dos Milagres*, Capítulo V)

O Tau

As duas línguas originais da Bíblia – o grego e o hebraico – têm em comum uma letra do alfabeto, o Tau. Na interpretação hebraica, é a última letra do alfabeto e significa a realização da Palavra revelada. É o sinal dos salvos (Ezequiel 9,4) e também a inicial da palavra "Torá", a "Lei". Mas a forma do Tau lembra a cruz de Cristo, e é aqui que os símbolos se misturam. Antes do advento dos números arábicos, usavam-se letras; o Tau, no alfabeto grego, corresponde ao número 300: na Bíblia, o número volta a ser encontrado na história de Noé (a arca tinha 300 côvados de comprimento), mas existem outras inúmeras referências a esse número. No Evangelho, 300 denários eram a quantia pela qual se poderia vender o perfume de Madalena.

Diversas interpretações do Apocalipse de São João (7, 2-3) o identificam como o sexto selo impresso na fronte dos Servos de Deus, e, na interpretação de Ubertino de Casale e também de São Bernardino de Siena, o anjo do sexto selo seria o próprio Francisco. No tempo de Francisco, o Tau era considerado um sinal que protegia da peste, e as pessoas o usavam como amuleto. Mas, para Francisco, que o adotou como assinatura, o Tau era a Cruz.

Tomás de Celano, no *Tratado dos Milagres* (Capítulo II, 3, 4-5), refere: "O sinal do Tau era-lhe familiar acima de todos os outros: utilizava-o como única assinatura para suas cartas e pintava-lhe a imagem nas paredes de todas as celas. – Frei Pacífico, *homem de Deus*, agraciado por visões celestes, viu com os olhos de seu corpo um grande Tau, com vários raios dourados, brilhando sobre a fronte do bem-aventurado pai".

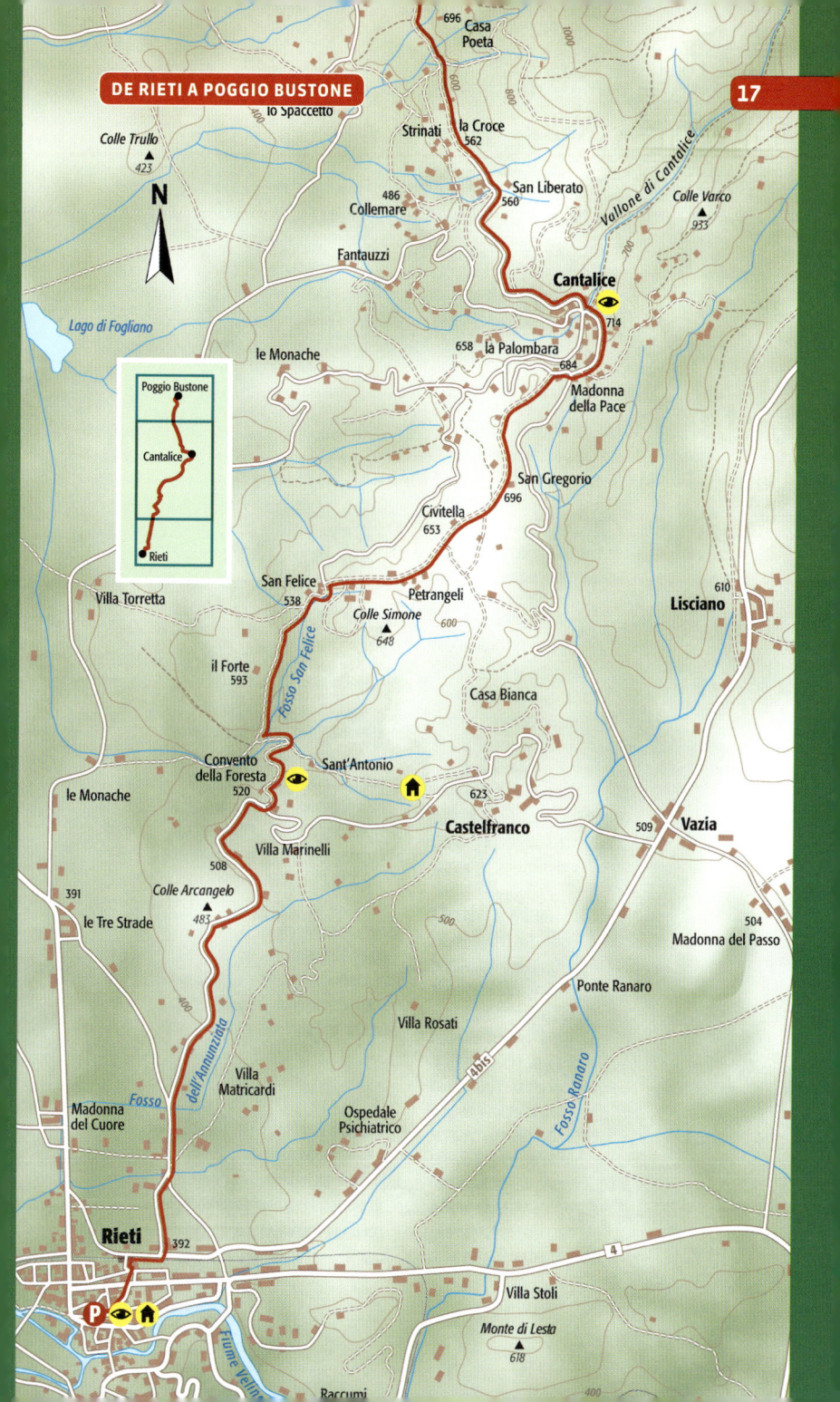

DE RIETI A POGGIO BUSTONE

17

17

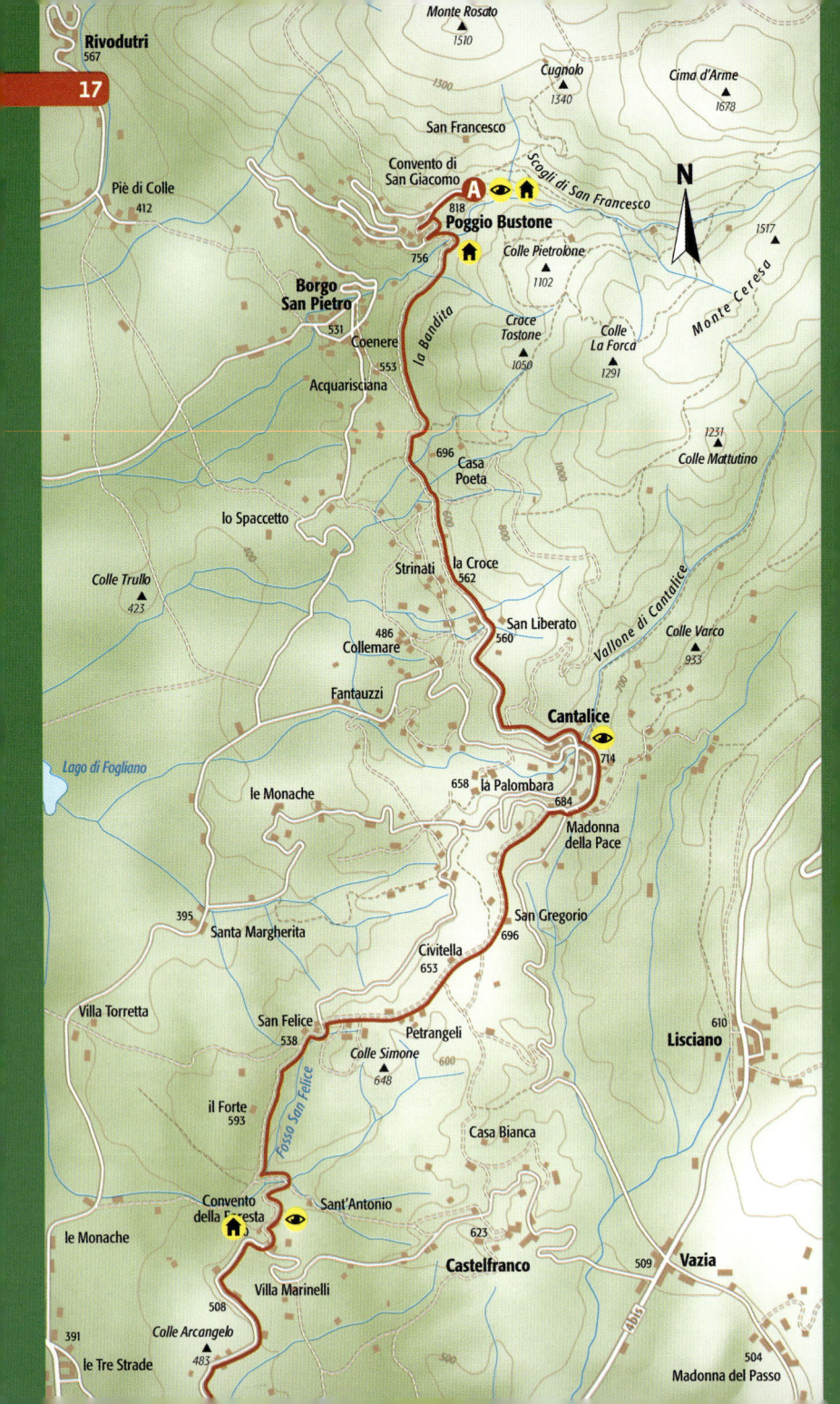

De Rieti a Poggio Bustone   17

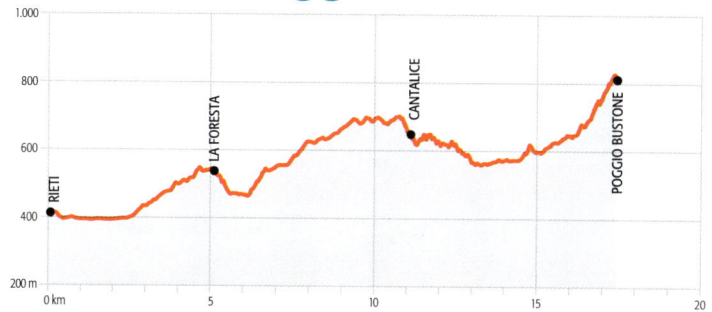

DISTÂNCIA:	**17,5 km**
DESNÍVEL EM SUBIDA:	**650 m**
DESNÍVEL EM DESCIDA:	**240 m**
TEMPO:	**6/7 horas**
NÍVEL DE DIFICULDADE:	**difícil**

Onde dormir

ALGUNS QUILÔMETROS DEPOIS DE RIETI:
Santuario della Foresta, aberto a viajantes solitários ou em grupos. Administrado pelos jovens da Comunità Mondo X; 5 quartos pequenos e capelinha para os peregrinos. Os grupos mais numerosos são encaminhados para as irmãs de Villa Cabrini, tel.: 0746-220.07.27.
Pouco adiante, a *Foresta Centro Spiritualità Madre Cabrini*, via S. F. Cabrini, 5, aonde se pode chegar pela trilha; 43 leitos, preços para peregrinos. Tel.: 0746-20.07.27.
Casa Vacanze Le Querdi di Tara, via Foresta, 37, a 300 m do Santuário da Foresta. Preços especiais para peregrinos ou grupos, beliches, cozinha com refeitório grande, em regime de autogestão. Tel.: 348-42.73.023, mauro.rinaldi@over-service.it. ☏

POGGIO BUSTONE: no povoado, *Ostello della Locanda Francescana*; 50 leitos, possibilidade de jantar na hospedaria (combinar o preço para o jantar!). Tels.: 0746-68.86.88 / 347-41.50.455. ☏
Santuário de San Giacomo, recebe grupos e viajantes solitários, em quartos ou amplos dormitórios. Tratar, na hora do almoço ou do jantar, com irmão Pasquale ou irmão Renzo! Tel.: 0746-68.89.16.

Última etapa do caminho, rica de encantos e paisagens. Depois de apenas 4 km está o *Santuario della Foresta*, onde Francisco permaneceu por causa de uma doença. Continuando, encontramos a igrejinha erguida em memória de um milagre de São Félix de Cantalice, camponês e primeiro santo capuchinho. Chegaremos então ao seu vilarejo natal, que, com suas vielas estreitas e inclinadíssimas, desce em cascata para a planície de Rieti. Enfim, uma última subida, primeiro em direção ao Convento de San Giacomo di Poggio Bustone e, depois, rumo à pequena gruta de Poggio Bustone, íntima e mística, nossa meta final.

A estação ferroviária é a referência para a saída nesta última etapa. Dali, percorra a avenida Morrini e, em seguida, vire à esquerda na via Angelo M. Ricci. Siga sempre reto por essa bela avenida de pinheiros e, no fim, vire à esquerda, beirando o cemitério.

A 250 metros, depois de um semáforo e da rotatória com uma cruz sobre um mapa-múndi em seu centro, pegue o caminho da direita, que logo começa a

17 DE RIETI A POGGIO BUSTONE

subir e, em 4,5 km, leva ao **Santuario Della Foresta** [✍]. É uma estrada pouco frequentada, e, depois de um breve trecho entre os automóveis, fica agradável voltar para o silêncio da colina. O santuário se encontra em um pequeno vale ao qual se chega pelo alto; a vista do grande horto e da casa é muito bonita.

Terminada a visita, para seguir em direção a Cantalice, deve-se sair pelo pórtico de ingresso do santuário e logo virar à esquerda, beirando o edifício. A trilha, acanhada, desce por um pequeno bosque e passa na frente de uma fonte.

Siga então até uma estrada de terra e caminhe nela até uma casa; continue por 600 metros na estrada de terra que desce à esquerda até a *via* dell'Acquamartina. Passe a pequena ponte e, depois, vire à esquerda, em direção ao vale, beirando, do outro lado, a vala que o peregrino acompanhou até a ponte.

Depois de 250 metros, vire à direita e, depois de mais 50 metros, entre na trilha à direita que, em subida, torna-se uma estradinha que leva a San Felice all'Acqua, que deve o seu nome à fonte que o santo fez brotar ali, enquanto trabalhava nos campos, e que é considerada milagrosa. Atravesse a estrada e siga em subida por uma estradinha que dobra à direita e da qual se divisa, a distância, Poggio Bustone, enquanto **Cantalice** [✍], que está a apenas 3 km de distância, ainda está escondida. No primeiro cruzamento, vire à direita, passando por entre as casas, para, depois, virar à direita, num ponto em que o caminho se alarga (via del Castello), chegando ao povoado pelo alto.

É um espetáculo lançar um olhar rápido sobre a escarpadíssima sucessão de casas que parecem construídas uma sobre o telhado da outra. Ao passar em frente ao santuário de San Felice, é possível pedir delicadamente aos habitantes das casas vizinhas para abrir a igreja. Siga descendo pelas sinuosas estradinhas até a praça inferior. Dali, continue andando reto por poucos metros e, então, vire à direita, em uma curva, na via Carducci; em seguida, vire novamente na via Cairoli e, no cruzamento sobre a estrada, pegue a trilha entre as plantações (fonte). O caminho é agradável, entre árvores e num lugar elevado, permitindo aproveitar o panorama realmente amplo do vale reatino para depois, ainda entre as árvores, descer até o vilarejo de San Liberato; atravesse-o e siga até o fim da estrada asfaltada. Em seguida, suba à direita para, logo depois, virar à esquerda, entrando no bosque. A trilha sobe também entre as árvores; no primeiro cruzamento, vire à direita e siga por uma subida íngreme; no final da trilha, vire à esquerda, em descida e, pouco adiante, no plano. Depois de aproximadamente 100 metros, vire em uma pequena trilha à direita e, então, à esquerda, em uma trilhazinha quase plana, que percorre a base do pequeno vale, o qual separa o peregrino do povoado; coragem, porque, no final, uma última subida íngreme o espera!

Esse é um trecho muito interessante por causa da vista do vale mais abaixo e do desfiladeiro que separa o peregrino de Poggio Bustone. À direita, em meio ao verde da colina, é possível distinguir o santuário de San Giacomo, em **Poggio Bustone** [✍]. Ao chegar ao topo da subida, quem quiser visitar o santuário e a gruta antes de descer para o povoado deve continuar subindo, sempre se mantendo à direita.

DE RIETI A POGGIO BUSTONE 17

Aqui termina este Caminho, cuja continuação está no guia *Con le ali ai piedi*: outros 500 km espetaculares, na companhia de Francisco, rumo ao destino final na Gruta do Arcanjo Miguel em Gargano.

O percurso do "Caminho de Francisco" prevê outras etapas até Rivodutri, Borgo di Posta, Terminillo e, de novo, Greccio, atravessando a planície de Rieti, etapa toda em asfalto e sob o sol pleno. Aconselha-se ao peregrino dirigir-se a APT de Rieti para mais informações. Por hoje, o peregrino fica por aqui, e é bonito terminar um percurso de peregrino na igreja de San Giacomo Maggiore, o santo dos peregrinos por excelência! Muito provavelmente, a igrejinha de então foi construída por um peregrino, em agradecimento por ter voltado são e salvo da longa viagem. O caminho termina ao entardecer, e o pôr do sol, visto de Poggio Bustone, é perfeito. O peregrino parte do cume de um monte sagrado e termina no cume de outro monte. Entre esses dois montes, são dezessete dias de emoções que não podem senão tê-lo enriquecido, permitindo enfrentar o cotidiano, quem sabe, de uma maneira diferente. Com essa bagagem a mais, deslizar pelo vale será mais fácil.

O que ver

Santuario della Foresta Não nasceu como ermida e, por isso, não tem o aspecto de uma; é uma grande casa de campo, circundada por um longo muro, com belos nichos contendo imagens da Via Crucis, em cerâmica, em estilo napolitano do século XVIII. Tudo isso envolvido por um vale verde e tranquilo, onde o enorme horto é tão cuidado quanto um belíssimo jardim italiano.

Na época de Francisco, era a casa de um padre pobre que se ocupava da igrejinha de San Fabiano; ali, Francisco fez um retiro, à espera da operação nos olhos. Os edifícios que compõem o conjunto são de épocas diferentes, sejam pré-franciscanas, sejam seiscentistas. O interior do claustro, simples e cuidado, está repleto de flores e de gatos, de todas as cores, que, ronronando, dão as boas-vindas. Ao lado, pode-se visitar o quarto onde se esmagavam uvas e onde Francisco ficou hospedado, a igreja, e, descendo uma escadinha que passa sob um arco emoldurando a campanha, chega-se à gruta onde Francisco pregava. Costuma-se dizer que aqui Francisco compôs parte do Cântico do irmão Sol; verdade ou não, a atmosfera é de perfeita paz agreste que, instintivamente, remete à poesia e ao canto.

O santuário, agora, está aos cuidados dos rapazes do Mondo X, que o consideram uma pequena joia; o horto é de tal forma bem tratado a ponto de produzir couve-flor e "raras plantas de jardim". Depois que o afável padre Valerio foi para o Céu, os rapazes continuam a produzir presépios muito originais, feitos de varetinhas, raminhos e raízes de árvore, e um deles pode ser contemplado no santuário de Greccio.

Cantalice Um povoado que parece escorrer como uma cascata, colina abaixo, desde o local onde está agarrado! Por razões de defesa, a parte alta de

17 DE RIETI A POGGIO BUSTONE

Na trilha, rumo a Poggio Bustone.

Cantalice foi construída em um desfiladeiro protegido por três lados e controlada pela Torre del Cassero. Essa sua conformação e as fortificações robustas que a rodeavam e das quais ainda se veem restos a protegerem das repetidas invasões sarracenas e dos ataques da vizinha Rieti.

No cume do povoado encontra-se a igreja do século XVIII, que conserva os restos de São Félix, primeiro santo capuchinho.

Santuário de Poggio Bustone Sobre o povoado, no começo de um vale – uma fenda estreita e arborizada –, localiza-se o santuário e, ainda mais no alto, a Gruta Sagrada. No tempo de Francisco, existia aqui apenas a igrejinha de San Giacomo Maggiore. A igreja atual não é a original, mas remonta ao século XIV. A igreja e o convento são precedidos de um belo pórtico. O claustro, que se abre ao lado da igreja, é como os outros claustros da região de Rieti, simples e belo. No século XIV, foram acrescentados outros ambientes, como o refeitório, decorado com afrescos no século XVII. Dali se pode descer para a ermida primitiva que, restaurada recentemente, engloba a gruta onde Francisco e os irmãos viviam.

Saindo do santuário e escalando uma bela trilhazinha, em meia hora se chega ao Sacro Speco, a gruta em que Francisco pregava. A subida é inclinada e pontilhada de capelinhas onde a tradição popular acreditou identificar as pegadas de um anjo, as marcas do capuz de Francisco e até um confuso sinal deixado pelo diabo! São explicações populares e carinhosas acerca do "milagroso", partilhadas por pessoas do mundo inteiro; na Índia, existe algo bem parecido em relação à vida do Buda!

A gruta de Francisco é envolvida por uma pobre igrejinha; para entrar, deve-se abrir uma portinhola desengonçada; dentro, a atmosfera é íntima e profunda. A subida íngreme é recompensada por um grande silêncio. Ali, no curso dos anos, os peregrinos inventaram um rito: tocam o sino da ermida, preenchendo o vale com sua alegria pelo Caminho completado, transformada em badaladas.

Poggio Bustone A existência do povoado está documentada desde o século XII. Ali se conserva uma porta gótica chamada "do bom dia" e a Torre del Cassero, que fazia parte de um castelo, do qual restam poucos vestígios. Uma tradição muito particular liga a aldeia a São Francisco: todos os anos, no dia 4 de outubro, o prefeito, precedido de um tamborim, vai de porta em porta acordar os cidadãos gritando: "Bom dia, boa gente", a saudação que se diz que Francisco dirigia aos aldeões quando aqui entrou pela primeira vez, em 1209.

Francisco em La Foresta e em Poggio Bustone

Francisco no santuário de San Fabiano

Por causa da doença dos olhos, São Francisco morava com um pobre sacerdote junto à igreja de São Fabiano, perto de Rieti. Na mesma ocasião, o senhor Papa Honório estava na cidade com toda a cúria. Por isso, muitos cardeais e outros ilustres clérigos visitavam São Francisco quase diariamente, pela devoção que tinham para com ele.

Aquela igreja tinha também uma pequena vinha junto à casa em que estava São Francisco e, na casa, havia uma porta pela qual entravam na vinha quase todos os que o visitavam, sobretudo porque as uvas estavam maduras e o local era muito agradável; de modo que, por causa disso, toda a vinha foi devassada e quase despojada das uvas.

Por isso, o sacerdote começou a perturbar-se, dizendo: "Embora a vinha seja pequena, eu conseguia vinho suficiente para minhas necessidades; mas este ano perdi a colheita".

Quando São Francisco ficou sabendo, mandou chamá-lo e lhe disse: "Senhor, não te perturbes mais, porque agora já nada podemos fazer; mas confia no Senhor, pois, por mim seu servo, ele poderá indenizar-te integralmente todo o prejuízo. Dize-me: quantas salmas de vinho conseguiste no melhor ano de tua vinha?" – O sacerdote respondeu: "Pai, treze salmas". – Disse-lhe São Francisco: "Não te lamentes mais nem digas uma palavra de injúria a alguém por causa disso. Mas tem fé no Senhor e nas minhas palavras: se conseguires menos de vinte salmas de vinho, eu farei encher o que falta".

Desde então o sacerdote se calou e ficou tranquilo. No tempo da vindima, por favor divino, daquela vinha conseguiu 20 salmas de vinho e nem uma a menos. O sacerdote ficou muito admirado e todos aqueles que ficaram sabendo disso diziam que, se a vinha estivesse carregada de uvas, seria impossível que desse 20 salmas de vinho.

Mas nós, que vivemos com ele damos testemunho que, desta e de todas as coisas que predisse, sua palavra sempre se cumpriu à risca. (Espelho da perfeição (maior), ix, *Capítulo 104)*

Francisco na ermida de Poggio Bustone

O Santuário de San Giacomo em Poggio Bustone é conhecido por um episódio ocorrido no início do caminho de Francisco. Os primeiros irmãos foram para junto dele – naquele tempo eram apenas sete – e juntos haviam deixado Assis; o caminho não estava ainda claro, e Francisco pressentia a responsabilidade dos irmãos, não se sentindo ainda forte o suficiente. Ao avistar Poggio Bustone, o peregrino teria certeza de que o caminho que tomavam era o correto.

A ermida do perdão

[...] E, num certo dia, enquanto chorava num lugar solitário, meditando na amargura seus anos [passados], vindo sobre ele a alegria do Espírito Santo, foi certificado da plena remissão de todos os pecados. Em seguida, arrebatado fora de si e todo absorto em uma luz admirável, tendo sido ampliado o horizonte de sua mente, viu claramente as coisas que haveriam de acontecer com relação a si próprio e a seus filhos. Depois disto, voltando-se aos irmãos, disse: "Confortai-vos, caríssimos, e alegrai-vos no Senhor e não fiqueis tristes por serdes poucos nem vos atemorize a minha e a vossa simplicidade, porque, na verdade, como me foi mostrado pelo Senhor, Deus nos fará crescer em grande multidão e dilatará de maneira múltipla a sua graça e sua bênção".

[...] Então, também ele próprio, sabendo que fora dado como exemplo para os outros, para antes fazer do que ensinar, dirigiu-se com um dos companheiros para uma parte da terra, tendo destinado os outros seis às outras três partes do mundo [dividido] em forma de cruz. (São Boaventura, *Legenda maior*, Capítulo III, 6-7)

17
O cântico do irmão Sol

Altíssimo, onipotente, bom Senhor,
teus são o louvor, a glória e a honra e toda bênção.
Somente a ti, ó Altíssimo, eles convêm,
e homem algum é digno de mencionar-te.

Louvado sejas, meu Senhor, *com todas* as tuas criaturas,
especialmente o senhor irmão sol,
o qual é dia, e por ele nos iluminas.
E ele é belo e radiante com grande esplendor,
de ti, Altíssimo, traz o significado.
Louvado *sejas, meu Senhor,* pela *irmã* lua e pelas estrelas,
no céu as formaste claras e preciosas e belas.
Louvado sejas, meu Senhor, pelo irmão vento
e pelo ar e pelas nuvens e pelo sereno e por todo tempo,
pelo qual às tuas criaturas dás sustento.
Louvado *sejas, meu Senhor,* pela *irmã* água,
que é muito útil e humilde e preciosa e casta.
Louvado *sejas, meu Senhor, pelo irmão* fogo,
pelo qual iluminas a noite,
e ele é belo e agradável e robusto e forte.
Louvado *sejas, meu Senhor,* pela *irmã nossa, a mãe* terra,
que nos sustenta e governa
e produz diversos frutos *com coloridas flores e* ervas.
Louvado sejas, meu Senhor, por aqueles que perdoam *pelo teu amor*
e suportam enfermidade e tribulação.
Bem-aventurados aqueles que as suportarem em paz
porque por ti, Altíssimo, serão coroados.
Louvado sejas, meu Senhor, pela irmã nossa, a morte corporal,
da qual nenhum homem vivente pode escapar.
Ai daqueles que morrerem em pecado mortal:
bem-aventurados os que ela encontrar na tua santíssima vontade,
porque a morte segunda *não lhes fará mal.*
Louvai *e* bendizei *ao meu Senhor,*
e rendei-lhe graças e servi-o com grande humildade.

A perfeita alegria

Nos *Fioretti*, existe uma página da qual os peregrinos podem se apropriar como uma indicação para a disposição correta do "coração peregrino". É uma página que pode ser lida e sentida como dura e radical ou, então, como um convite a uma suavidade e a uma disposição de transformação positiva de tudo o que nos acontece, no caminho e na vida, perdendo assim o seu aspecto "quase masoquista".

Como a caminhar expôs São Francisco a Frei Leão as coisas que constituem a perfeita alegria.

Vindo uma vez São Francisco de Perusa para Santa Maria dos Anjos com Frei Leão em tempo de inverno, e como o grandíssimo frio fortemente o atormentasse, chamou Frei Leão, o qual ia mais à frente, e disse assim: "Irmão Leão, ainda que o frade menor desse na terra inteira grande exemplo de santidade e de boa edificação, escreve, todavia, e nota diligentemente que nisso não está a perfeita alegria". E andando um pouco mais, chama pela segunda vez: "Ó irmão Leão, ainda que o frade menor desse vista aos cegos, curasse os paralíticos, expulsasse os demônios, fizesse os surdos ouvirem e andarem coxos, falarem mudos e, mais ainda, ressuscitasse mortos de quatro dias, escreve que nisso não está a perfeita alegria". E andando um pouco, São Francisco gritou com força: "Ó irmão Leão, se o frade menor soubesse todas as línguas e todas as ciências e todas as escrituras e se soubesse profetizar e revelar não só as coisas futuras, mas até mesmo os segredos das consciências e dos espíritos, escreve que não está nisso a perfeita alegria". Andando um pouco além, São Francisco chama ainda com força: "Ó irmão Leão, ovelhinha de Deus, ainda que o frade menor falasse com língua de anjo e soubesse o curso das estrelas e as virtudes das ervas; e lhe fossem reveladas todos os tesouros da terra e conhecesse as virtudes dos pássaros e dos peixes e de todos os animais e dos homens e das árvores e das pedras e das raízes e das águas, escreve que não está nisso a perfeita alegria". E caminhando um pouco, São Francisco chamou em alta voz: "Ó irmão Leão, ainda que o frade menor soubesse pregar tão bem que convertesse todos os infiéis à fé cristã, escreve que não está nisso a perfeita alegria". E durante este modo de falar pelo espaço de duas milhas, Frei Leão, com grande admiração, perguntou-lhe e disse: "Pai, peço-te, da parte de Deus, que me digas onde está a perfeita alegria". E São Francisco assim lhe respondeu: "Quando chegarmos a Santa Maria dos Anjos, inteiramente molhados de chuva e transidos de frio, cheios de lama e aflitos de fome, e batermos à porta do convento, e o porteiro chegar irritado e disser: 'Quem são vocês?', e nós dissermos: 'Somos dois dos vossos irmãos', e ele disser: 'Não dizem a verdade; são dois vagabundos que andam enganando

17 DE RIETI A POGGIO BUSTONE

o mundo e roubando as esmolas dos pobres; fora daqui'; e não nos abrir e deixar-nos estar ao tempo, à neve e à chuva com frio e fome até à noite: então, se suportarmos tal injúria e tal crueldade, tantos maus-tratos, prazenteiramente, sem nos perturbarmos e sem murmurarmos contra ele e pensarmos humildemente e caritativamente que o porteiro verdadeiramente nos tinha reconhecido e que Deus o fez falar contra nós: ó irmão Leão, escreve que nisso está a perfeita alegria. E se perseverarmos a bater, e ele sair furioso e como a importunos malandros nos expulsar com vilanias e bofetadas, dizendo: 'Fora daqui, ladrõezinhos vis, vão para o hospital, porque aqui ninguém lhes dará comida nem cama'; se suportarmos isso pacientemente e com alegria e de bom coração, ó irmão Leão, escreve que nisso está a perfeita alegria. E se ainda, constrangidos pela fome e pelo frio e pela noite, batermos mais e chamarmos e pedirmos pelo amor de Deus com muitas lágrimas que nos abra a porta e nos deixe entrar, e se ele mais escandalizado disser: 'Vagabundos importunos, pagar-lhes-ei como merecem': sair com um bastão nodoso e nos agarrar pelo capuz e nos atirar ao chão e nos arrastar pela neve e nos bater com o pau de nó em nó: se nós suportarmos todas estas coisas pacientemente e com alegria, pensando nos sofrimentos de Cristo bendito, as quais devemos suportar por seu amor; ó irmão Leão, escreve que aí e nisso está a perfeita alegria, e ouve, pois, a conclusão, irmão Leão. Acima de todas as graças e de todos os dons do Espírito Santo, os quais Cristo concede aos amigos, está o de vencer-se a si mesmo, e voluntariamente pelo amor suportar trabalhos, injúrias, opróbrios e desprezos, porque de todos os outros dons de Deus não nos podemos gloriar por não serem nossos, mas de Deus, do que diz o Apóstolo: 'Que tens tu que não o hajas recebido de Deus? E se dele o recebeste, por que te gloriares como se o tivesses de ti?' Mas na cruz da tribulação de cada aflição nós nos podemos gloriar, porque isso é nosso e assim diz o Apóstolo: 'Não me quero gloriar, senão na cruz de Nosso Senhor Jesus Cristo'". Ao qual sejam dadas honra e glória in secula seculorum. *Amém.*
(*I Fioretti*, Capítulo 8)

Ao que é belo juntar a Epístola de Tiago:

Considerai que é suma alegria, meus irmãos, quando passais por diversas provações, sabendo que a prova da vossa fé produz a paciência. Mas é preciso que a paciência efetue a sua obra, a fim de serdes perfeitos e íntegros, sem fraqueza alguma. (Tiago 1:2-4)

A versão que se segue é atribuída ao próprio Francisco e, portanto, anterior àquela muito mais conhecida dos *Fioretti*, que são do século XIV. Nessa primeira versão, transparece toda a dor de Francisco, isolado dos seus. É menos colorida do que aquela dos *Fioretti*, mas, a meu ver, muito mais verdadeira...

DE RIETI A POGGIO BUSTONE   17

Da verdadeira e Perfeita Alegria

O mesmo [Frei Leonardo] contou na mesma ocasião que, um dia, o bem-aventurado Francisco, em Santa Maria, chamou Frei Leão e disse: "Frei Leão, escreve". Este respondeu: "Já estou pronto". "Escreve – disse – o que é a verdadeira alegria. Vem um mensageiro e diz que todos os mestres de Paris entraram na Ordem: escreve que isto não é a verdadeira alegria. Igualmente que [entraram na Ordem] todos os prelados ultramontanos, arcebispos e bispos, o rei da França e o rei da Inglaterra: escreve que isto não é a verdadeira alegria. Do mesmo modo, que os meus irmãos foram para o meio dos infiéis e os converteram todos à fé; e, além disso, que eu tenho tanta graça de Deus que curo os enfermos e faço muitos milagres: digo-te que em tudo isto não está a verdadeira alegria. Mas o que é a verdadeira alegria? Volto de Perúgia e chego aqui na calada da noite; e é tempo de inverno, cheio de lama e tão frio que gotas de águas se congelam nas extremidades da túnica e [me] batem sempre nas pernas, e o sangue jorra de tais feridas. E totalmente na lama, no frio e no gelo, chego à porta e, depois de eu ter batido e chamado por muito tempo, vem um irmão e pergunta: Quem és? Eu respondo: Frei Francisco. E ele diz: Vai-te embora! Não é hora decente de ficar andando; não entrarás. E, como insisto, de novo ele responde: Vai-te embora! Tu és simples e idiota. De maneira alguma serás acolhido junto a nós; somos tantos e tais que não precisamos de ti. E eu novamente me coloco de pé diante da porta e digo: Por amor de Deus, acolhei-me por esta noite. E ele responde: Não o farei. Vai ao lugar dos Crucíferos e pede lá. Digo-te que, se eu tiver paciência e não ficar perturbado, nisto está a verdadeira alegria e a verdadeira virtude e a salvação da alma". (Fontes relativas a São Francisco, "Notícias de outros textos", "A verdadeira e perfeita alegria")

DE BICICLETA

De Alverne a Poggio Bustone por trilhas e estradas asfaltadas

texto de Riccardo Latini

1 De Alverne ao passo di Viamaggio

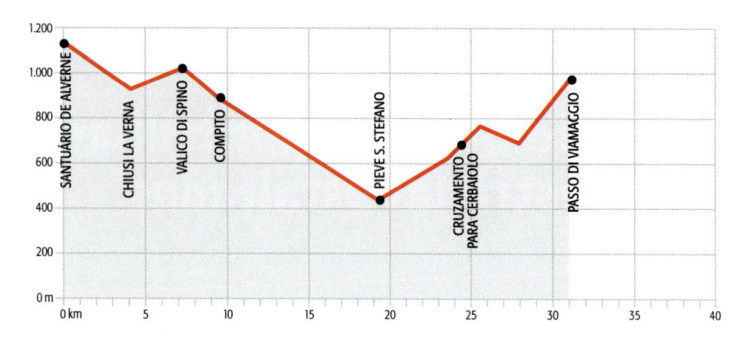

DISTÂNCIA:	**31 km**
TEMPO:	**3/4 horas**
NÍVEL DE DIFICULDADE:	**fácil**

Depois da visita ao santuário, se a trilha que sai dali (percurso mais direto) estiver impraticável ou se o peregrino não estiver disposto a enfrentar um trecho um pouco técnico já desde o primeiro dia, aconselha-se descer para o povoado de Chiusi della Verna, dirigir-se à passagem do Spino (1.005 metros acima do nível do mar) e pegar a SP208 que, com uma longa e agradável descida, conduz a Pieve Santo Stefano. Entre no povoado e siga pela *via* Tiberina; depois, passada a ponte sobre o Tibre, vire à esquerda na *via* Canonico Coupers que, descendo do povoado em direção a Sansepolcro, transforma-se na SP50. Logo que sair do povoado, preste atenção à placa à esquerda que indica o caminho para o Eremo di Cerbaiolo. Aqui, o peregrino precisa decidir se seguirá na *strada provinciale* para Sansepolcro (percurso mais curto e direto) ou se vai a Cerbaiolo, que, todavia, há tempos não hospeda mais os peregrinos, mas vale uma visita, e então siga para o passo de Viamaggio, onde se pode hospedar para passar a noite. Em caso de se resolver pela visita à ermida, a estradinha asfaltada à esquerda sobe por um breve trecho, com diversas curvas, depois se torna uma aconchegante estrada de terra batida. Chega-se a um cruzamento: à esquerda, para o Eremo di Cerbaiolo (placa), e, à direita, para o passo de Viamaggio. Siga à direita; pouco depois, a estrada de terra batida se transforma numa trilha acidentada de montanha que obriga o peregrino a empurrar a bicicleta na última partezinha, antes de chegar a uma cancela de metal. Abra-a e feche-a depois de entrar; pouco mais adiante, existem uns degraus que levam até a entrada da ermida. Depois, volte para o cruzamento e pegue a estradinha para o passo de Viamaggio; em 3 km, chega-se a Podere Montecavallo. Daqui ainda resta 1,5 km para subir os 150 metros de desnível e chegar ao passo de Viamaggio.

Do passo di Viamaggio a Città di Castello

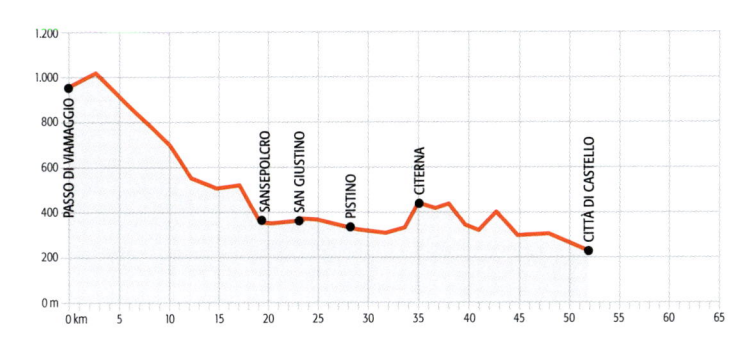

Do passo de Viamaggio a Sansepolcro existem três alternativas:

DISTÂNCIA: 52 km
TEMPO: 4/5 horas
NÍVEL DE DIFICULDADE: fácil

1. Volte para o vale e siga pela esquerda na velha sp3bis, sentido Sansepolcro. A estrada beira a nova autoestrada e, num pedaço com muito pouco tráfego, margeia o lago de Montedoglio, um caminho mais direto.
2. Tome a sr258 e, aproximadamente 18 km depois, chegue em Sansepolcro.
3. Siga a rota dos caminhantes, uma trilha que acompanha a crista dos montes da Luna, mas é um trajeto com trechos difíceis para bicicleta. Todavia, a quem seguir pela trilha, aconselho pegar a variante sugerida para os dias chuvosos, que pode ser trilhada por bicicleta, para depois continuar pela estrada de terra até o cruzamento com a estrada que desce de Montagna em direção a Sansepolcro; em seguida, vire à direita. Para ir ao Eremo di Montecasale, vire depois à esquerda em subida, encontrando o cruzamento marcado com uma placa, e, depois da visita, desça até Sansepolcro pela mesma estrada que, por cerca de 8 km em descida, vai até lá. Atravesse o povoado pela *viale* Toscana, para depois virar à direita na *viale* Citernese; atravesse a linha do trem (passagem de nível) e continue reto, seguindo as indicações para Pistino. A partir daqui, uma breve mas cansativa subida leva a Citerna (com uma bela vista do vale ao redor), de onde se prossegue para a bela vila de Monterchi. Siga agora a sr221 que, em cerca de 15 km, conduzirá a Città di Castello.

Quem não tiver tempo suficiente para visitar Monterchi, uma vez em Citerna, pode pegar a esquerda sentido Carsuga e, dali a 7 km, chegar a Città di Castello.

3 De Città di Castello a Gubbio

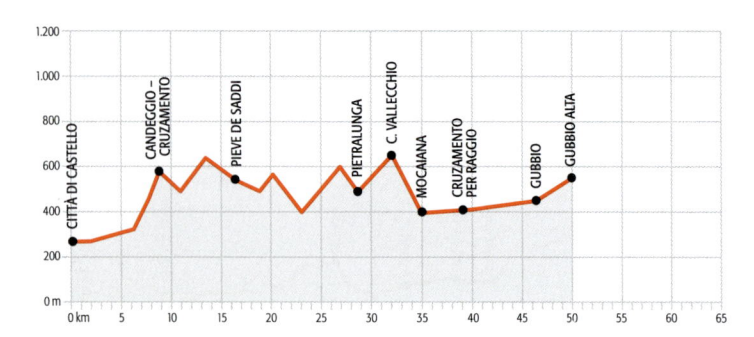

DISTÂNCIA:	**50 km**
TEMPO:	**6/7 horas**
NÍVEL DE DIFICULDADE:	**médio**

As primeiras pedaladas a partir do centro da pequena cidade acontecem ao longo da *via* Vittorio Veneto e da *via* Roma, em direção à igreja dos Zoccolanti. Pouco depois, o peregrino deve pegar o cruzamento à esquerda (placas para Pietralunga) e seguir a estrada asfaltada (sp106) que, sempre subindo, leva a Ronchi. A subida é ladeada à direita pelo riacho Soaria, que, em Sasso, até forma pequenas cascatas.

Pedale sempre em subida até um outro cruzamento. A partir daqui, vá sentido Pieve de' Saddi (placa na estrada), onde a subida tem alguns trechos com inclinação de até 10% e, para os menos condicionados, as ladeiras podem revelar-se difíceis.

Depois de alguns quilômetros, a estrada asfaltada torna-se plana e transforma-se em um amplo e agradável carreador de terra, que termina justamente nas cercanias da antiga *pieve*.

Uma rápida visita e, então, volta-se a pedalar por subidas e descidas fáceis, para chegar ao asfalto, o qual rapidamente chega aos pés de Pietralunga: o belo vilarejo ergue-se sobre uma colina e vale uma visita.

A partir daqui, quem não estiver disposto a enfrentar as subidas para San Benedetto e, depois, um longo trecho de terra do Caminho, mais indicado para os caminhantes, pode seguir as indicações até San Benedetto e, no primeiro cruzamento, virar à esquerda, sentido Vallecchio. Depois, pegue a sr204, onde, no final de uma descida bem inclinada, existe um outro cruzamento. Pegue a esquerda (sr219), sentido Raggio. Alguns quilômetros mais e o peregrino estará nas portas da cidade de Gubbio.

De Gubbio a Santa Maria degli Angeli (Assis)

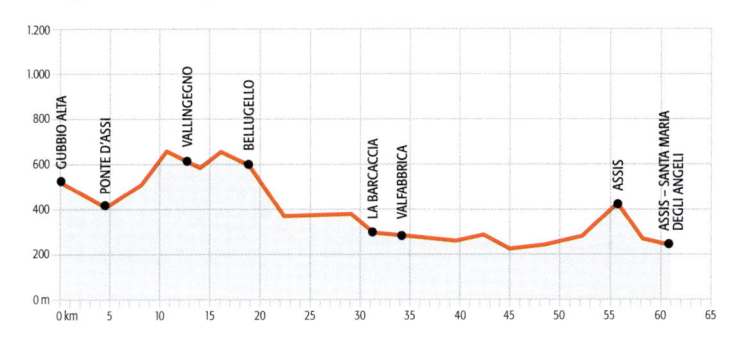

4

DISTÂNCIA: 61 km
TEMPO: 6/7 horas
NÍVEL DE DIFICULDADE: médio

Saia de Gubbio e caia na SS298, que, por muitos quilômetros, percorre o *Sentiero della Pace* de Gubbio a Assis. O primeiro trecho da jornada é no plano, quase uma reta até Ponte d'Assi. Passe pela aldeia sem se deixar enganar pelo carreador que, à esquerda, logo depois do povoado Essicatoio, vira à esquerda: esse poderia ser um caminho difícil para os ciclistas pouco experientes, então é melhor continuar no asfalto. A estrada prossegue em subida e se apresenta longa e com trechos difíceis até o cruzamento (uma estrada de terra à esquerda) para a Abazzia di Vallingegno. A partir desse ponto, volte pela *strada statale* e continue sempre subindo por alguns outros quilômetros até a placa para Biscina. Aqui, pegue à esquerda uma tranquila estradinha asfaltada (SP252), que nos conduzirá até lá, depois de passar por casas dispersas de Bellugello. De Biscina, continue pelo asfalto. Em pouco tempo, logo depois de ter costeado a lagoa de Valfabbrica, o peregrino chegará a Barcaccia, de onde deve prosseguir, ainda pelo asfalto, até o cruzamento, para então pegar a direita na SS318, para Valfabbrica. A partir daí, existem dois caminhos diferentes: 1) para Pieve San Nicolò (desnível em subida de aproximadamente 300 metros) e, uma vez ali, desça para Assis; 2) saia de Valfabbrica pela SS318 e, no cruzamento, pegue a esquerda, seguindo para San Gregorio. Em San Gregorio, vire à esquerda para pegar a SP250 e, depois, a SP248-I, e atravesse as aldeias de Sterpeto, Palazzo e Tordibetto. A basílica de Assis já fica visível aí. Logo abaixo de Assis, a aproximadamente 3 km, está Santa Maria degli Angeli.

Quem tiver tempo pode também ir a San Damiano (pouco mais de 1 km, a partir do centro de Assis, e cerca de 4 km de Santa Maria degli Angeli), onde aconselhamos vivamente que o peregrino faça uma parada.

5 De Santa Maria degli Angeli a Romita di Cesi

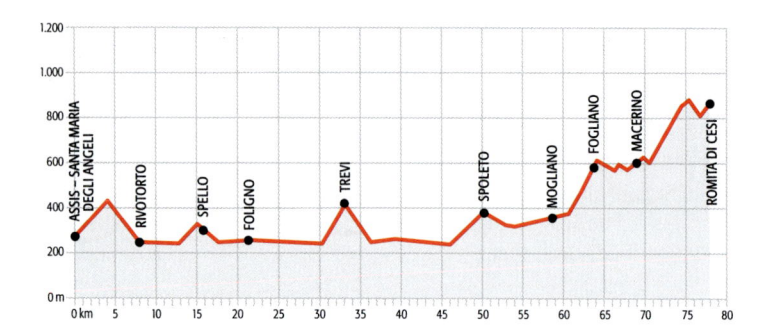

DISTÂNCIA: **78 km**
TEMPO: **6/7 horas**
NÍVEL DE DIFICULDADE: **médio**

Existem duas alternativas para chegar a Spello: 1) a partir de Assis, primeiro suba pelo asfalto para o *Eremo delle Carceri* (que realmente vale uma visita) e para o monte Subasio, seguindo pela mesma estrada. No cume, a estrada se transforma em uma ampla estrada de terra batida; siga por ela até Collepino, onde volta a se transformar em asfalto, até Spello; 2) se o peregrino não quiser enfrentar a longa e difícil subida ao monte Subasio, deve ir a San Damiano e, depois de uma visita a um dos lugares históricos ligados aos acontecimentos franciscanos, siga rumo Rivotorto; depois, continue pela velha *provinciale* que corre ao lado da nova autoestrada até Spello. A partir da cidadezinha histórica, sempre pelo asfalto, siga as indicações para Foligno, por cujo centro histórico o peregrino atravessa para voltar a encontrar a velha *via* Flaminia e, depois, siga a ss3 para Sant'Eraclio. Logo ao deixar o povoado, o percurso dos caminhantes (em terra e asfalto) para Trevi começa, à esquerda, e desliza pelas encostas dos relevos. Se não quiser seguir esse traçado, o peregrino ciclista deve permanecer na *via* Flaminia até Trevi, cidade que se ergue sobre uma colina. Da cidadezinha volta-se a descer pela *via* Flaminia em direção às Fontes de Clitumno, Sette Camini e, logo depois, um cruzamento; pegue a direita para San Giacomo. A partir de então, em uma estrada asfaltada secundária e com pouco movimento, um breve trecho de pista transitável com bicicleta leva às portas de Spoleto.

Para a Romita di Cesi faltam apenas cerca de 30 km, que, em bicicleta, são um nada, mas, na realidade, será necessário caminhar muito.

Desça de Spoleto, seguindo a movimentada ss418. Passe por alguns pequenos centros habitados. Logo depois de Madonna di Baiano está um cruzamento com uma grande placa de sinalização indicando, à esquerda, uma série de aldeias. É hora de sair da movimentada *statale* para entrar em uma estradinha asfaltada que, sempre em subida, leva a Mogliano (último bar e loja) com um outro cruzamento. Aqui, mantenha a direita e, sempre no asfalto, continue a subir em direção a Fogliano.

Outro cruzamento, Giuncano à esquerda e Macerino à direita, é esta última a direção que se deve tomar, dessa vez no plano; o final logo vira uma estrada de terra em meio a um bosque até voltar a encontrar o asfalto, quando se chega ao minúsculo grupo de casas de Macerino (restaurante, bar e possibilidade de hospedagem para a noite). Faltam ainda 9 km para a Romita di Cesi e é quando o peregrino sai do povoado para logo encontrar uma trifurcação. Siga sentido Terni (placa); logo depois, à direita, há um carreador largo (existem alguns baldes de lixo aí e uma barra sempre levantada): é esse o caminho para a Romita di Cesi. O peregrino não deve se deixar enganar pela largura do carreador ou por ver SUVs escalando por ali com facilidade; se nem mesmo os ciclistas descem em grande velocidade, é porque, a partir daqui, começa o trecho mais difícil. Se a jornada não estiver ameaçada pela chuva, prepare a paciência, desça da bicicleta e comece a caminhar ao longo dos primeiros grandes zigue-zagues em subida. Não é preciso ficar com medo de se perder, porque as setas amarelas e o símbolo do Tau farão companhia ao peregrino, indicando-lhe a direção correta. A pé, são cerca de duas horas de caminhada, mas o peregrino vai encontrar alguns trechos onde será possível pedalar.

Última advertência: na primavera e no verão, a primeira parte desse trajeto é utilizada como percurso de *cross* para moto ou bicicleta, portanto tenha cuidado e procure se manter sempre dentro do campo de visão de outros veículos.

Suba o carreador por aproximadamente 4 km, ignorando os cruzamentos. Caminhando e pedalando, chega-se a uma bifurcação, com uma árvore no meio, sobre a qual está desenhado um Tau; siga a trilha da esquerda. Um pouco mais de subida e então se chega a um amplo campo com uma casa à direita (Casa Cancelli). Estamos a aproximadamente 875 metros de altitude; continue adiante mantendo à esquerda, em direção a um pequeno vale; será preciso descer e tornar a subir o vale (existe uma pequena porteira de madeira que será necessário abrir e fechar para passar), sempre caminhando e pedalando em um carreador em direção a uma casa em ruínas. Desse ponto, siga para a esquerda, em descida, até chegar ao trecho mais difícil da jornada. Será necessário subir a trilha por uma encosta bastante íngreme, uma rampa de cerca de 100 metros, em cuja metade existe uma torre de alta tensão. O conselho é encher-se de paciência, empurrando por um tanto a bicicleta na subida; superada essa íngreme ladeira, será possível pedalar todo o trecho até a ermida. No topo, chega-se a uma casa colocada sobre uma elevação, à esquerda. A partir daqui, em descida, chega-se ao cruzamento com o carreador que segue para Carsulae. As setas e os Tau amarelos encaminham o peregrino para a esquerda e bem rapidamente; depois de uma breve subida, encontra-se uma agradável e plana estrada de terra, que flui em meio a um belo bosque e conduz a Romita di Cesi, onde frei Bernardino recebe todos os que estão em busca de paz e de espiritualidade.

SANTA MARIA DEGLI ANGELI → ROMITA DI CESI

De Spoleto a Stroncone (via Collescipoli – 45 km)

Esta variante não vai além de Romita di Cesi. Se, ao sair de Spoleto, estiver ameaçando chuva, siga pela ss418 até o cruzamento com a grande placa de sinalização na estrada, onde se deve sair da *strada statale* para tomar a direção de Mogliano.

A partir daqui, vire à esquerda na estrada que, sempre em subida, leva ao povoado de Balduini. Logo depois, a estrada torna-se um agradável caminho de terra batida até o semiabandonado Sterpeto. Aqui encontramos uma estradinha asfaltada que leva à pequena estação ferroviária de Giuncano Scalo, de onde uma longa e bela descida, sempre em asfalto, conduz a Rocca San Zenone e, logo depois, entra em Terni, que é atravessada pela *via* Tre Venezie, *via* Romagna, *via* Roselli, *via* Campofregoso e *via* Lungonera Savoia, até o cruzamento com o *corso* del Popolo, à esquerda, e a *viale* Turati, à direita.

Vire à direita e percorra a avenida, seguindo as indicações para San Valentino (Santuario degli Innamorati [Santuário dos Namorados]). A partir daqui, pegue a *via* Sulmona que conduz para fora do centro habitado e vai para Collescipoli; a antiga cidade ergue-se sobre uma colina a apenas 2 km.

Saia de Collescipoli permanecendo no asfalto e percorra-o por alguns quilômetros em direção à zona industrial Sant'Andrea até um cruzamento onde se vira à esquerda, sentido Sant'Antimo, e de onde se segue sentido Stroncone.

De Romita di Cesi a Stroncone

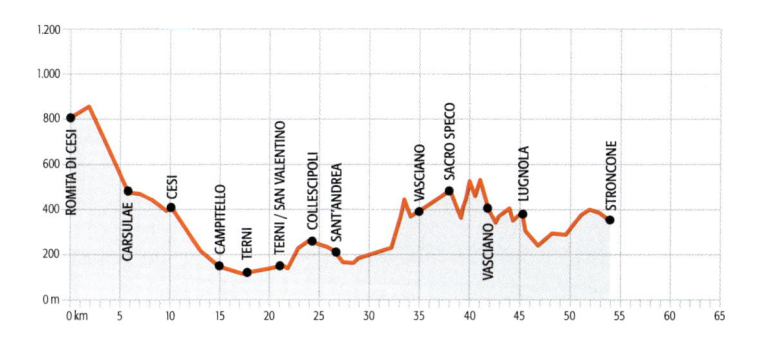

A partir da Romita, retorne para o cruzamento com o carreador para Cesi. É tudo em descida, mas com trechos bastante irregulares, onde será preciso empurrar a bicicleta: muita aten-

DISTÂNCIA: 54 km
TEMPO: 4 horas
NÍVEL DE DIFICULDADE: médio

ção. Ao chegar ao asfalto, pegue a esquerda e, quase em seguida, a direita, e aparecerá o grande centro arqueológico romano da importante cidade romana de Carsulae, na *via* Flaminia, que merece uma visita.

A estrada prossegue em direção aos vilarejos de Cesi, Campo Maggiore e Campitello, e vai direto para Terni; entre pela *viale* Borzacchini, que deve ser seguida até o primeiro grande cruzamento, onde se vira à direita na *viale* dello Stadio; siga até o terceiro cruzamento. Aqui, vire à direita na *viale* Turati, sentido San Valentino (*Santuario degli Innamorati*). A partir daí, pegue a *via* Sulmona, que leva para fora do centro habitado, em direção a Collescipoli, que se ergue sobre uma colina a apenas 2 km.

De Cesi, o peregrino pode seguir o percurso dos caminhantes e evitar a entrada de Terni. Nas primeiras casas de Cesi, entre em descida na strada della Pittura que, depois de 100 metros, passa ao lado dos muros ciclópicos e prossegue por pouco mais de 2 km até a ferrovia Terni-Perugia. Passe em frente à estação de Cesi e desça por uma estrada que passa sob a linha férrea. Pouco depois, em uma curva, vire à direita na *via* Gabelletta. No cruzamento, no fim da estrada, atravesse e pegue a estrada de Rotale, depois siga reto; a estradinha se transforma em estrada de terra. Por causa de trabalhos na pista que, por ora, eliminaram uma ponte, quando chegar ao fim da estrada de Rotale, vire à esquerda e, depois de aproximadamente 100 metros, vire à direita na *via* Maratta Alta, siga por ela até um viaduto, que permite passar sobre a autoestrada e a ferrovia; na rotatória, vire à direita e, na segunda rotatória, vire à esquerda, na *via* Flagello; no final da estrada, vire à esquerda, seguindo as indicações para *via* Flaminia. Depois de passar por um canal, siga por 1,2 km, sempre acompanhando as indicações para a *via* Flaminia, e,

STRONCONE. *Arco-íris depois de um grande temporal.*

depois, vire à direita na *via* Narni; pedale por alguns metros em direção a Narni e, depois, vire à esquerda na *via* del Convento. Em seguida, no cruzamento, entre na estrada à esquerda, para Mogliano, que leva o peregrino a Collescipoli.

Saia de Collescipoli permanecendo no asfalto e percorra-o por alguns quilômetros em direção à zona industrial Sant'Andrea, até um cruzamento onde se vira à direita, sentido Vasciano-Sacro Speco. Daqui em diante é quase uma reta, com uma subida leve mas constante, a qual, atravessando pequenos centros habitados, conduzirá até a aldeia Vasciano, onde, em um outro cruzamento, o peregrino deve virar à direita e seguir as indicações para o Sacro Speco.

ATENÇÃO! Logo depois de Vasciano, não siga as placas para o Sacro Speco, que se veem à esquerda, pouco depois de umas casas e propriedades rurais, e entram em uma trilha propícia apenas aos caminhantes. Em vez disso, continue na estrada asfaltada, em direção a Sant'Urbano, ainda por alguns quilômetros, até um cruzamento onde se toma a esquerda; pouco depois, o asfalto se transforma em um amplo e agradável caminho de terra batida, que, em subida com algumas curvas estreitas, conduz à ermida do Sacro Speco. Esse é outro lugar onde encontrar silêncio, paz e espiritualidade.

Depois da visita, volte para Vasciano. Aqui, pegue à direita a estrada asfaltada para Lugnola, e em 10 km, com breves subidas e descidas (alguma arrancada em subida), se chega a Stroncone.

De Stroncone a Poggio Bustone

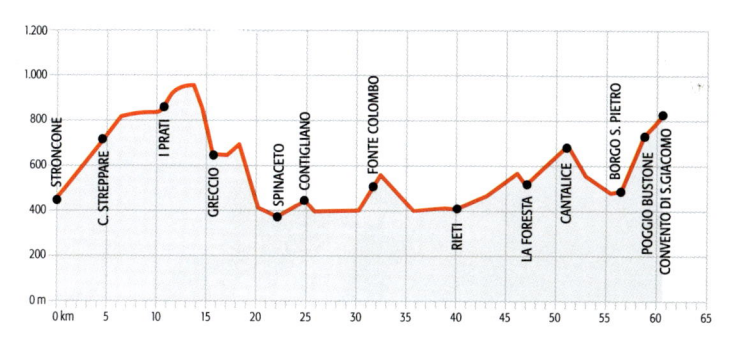

Para sair de Stroncone, é necessário subir a longa estrada asfaltada que leva à *località* Prati. O desnível poderia ser significativo para os menos experientes (dos 450 metros de Stroncone aos 850 de Prati). Como de costume, recomenda-se ter paciência e encontrar o ritmo adequado.

DISTÂNCIA: **61 km**
TEMPO: **6/7 horas**
NÍVEL DE DIFICULDADE: **difícil**

Em Prati, existem alguns bares-restaurantes, ótimos para uma parada revigorante. Ao atravessar o pequeno povoado, o asfalto bem depressa se torna um largo carreador que atravessa um pequeno altiplano, até virar uma estreita mas fácil trilha que leva até o passo, fechado por uma pequena cancela rudimentar que se deve abrir e tornar a fechar depois de passar. Logo que for passada a cancela, entre no Lácio e inicie uma longa descida, primeiro em trilha, depois em asfalto. A primeira parte da trilha tem degraus e é pavimentada com tijolinhos (muitos escorregadios, se molhados). Em seguida, a trilha se transforma numa pista de terra batida comum, com algumas curvas fechadas. O peregrino deve enfrentar esse trecho com calma e paciência. O final do caminho deságua em uma agradável estrada asfaltada que leva ao santuário de Greccio, onde se aconselha uma parada. Dali, sempre no asfalto, com seguidos zigue-zagues, chega-se a Spinaceto; atravesse o povoado, seguindo as indicações para Contigliano.

Depois de visitar o pequeno vilarejo medieval, retome a estrada para Piani di Poggio Fidoni e, depois de aproximadamente 3 km, o peregrino encontra, à direita, as indicações para Fonte Colombo, uma subida de alguns poucos quilômetros. Siga para Case San Benedetto e logo se está às portas de Rieti. Entre na cidade e procure as indicações para o *Santuario della Foresta*. A partir daqui, sempre subindo, atravesse Cantalice e siga depois para Poggio Bustone. Atravesse o centro rumo à estação ferroviária, onde se pega a *viale* Moroni para, depois, virar à esquerda na *via* Ricci. Continue sempre reto, seguindo as indicações para o *Santuario della Foresta*. Então, seguindo sempre em subida,

GRECCIO. *O santuário, no outono.*

chega-se a Cantalice; continue na estrada que, também numa constante subida, atravessa uma série de pequenos vilarejos até chegar a Poggio Bustone (24 km).

De Rieti, quem não quiser passar pelo *Santuario della Foresta* e desejar cortar o caminho em cerca de 6 km deve, a partir da estação ferroviária, pegar a *viale* Canali e depois, no cruzamento com a *viale* Mariani, virar à direita para seguir reto pela via que, fora do centro urbano, se transforma na sr79 e atravessa no plano a bela reserva natural dos lagos de Ripasottile. Depois de mais ou menos 9,5 km, vire à direita, sentido Borgo San Pietro (placas) e, sempre subindo, chegue a Poggio Bustone. Acima da cidadezinha está o convento franciscano de San Giacomo, o final deste Caminho.

Quem desejar pode continuar nas pegadas de São Francisco e São Miguel em direção ao Monte Sant'Angelo, na Puglia: um Caminho de 500 km, em direção ao Sul, cuja descrição está em *Con le ali ai piedi*. Em Poggio Bustone passa o Caminho de São Bento.

A bicicleta: informações práticas

O trajeto apresentado nestas páginas, com algumas pequenas variações em relação àquele previsto para os caminhantes, foi concebido também para pessoas pouco experientes e treinadas, com mochilas a tiracolo e sem carro de apoio. Mas, como sempre, quando nos preparamos para fazer um percurso de mais dias em bicicleta, com terrenos e condições atmosféricas diferentes, é importante conhecer bem o que nos espera. Os ciclistas esportivos treinados que viajam rápido e com meios de apoio não perdem, todavia, a possibilidade de viver uma verdadeira experiência peregrina.

Percurso

Aproximadamente 350 km, 90% deles pedalando. Um traçado muito ondulado, em asfalto e estradas de terra batida, com alguns trechos de pura trilha de montanha, com piso irregular, por isso mesmo pouco amigável com pedaladas, que, sobretudo em caso de mau tempo, tornam-se impraticáveis ou muito técnicas e obrigam a descer da bicicleta para empurrá-la com as mãos. Aconselha-se, nesse caso, utilizar como alternativa as estradas asfaltadas. Os desníveis não são consideráveis, mesmo atravessando a região central dos Apeninos. São poucas as verdadeiras subidas, mas todos os dias o peregrino encontrará subidas curtas mas íngremes que, mesmo em asfalto, podem atingir inclinações de 10% e, carregando mochila, podem ficar um pouco cansativas.

Quanto tempo é necessário?

Excluindo os dias de ida e volta, podem-se estimar uns sete ou oito dias de Caminho. No geral, as etapas propostas para o peregrino em bicicleta unem dois ou três dias do Caminho a pé; os quilômetros indicados para cada etapa são arredondados para cima, quando atingem 500 metros ou mais. Os tempos de percurso são estimativas e levam em consideração os desníveis e uma pedalada tranquila a 10 a 15 km/h. Obviamente, no cômputo dos quilômetros da etapa de cada dia não estão calculados os tempos para as visitas e passeio pelas cidadezinhas e aldeias pelas quais se passa.

Nível de dificuldade

Médio-fácil. Difíceis são os trechos de trilha e a última etapa.

Sozinho ou acompanhado?

O ditado que "um Caminho se faz sozinho" vale também para o Caminho de Francisco, mas também é verdade que a boa companhia ajuda a andar. Mas o conselho é não formar grupos muito numerosos (com carro de apoio na cola), o que poderia pôr a perder o espírito da pedalada peregrina, até por prováveis problemas de hospedagem nos conventos que, frequentemente, têm poucas vagas disponíveis. O número ideal é de dois ciclistas que, em caso de necessidade, possam se ajudar.

Que tipo de bicicleta?

Depende dos próprios hábitos e se o peregrino quiser seguir o máximo possível o percurso indicado ou pedalar apenas sobre o asfalto. Uma *mountain bike* normal, com garfo dianteiro com amortecedor, tríplice coroa dianteira e câmbio com oito ou nove velocidades, pode ser uma boa opção. Mas mesmo uma bicicleta híbrida (*trekking bike*), equipada também com câmbio com bom número de velocidades e pneus *semi slick*, adaptados para terra e asfalto, pode se revelar um bom meio-termo: perde-se um pouco de velocidade no asfalto, mas se tem mais estabilidade na terra.

Quem, no entanto, for amante de bicicleta de estrada vai precisar pedalar sempre no asfalto, cruzando dezenas de quilômetros por dia longe do Caminho indicado e, assim, longe dos lugares históricos e do espírito deste Caminho.

A BICICLETA: INFORMAÇÕES PRÁTICAS

O que levar

Viaje leve. Dois câmbios completos de bicicleta são suficientes, além daquele instalado. Leve duas bermudas de ciclista com fundo confortável e reforçado, duas ou três camisetas, um agasalho de manga comprida, uma jaqueta de *fleece* para os dias mais frescos e uma capa para chuva. Na primavera, também pode ser útil um par de calças compridas para ciclismo, um casaco mais pesado e luvas para proteger do vento. Uma *nécessaire* com objetos de higiene pessoal. Um saco de dormir leve, de 650 gramas de peso máximo. Um *kit* de primeiros socorros (existem a preços acessíveis). O capacete é obrigatório, não somente no percurso, mas também para atravessar as cidades e lugares habitados, juntamente com a campainha da bicicleta.

Assistência para a bicicleta

Em caso de necessidade, em todas as pequenas cidades em que se passa no caminho existem lojas de bicicletas com uma oficina anexa. Mas não se esqueça do necessário para reparar furos nos pneus, ainda que se aconselhe utilizar câmeras de ar autorreparadoras.

Mapas

Embora os mapas que constam deste guia sejam ótimos para os caminhantes, para um ciclista peregrino é bom carregar um mapa das estradas que dê uma visão de conjunto do percurso, com as alternativas do caminho original. São muito bons os do TCI da Úmbria e das Marcas, em escala 1:200.000, de onde foram extraídas as variantes feitas para o Caminho indicado. Calcule e confronte bem os quilômetros previstos pelo guia e pelas rotas alternativas. Por isso, aconselha-se estudar o percurso com cuidado e com alguma antecedência.

Deslocamento

A quem vier de lugares distantes da Toscana, aconselhamos viajar de carro para o santuário de Chiusi della Verna, onde começa o Caminho, porque o trem leva muito tempo por causa das constantes trocas de trens regionais, os únicos que permitem o transporte de bicicletas não desmontadas. É possível deixar o carro no santuário ou no estacionamento do Pastor Angelicus (onde também se pode passar a noite), na aldeia de Chiusi della Verna, pouco abaixo do santuário. Quem tiver a intenção de passar a noite no santuário deve se lembrar de que, no período da Páscoa e no verão, está sempre cheio, portanto é melhor ligar e reservar com antecedência.

De carro: a partir do norte e do sul, autoestrada A1 Milano-Roma, saída Arezzo, entre no ramal Arezzo-Battifolle (10 km), depois pegue a SR71, sentido Bibbiena (30 km), e, a partir dali, outros 21 km para Chiusi della Verna e 4 km para o seu santuário. Se quiser, pode-se deixar o carro em Arezzo, em um estacionamento pago, e de lá decidir pegar o trenzinho que leva a Bibbiena e o ônibus para Chiusi ou, então, pedalar até o santuário. Estacionar o carro em Arezzo é uma solução cômoda, que economiza tempo de retorno, evitando ter de voltar ao santuário.

De trem: se optar pela ferrovia até Arezzo, é fundamental consultar bem os horários, para encontrar a programação correta: linhas diretas (mas transportando a bicicleta desmontada na mala-*bike*) ou então uma combinação de trens regionais que transportam bicicletas montadas, mas com tempos de viagem mais longos (www.trenitalia.it).

De Arezzo a Bibbiena. A linha é servida pela ferrovia privatizada em regime de concessão LFI, www.lfi.it), linha: Arezzo-Pratovecchio-Stia. A bicicleta pode ser acomodada apenas no espaço perto da entrada do vagão (não mais que duas bicicletas por composição!). O transporte das bicicletas é permitido somente no período das férias escolares, pagando um pequeno acréscimo. Quem pretende pegar o trem fora desse período deve torcer para encontrar um inspetor disponível, do contrário terá de pedalar por mais 30 km até Bibbiena. Os bilhetes podem ser adquiridos no guichê da estação de Arezzo (3,50 € e mais 1,50 € pela bicicleta, em 2012).

De Bibbiena a Chiusi della Verna. Ônibus LFI: 2 € e mais 1,50 € pelo transporte da bicicleta no vão do bagageiro (peça permissão ao motorista). Os bilhetes podem ser adquiridos na estação.

A BICICLETA: INFORMAÇÕES PRÁTICAS

Pedalando entre Gubbio e Assis.

A volta

Quem estacionou o carro em Arezzo ou em Chiusi della Verna precisa voltar por transporte público (trens e ônibus) – os mesmos meios públicos de transporte que foram utilizados para a ida – para pegá-lo. Estas são as linhas:
De Poggio Bustone a Rieti. Também é possível pedalar por uma veloz e agradável descida até a estação ferroviária de Rieti ou então, sobretudo nos dias chuvosos, servir-se dos ônibus de linha Co.Tra.L. (cotralspa.it).
De Rieti a Terni. Trem regional.
De Terni a Santa Maria degli Angeli (estação de Assis). Trens regionais; alguns fazem a ligação direta de Terni com Arezzo.
De Santa Maria degli Angeli a Arezzo. Trens regionais.
De Arezzo a Bibbiena. Trem LFI.
De Bibbiena a Chiusi della Verna. Ônibus LFI.

Meios de transporte público

Os trens regionais permitem transportar as bicicletas. Consulte o site www.trenitalia.it. Além disso, estão espalhadas pelo território diversas empresas de transporte público de ônibus que fazem a ligação entre cidades sem estação ferroviária. Confira, no entanto, se existe a possibilidade de carregar a bicicleta no bagageiro. Os preços são acessíveis.

Regras de bom comportamento

Sempre adote um comportamento correto como ciclista: capacete, vestimenta colorida e visível a distância e campainha. Não corra, sobretudo em descidas, e, nas estradas secundárias ou nas trilhas, preste atenção e dê sempre um sinal de sua presença: é possível que o peregrino cruze subitamente com algum camponês acompanhado de animais, habitantes a passeio e outros peregrinos a pé. Além disso, o viajante vai atravessar parques ou áreas naturais protegidas: é bom não perturbar os animais da região. Enfim, pedale com calma e paciência. A velocidade privará o peregrino de vivenciar com plenitude a beleza desse Caminho que atravessa lugares repletos de natureza, história e espiritualidade.

BIBLIOGRAFIA

Sobre São Francisco e o mundo franciscano

Chiara Frugoni
Storia di Chiara e Francesco [História de Clara e Francisco]
Einaudi, 2011

Chiara Frugoni
Vita di un uomo: Francesco d'Assisi [Vida de um homem: Francisco de Assis]
Einaudi, 2005

Paul Sabatier
Vita di san Francesco d'Assisi [Vida de São Francisco de Assis]
Edizioni Porziuncola, 2009

Ignacio Larrañaga
Nostro fratello di Assisi [Nosso irmão de Assis]
Storia di una esperienza di Dio [História de uma experiência de Deus]
Edizioni Messaggero, 2005

Ernesto Balducci
Francesco d'Assisi [Francisco de Assis]
Giunti editore, 2004

Romano Guardini
San Francesco [São Francisco]
Ed. Morcelliana, 1999

Bernardo Commodi
Un tuffo nell'infinito. Spiritualità e attualità di Angela da Foligno [Um mergulho no infinito. Espiritualidade e atualidade de Angela de Foligno]
Edizioni San Paolo, 2006

Giovanni Joergensen
San Francesco d'Assisi [São Francisco de Assis]
Edizioni Porziuncola, 2003

Edouard d'Alençon
Frate Jacopa. La nobildonna romana amica di Francesco [Frei Jacoba. A nobre romana amiga de Francisco]
Edizioni Porziuncola, 2006

Fonti francescane [Fontes franciscanas]
Edizioni Messaggero, 2004

Gian Maria Polidoro a.f.m.
Francesco di Assisi [Francisco de Assis]
Edizioni Porziuncola, 1998

Civiltà di pace [Civilização de paz]
Edizioni Porziuncola, 1996

Christian Bobin
Francesco e l'infinitamente piccolo [Francisco e o infinitamente pequeno]
Edizioni San Paolo, 1994

Grado Giovanni Merlo
Nel nome di san Francesco. Storia dei frati minori e del francescanesimo sino agli inizi del XVI secolo [Em nome de São Francisco. História dos frades menores e do franciscanismo desde os primórdios do século XVI]
Editrici francescane, 2003

Bernardo Commodi
Francesco d'Assisi, Angela da Foligno [Francisco de Assis, Angela de Foligno]
Edizioni Porziuncola
Ed. Cenacolo Beata Angela, 2001

Damien Vorreaux
Tau simbolo francescano [Tau, símbolo franciscano]
Edizioni Messaggero, 1988

BIBLIOGRAFIA

Sobre Clara

Marco Bartoli
Chiara, una donna tra silenzio e memoria [Clara, uma mulher entre o silêncio e a memória]
Edizioni San Paolo, 2001

Piero Bargellini
I fioretti di santa Chiara [Os fioretti de Santa Clara]
Edizioni Porziuncola

Cristiana Santambrogio
Un legame liquido. Cambiamenti di stato in Chiara d'Assisi [Uma relação líquida. Mudanças de estado em Clara de Assis]
Cittadella Editrice

Vários autores – organização de Maria Chiaia e Franco Incampo
Come Chiara e Francesco. Storie di amicizie spirituali [Como Clara e Francisco. Histórias de amizades espirituais]
Ancora Editrice, 2007

Guias da alma

Angela Seracchioli, Massimo Reschiglian
Camminare è già pregare [Caminhar já é rezar]
Edizioni Porziuncola, 2009.

Angela Seracchioli
Passi che si incrociano. Esperienze di pellegrini sulle vie di Francesco [Passos que se cruzam. Experiências de peregrinos nos caminhos de Francisco]
Edizioni Appunti di Viaggio, 2007

Guias e livros de viagem

Enzo Cori, Fabrizio Cicio
Sentiero degli Ulivi [O Caminho das Oliveiras]
Cai Sez. Spoleto e Foligno Nuova Elio Editrice, 2002 (à venda em Assis)

Fernando Uribe
Itinerari francescani [Itinerários franciscanos]
Edizioni Messaggero, 1997

Teobaldo Ricci
Sulle orme di Francesco in Toscana [Nas pegadas de Francisco na Toscana]
Edizioni Messaggero, 2000

P. Bottaccioli, L. Marioli, A.R. Vagnarell
Pellegrini sulle strade di Romualdo e di Francesco [Peregrinos nos caminhos de Romualdo e de Francisco]
GESP, 1999

Giovanni Joergensen
Il libro del pellegrino, un itinerario francescano [O livro do peregrino, um itinerário franciscano]
Minerva editrice, 1991

Enzo Cori - CAI Umbria
Umbria le più belle escursioni [Úmbria as mais belas excursões]
Società Editrice Ricerche Folignano, 1995

Cartografia

Sentiero francescano della pace da Assisi a Valfabbrica a Gubbio [Caminho franciscano da paz de Assis a Valfabbrica e Gubbio]
(pode ser encontrado no APT de Gubbio)
cai Arezzo e Sansepolcro, Regione Toscana, Comunità Montana Valtiberina Toscana

Valtiberina e Marca Toscana
mapa dos caminhos em escala 1:50.000
S.E.L.C.A, Cai Foligno Regione Umbria

Parco del Monte Subasio [Parque do Monte Subasio]
Escala 1:25.000, Monte Meru Editrice, à venda em Assis

BIBLIOGRAFIA

Sites na internet

www.diquipassofrancesco.it
(O site do Caminho, o site dos peregrinos e para eles!).
www.sanfrancescoassisi.org
www.scuolaspiritualita.it
www.camminodifrancesco.it
www.assisiofm.org
www.pellegrinando.it
www.guidafrancigena.it
www.porticodellagloria.it
www.guidomori.splinder.com
www.pellegrinibelluno.it
www.pontidiluce.it
www.passipellegrini.it
www.percorsiditerre.it

....

Se for iniciar o caminho, não se esqueça daqueles que virão depois de você e, se tiver anotações, sugestões ou novidades, escreva-nos. Elas nos serão úteis nas próximas edições.

No site **www.diquipassofrancesco.it**, você poderá encontrar todas as informações de última hora e um espaço reservado para seus comentários. Contate a autora pelo e-mail: jacopadue@yahoo.it.

Agradecemos aos amigos peregrinos que nos ofereceram suas próprias fotografias: Giuditta (p. 8, 9, 17), Silvie (p. 73), Miguel (p. 11, 113, 139), Georges e Josiane (p. 125), Patrizia (p. 153), Oriano (pag. 163), Riccardo (p. 185). Flavio Vallenari (p. 8), LorenFFile (p. 10).
As demais fotos são de Angela Maria Seracchioli.

Todas as citações das fontes franciscanas seguem a edição brasileira da Família Franciscana do Brasil em coedição com a editora Vozes (*Fontes franciscanas e clarianas*, Petrópolis, 2013)

A arquiteta Anna Rita Vagnarelli, pesquisadora das fontes historiográficas e artísticas que levaram à identificação do "*Sentiero Francescano della Pace*" [Caminho Franciscano da Paz], organizou gentilmente para este guia as descrições dos lugares de interesse histórico--arquitetônico entre Gubbio e Assis.